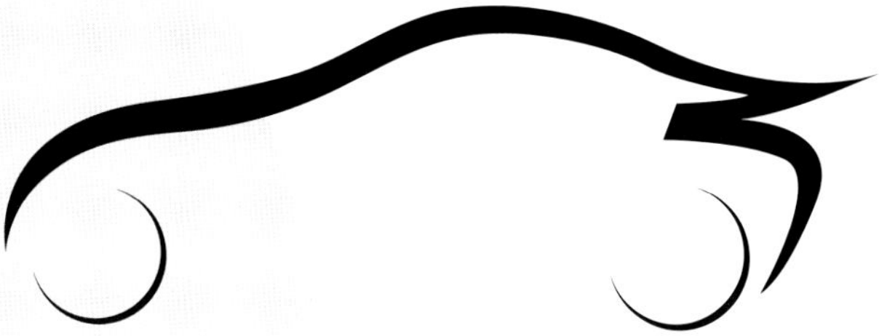

浙江省教育厅“十三五”第一批教学改革研究项目（jg20180608）研究成果

新能源汽车高技能人才培养机制研究

邵立东　李进斌　著

WUHAN UNIVERSITY PRESS
武汉大学出版社

图书在版编目(CIP)数据

新能源汽车高技能人才培养机制研究/邵立东,李进斌著.—武汉:武汉大学出版社,2021.11

ISBN 978-7-307-22682-1

Ⅰ.新… Ⅱ.①邵… ②李… Ⅲ.新能源—汽车工业—人才培养—研究—中国 Ⅳ.F426.471

中国版本图书馆 CIP 数据核字(2021)第 214825 号

责任编辑:唐 伟　　责任校对:汪欣怡　　版式设计:马 佳

出版发行:**武汉大学出版社** (430072 武昌 珞珈山)
(电子邮箱:cbs22@ whu.edu.cn 网址:www.wdp.com.cn)
印刷:武汉邮科印务有限公司
开本:720×1000 1/16 印张:13.75 字数:223 千字 插页:1
版次:2021 年 11 月第 1 版 2021 年 11 月第 1 次印刷
ISBN 978-7-307-22682-1 定价:45.00 元

目　　录

第1章　我国新能源汽车发展现状及趋势 …… 1
1.1　我国汽车产业发展现状 …… 2
1.1.1　企业经营承压，未来市场可期 …… 2
1.1.2　消费政策出台，配套仍待落地 …… 5
1.1.3　对外政策利好，开放持续扩大 …… 7
1.1.4　全球投资并购，产能布局并举 …… 8
1.1.5　出口逆势而上，质量不断提升 …… 9
1.1.6　业内共享资源，业外跨界联姻 …… 10
1.2　新能源汽车产业发展环境及政策 …… 11
1.2.1　新能源汽车产业宏观综述 …… 12
1.2.2　投资管理 …… 14
1.2.3　生产准入 …… 17
1.2.4　财政补贴 …… 18
1.2.5　税收优惠 …… 22
1.2.6　动力电池 …… 26
1.2.7　基础设施 …… 27
1.2.8　交通运输 …… 27
1.2.9　智能化发展 …… 28
1.2.10　政策总结及展望 …… 28
1.3　新能源汽车发展现状 …… 31
1.3.1　产业跨入高质量发展阶段 …… 31
1.3.2　市场持续高增长，竞争格局面临新变化 …… 34

1.3.3　充电设施建设规模大幅提升，产业发展提质增效 …… 38
1.3.4　新能源汽车产业竞争力指数逐年稳步提高 …… 41
1.3.5　国内标准体系不断完善，国际影响力逐步提升 …… 42
1.3.6　汽车智能化迎来快速发展 …… 44
1.4　新能源汽车发展趋势 …… 48
1.4.1　后补贴时代政策优化 …… 48
1.4.2　燃料电池产业链加速完善 …… 49
1.4.3　自燃事件频发，安全问题凸显 …… 50
1.4.4　多产业融合发展 …… 50

第2章　新能源汽车人才需求现状及其困境 …… 52
2.1　新能源汽车人才需求现状 …… 52
2.1.1　人才总量增长，综合人才短缺 …… 52
2.1.2　人才质量改善，跨界人才难觅 …… 54
2.1.3　人才结构优化，供求矛盾凸显 …… 55
2.1.4　管理效能提升，模式仍需创新 …… 56
2.2　我国新能源汽车的人才需求特征 …… 57
2.2.1　结构上的需求特征 …… 57
2.2.2　素质上的需求特征 …… 58
2.3　新能源汽车产业人才培养存在的问题 …… 60
2.3.1　产业发展的迅猛与人才需求数量之间的矛盾 …… 60
2.3.2　高校专业的定位与人才需求结构之间的矛盾 …… 61
2.3.3　产学对接的困难与人才需求质量之间的矛盾 …… 62
2.3.4　人才市场的竞争与精英人才培养之间的矛盾 …… 63

第3章　完善供需互动协同机制 …… 64
3.1　国外产教互动综述 …… 65
3.1.1　德国“双元制”模式下的产教互动 …… 65
3.1.2　英国“学徒制”模式下的产教互动 …… 68

3.1.3　澳大利亚“TAFE”模式下的产教互动 …………………… 70
3.1.4　美国“社区学院”模式下的产教互动…………………… 71
3.2　产教互动机制的理论基础 …………………………………… 72
3.2.1　耗散结构理论 ……………………………………………… 72
3.2.2　资源依赖理论 ……………………………………………… 73
3.2.3　利益相关者管理理论 ……………………………………… 74
3.2.4　人力资本理论 ……………………………………………… 75
3.3　我国产教互动现状及其问题 ………………………………… 76
3.3.1　我国产教融合的历程及其现状 …………………………… 77
3.3.2　我国产教融合存在的主要问题 …………………………… 86
3.3.3　原因分析 …………………………………………………… 89
3.4　完善新能源汽车产教融合协同机制 ………………………… 92
3.4.1　探索产教融合动力机制 …………………………………… 93
3.4.2　创新产教融合运行机制 …………………………………… 94
3.4.3　夯实产教融合保障机制 ………………………………… 100
3.4.4　完善产教融合评价机制 ………………………………… 102

第4章　创新人才培养协同机制 ……………………………………… 104
4.1　人才培养机制综述 ………………………………………… 104
4.2　基于“现代学徒制”的人才培养模式 ……………………… 105
4.2.1　现代学徒制的概述 ……………………………………… 106
4.2.2　现代学徒制人才培养模式要素 ………………………… 107
4.2.3　完善现代学徒制杭职模式人才培养 …………………… 108
4.2.4　创新汽车“设计验证师”拔尖人才现代学徒制人才培养模式 … 110
4.3　基于“产学研”深度融合的人才培养模式 ………………… 111
4.3.1　“产学研”合作人才培养综述 ………………………… 112
4.3.2　“产学研”深度融合的主要困境 ……………………… 113
4.3.3　“产学研”深度融合的人才培养路径 ………………… 115

4.3.4　创新“产学研”深度融合的新能源汽车技术专业人才培养模式 …… 118
4.4　基于“课证融通”的人才培养模式 …… 123
4.4.1　“1+X”证书制度概述 …… 123
4.4.2　“1+X”证书制度的本质及其内在要求 …… 126
4.4.3　“1+X”证书制度下职业院校人才培养改革 …… 128
4.4.4　“1+X”证书制度的职业院校推进策略 …… 132
4.4.5　创新“1+X”证书制度下汽车检测与维修技术专业人才培养模式 …… 136
4.5　人才培养协同机制总结 …… 142

第5章　构建师资团队培养机制 …… 143
5.1　新能源汽车技术专业师资发展现状 …… 144
5.1.1　专业教师团队不强 …… 144
5.1.2　专业教师结构不优 …… 145
5.1.3　专业教师培训不力 …… 146
5.1.4　专业教师动力不足 …… 146
5.2　新能源汽车技术专业师资团队建设困境 …… 150
5.2.1　经费投入不足 …… 150
5.2.2　制度优势不明 …… 151
5.2.3　团队结构单一 …… 151
5.2.4　个体能力不强 …… 152
5.2.5　“双师”标准不清 …… 152
5.3　教师团队建设的理论依据 …… 154
5.3.1　高职院校教师劳动的特点 …… 154
5.3.2　激励的概述 …… 155
5.3.3　内容型激励理论 …… 155
5.3.4　过程型激励理论 …… 157
5.3.5　行为矫正型激励理论 …… 158

5.3.6 三类理论的实践应用 …… 159
5.4 构建教师团队激励约束机制 …… 159
5.4.1 优化校企合作机制，创新人才交流共享模式 …… 160
5.4.2 明确“双师”认定标准，优化高职院校师资管理 …… 161
5.4.3 拓宽高职院校引才渠道，优化引才用人政策体系 …… 161
5.4.4 构建校企合作培训体系，提升教师实践教学能力 …… 161
5.4.5 建立多元评价机制，完善高职院校教师评价体系 …… 162
5.4.6 全方位推进教师队伍“双师多能”建设 …… 162

第6章 实施实训基地共建机制 …… 165
6.1 职业教育实训基地建设 …… 165
6.1.1 职业教育实训基地共建共享问题分析 …… 166
6.1.2 职业教育实训基地共享共建的路径选择 …… 168
6.1.3 “1+X”证书实训基地 …… 169
6.2 新能源汽车高技术技能人才培养基地建设 …… 172
6.2.1 建设思路 …… 172
6.2.2 校企共建新能源汽车高水平实训基地 …… 173
6.2.3 依托市公共实训基地建设新能源汽车技术实训基地 …… 174
6.2.4 校外生产性实训基地建设 …… 176
6.3 实训基地可持续发展机制 …… 180
6.3.1 以岗位任务为导向，构建新能源汽车专业课程体系 …… 180
6.3.2 以现代信息技术为支撑，建设共享优质教学资源 …… 181
6.3.3 加强师资建设，培养“双师型”教师队伍 …… 182
6.3.4 加强设备管理，完善相关政策规划制度 …… 183
6.3.5 明确政府职责，加大政策扶持力度 …… 184

第7章 探索人才终身教育机制 …… 185
7.1 国内外终身教育发展现状分析 …… 186
7.1.1 韩国终身教育现状 …… 187

7.1.2　日本终身教育现状 …………………………………… 188
7.1.3　我国终身教育发展现状 ……………………………… 189
7.2　完善终身教育体制机制 …………………………………… 191
7.2.1　健全终身教育体系 …………………………………… 192
7.2.2　推进社会力量参与教育活动 ………………………… 193
7.2.3　创建学习型社会 ……………………………………… 197
7.2.4　出台终身教育保障机制 ……………………………… 198
7.2.5　完善终身教育立法 …………………………………… 202

参考文献 ………………………………………………………… 206

附录　**2018 年 1 月至 2019 年 5 月国家发布的新能源汽车相关重要政策** …… 210

第1章　我国新能源汽车发展现状及趋势

近十几年来，我国的汽车产业发展迅猛，自2009起，我国已连续十年获全球产销第一，尽管由于多重因素的叠加影响，2018年中国汽车产销出现了自1991年以来的首次下滑，进入2019年，下滑仍在持续，但截至2020年7月，我国汽车保有量已超2.7亿辆，保有量约占世界的1/4。

由于汽车市场整体性下滑对产业的发展造成了复杂的影响，车企的经营压力明显增大，短期内仍未显现乐观或者向好的因素，部分企业可能在跌宕的局面中面临被淘汰的风险。

但在产销下滑、需求不振的大背景下，中国汽车产业仍然在行业改革、对外开放等方面再次迈出了关键的一步，明确股比开放与取消合资企业数量限制的时间节点、下调关税、将汽车投资项目由核准改为备案管理，成为了2018年度的标志性事件；全球投资与并购、产能布局等多维并举，“引进来”“走出去”双向互动，中国汽车产业正以更加开放、更具竞争力的姿态融入并参与国际化、全球化。

电动化、智能化、共享化的变革和融合，正在酝酿和重塑着汽车产业的力量。在电动化方面，新能源汽车产销增长与传统汽车形成反差，后补贴时代的接力政策正得到优化，面向2035年的新能源汽车产业顶层设计已经开始谋划，将推动新能源汽车与能源、交通、信息通信等产业深度融合发展。在智能化方面，自动驾驶落地受诸多因素的影响但依旧稳步推进，智能网联汽车标准法规密集出台，国家顶层设计有待进一步强化。在共享化方面，电动化与智能化赋能共享化，促进了新能源汽车共享出行的快速发展，同时也在构建以融合发展为特征的智能出行新的生态[1]。

1.1　我国汽车产业发展现状

1.1.1　企业经营承压，未来市场可期

中国汽车市场销量明显下滑，短期可能还会进一步下降，长期平稳增长仍然可期。当前我国经济下行压力加大，汽车产业作为我国支柱性产业，正在经历 20 余年来的首次负增长。2018 年 10 月中共中央政治局会议指出，“当前经济运行稳中有变，经济下行压力有所加大”；《2019 年政府工作报告》指出，“国内经济下行压力加大，消费增速减慢，有效投资增长乏力，实体经济困难较多”。汽车产业链长，关联钢铁、能源、机械、电子、物流、服务、金融等众多产业，产值近 10 万亿元，汽车产业增加值、税收、消费、就业均超全国总量的 10%，产业发展也与我国经济转型升级、宏观经济增速等因素密切相关。在当前经济下行压力加大的背景下，我国汽车产业结束了连续多年的高速增长、平稳低速增长，出现明显下滑，并呈现降幅逐步扩大的趋势。

2018 年我国汽车产销分别完成 2780. 9 万辆和 2808. 1 万辆，较上年同期分别下降了 4. 2% 和 2. 8%，产销量虽连续十年蝉联全球第一，但也出现了自 1991 年以来的首次负增长（见图 1-1）。[2]

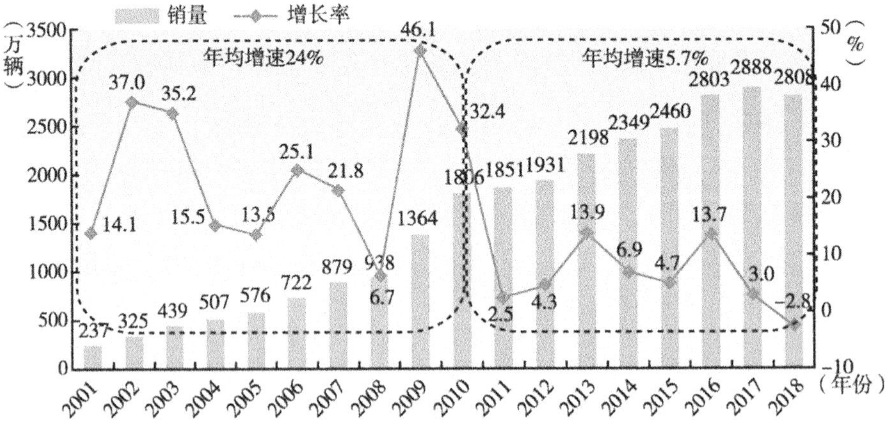

图 1-1　2001—2018 年中国汽车销量与增长率对比

资料来源：中国汽车工业协会《汽车工业经济运行情况 2018. 12》。

2019 年 1—6 月，我国汽车产销分别完成 1213.2 万辆和 1231.8 万辆，较上年同期分别下降 13.7%和 12.4%，产销连续 12 个月同比下降（见图 1-2）。[3] 预计 2019 年全年总体将继续呈现负增长，未来行业产销仍然面临整体下降的较大压力。

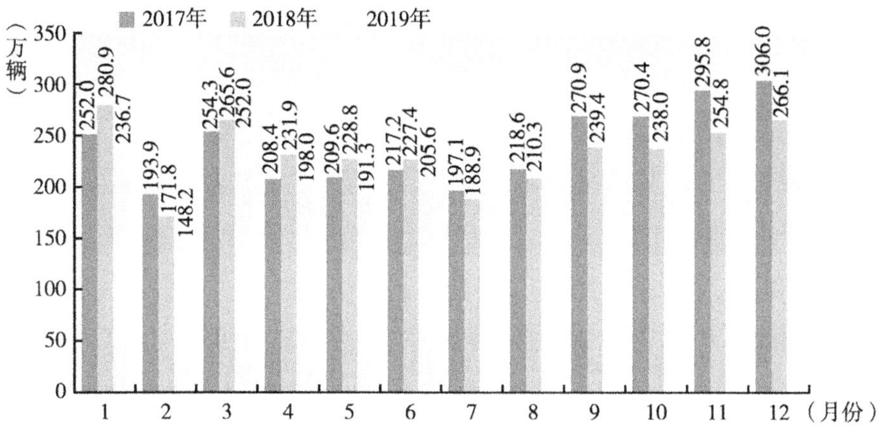

图 1-2 2017 年至 2019 年上半年中国汽车月度销量对比

资料来源：中国汽车工业协会《汽车工业经济运行情况 2019.6》。

从短期来看，国六、国五的切换因素对市场形成扰动，将会导致产销进一步地下滑。2019 年 7 月，轻型汽车国六排放标准在我国东部 15 个省市正式开始实施，在此之前的几个月时间里，各大主机厂销售终端大规模降价进入清库存的最后冲刺阶段，第二季度销量有所改善，清库存效果明显，但也对消费需求形成部分透支，后期随着终端优惠减少、车价逐步回归等，短期内乘用车市场将再度面临调整，下滑趋势预计仍将延续。

从长期来看，我国汽车产业未来市场总体规模仍然可期。综合考虑我国经济发展未来总体平稳、长期向好的基本趋势，居民收入增长与经济增长基本同步的预期目标，民众出行需求与二、三、四线城市汽车消费潜力仍待进一步释放，道路交通基础设施将进一步完善等关键因素，我国汽车市场容量远未饱和，普及度仍待提高，换购与新购仍将带来巨大的增量空间，长期平稳低速增长与间歇性波动下滑将成为产业的主要规律，未来发展仍然值得期待。以人均保有量为参考之一，据世界银行报告，2018 年中国千人汽车保有量爬升至 173 辆，而同期美国、日本、德国等发达国家千人汽车保有量分别为 837 辆、591 辆和 589 辆，俄罗斯、巴西等发展中国家分别为 373 辆和 350 辆。

从销量来看，2018 年，一汽、上汽、广汽、吉利等汽车集团实现了产销增长，东风、长安、北汽等汽车集团均出现了不同程度的下滑，实际市场表现低于多家企业的发展预期。在乘用车方面，2018 年，一汽大众、东风本田、上汽大众、东风本田、北京现代、东风日产、广汽本田、东风本田、一汽丰田、广汽丰田等主要合资公司呈现小幅的增长，销量目标完成率较高，而长安福特与神龙汽车则面临较大幅度的销量下滑。自主品牌受到车市调整的影响更大，抗风险能力仍然有待加强，2018 年中国品牌乘用车公司销量前十五名中，仅吉利、广汽、奇瑞、比亚迪实现了增长，其余车企产销量均出现了不同程度的下滑，部分车企下滑超过 20%。

在企业经营方面，重点企业整体营业收入与利税持续下滑，多家车企正在遭遇寒冬，经营压力明显增大。2018 年重点企业月累计营业收入持续走低，全年增长 4. 0%，较 2017 年（营业收入增长 9. 9%）降低 5. 9 个百分点，2019 年 1—6 月累计营业收入增长率在-9%上下徘徊（见图 1-3）。2018 年重点企业月累计利税总额由正转负，全年增长-4. 0%，较 2017 年（利税总额增长 6. 5%）降低 10. 5 个百分点，2019 年 1—6 月各月累计利税总额增长率下滑突破-27%（见图 1-4）。

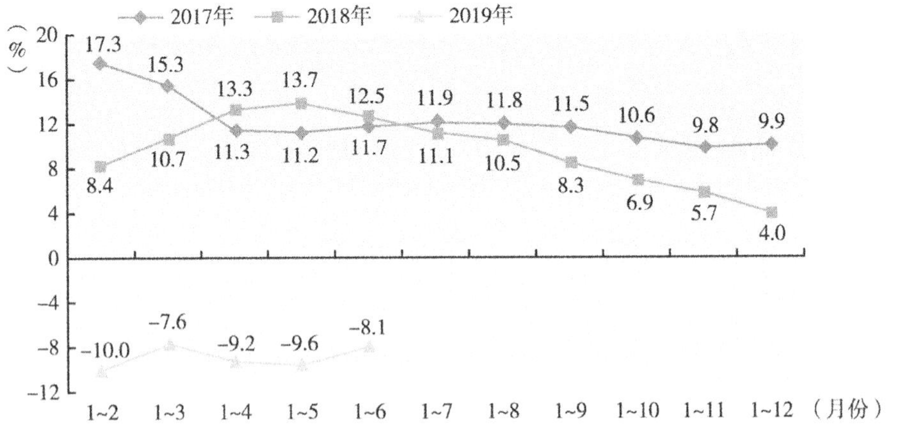

图 1-3　2017 年至 2019 年上半年重点汽车企业逐月累计营业收入增长率对比

资料来源：中国汽车工业协会《汽车工业经济运行情况 2019. 1》《汽车工业经济运行情况 2019. 7》。

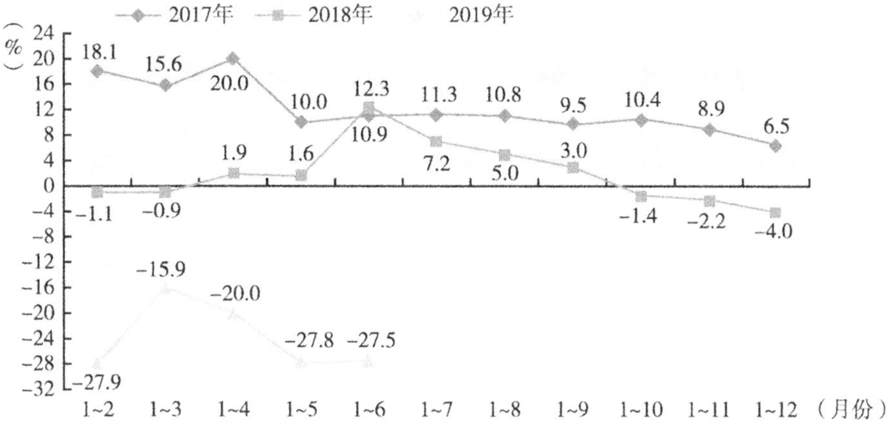

图 1-4　2017 年至 2019 年上半年重点汽车企业逐月累计利税总额增长率对比

资料来源：中国汽车工业协会《汽车工业经济运行情况 2019. 1》《汽车工业经济运行情况 2019. 7》。

据各上市整车企业年报，2018 年仅上汽集团、东风汽车、广汽集团、长城汽车、吉利汽车、北京汽车等少数企业实现净利润增长，长安汽车、江铃汽车、一汽轿车、江淮汽车、安凯客车、海马汽车等多家企业出现业绩下滑甚至亏损。据《每日经济新闻》初步统计，2019 年上半年，60 余家整车及零部件上市企业发布的半年报显示，业绩预降企业超四成，预增、扭亏及续盈企业约三成，亏损企业约三成。长江汽车、华泰汽车、猎豹汽车、知豆汽车等出现欠薪事件，新兴造车势力同时面临资金缺口大、融资困难等状况。

在未来预期方面，相比 2018 年实际完成的产销量，吉利汽车、东风集团、北汽集团、一汽大众等汽车集团或合资公司已经下调了 2019 年的销量目标。未来，市场持续不景气将给各家车企带来更大的经营压力，少数后部企业可能面临被淘汰出局的风险。

1.1.2　消费政策出台，配套仍待落地

受宏观经济增速放缓、中美贸易摩擦、消费者信心下降、房地产消费挤出效应等多重因素综合影响，2018 年我国乘用车消费需求出现萎缩，乘用车产销低于行业预期，分别完成 2352. 9 万辆和 2371. 0 万辆，比上年同期分别下降了 5. 2%和 4. 1%（见图 1-5），占汽车产销总量比重分别为 84. 6%和 84. 4%，分别

低于上年 0.9 个和 1.2 个百分点。

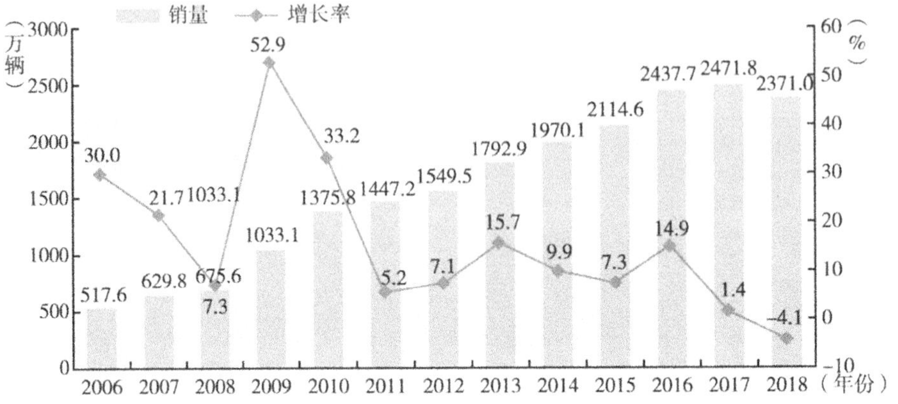

图 1-5　2006—2018 年中国乘用车销量与增长率对比

资料来源：中国汽车工业协会《汽车工业经济运行情况 2018.12》。

进入 2019 年，受以上负面因素的延续影响，乘用车消费不振，产销降幅呈继续扩大的趋势。2019 年 1—6 月，我国乘用车产销分别完成 997.8 万辆和 1012.3 万辆，同比下降 15.8%和 14.1%，图 1-6 为 2017 年至 2019 年上半年乘用车月度销量对比。与上年同期相比，轿车、SUV 与 MPV 等主要乘用车品种产销均出现较大幅度的下降。

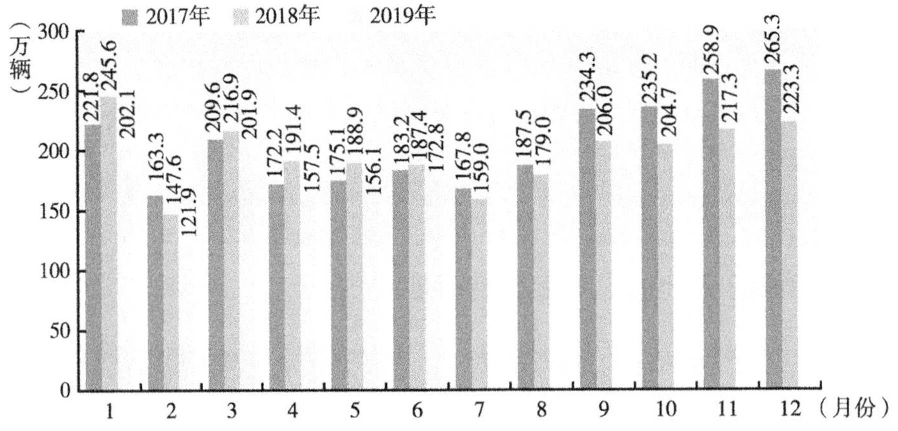

图 1-6　2017 年至 2019 年上半年中国乘用车月度销量对比

资料来源：中国汽车工业协会《汽车工业经济运行情况 2019.7》。

为提振消费，自2018年12月中央经济工作会议提出“改善消费环境，增强消费能力”以来，国家发展改革委、商务部、财政部等部门出台相关政策刺激内需，挖掘消费潜力。2019年1月，国家发展改革委、工业和信息化部等十部门联合发布《进一步优化供给推动消费平稳增长 促进形成强大国内市场的实施方案(2019年)》，将促进汽车消费作为方案的第一部分，表明2019年国家对调控汽车市场、稳定汽车消费的重视，相关措施主要包括如下六大方面：推进老旧汽车报废更新；优化新能源汽车补贴结构；促进农村汽车更新换代；推进放宽皮卡车进城限制范围；繁荣二手车市场；优化地方政府机动车管理措施。

但当前中国汽车产业处于多因素综合叠加影响的调整期，政策效果较为有限。相关政策出台后，2019年前6个月，中国汽车产销仍然延续了同比下滑的态势。一方面，在多个城市限行限购、二手车限迁、皮卡进城限制的背景下，相关政策落地实施面临复杂的执行环境，有待各地方政府综合权衡，提出更具落地效果的配套措施；另一方面，宏观经济、居民可支配收入、消费信心等也是影响消费需求的重要因素。

1.1.3　对外政策利好，开放持续扩大

在党中央、国务院关于深化“放管服”改革、全面放开一般制造业决策部署的指引下，2018年至2019年上半年，国务院关税税则委员会、国家发展改革委、商务部等相继出台了《关于降低汽车整车及零部件进口关税的公告》《外商投资准入特别管理措施（负面清单）（2019年版）》等相关政策法规，通过不断调整投资准入负面清单、降低汽车整车及零部件进口关税等，促进中国汽车产业以更加开放的姿态融入国际化、全球化，迈上全面开放与全球合作的新台阶，也将吸引更多具有先进研发制造水平的国外企业进入中国，为产业升级发展注入新活力。

2018年4月，国家主席习近平在博鳌亚洲论坛宣布：中国在制造业方面，目前已基本开放，保留限制的主要是汽车、船舶、飞机等少数行业，现在这些行业已经具备开放基础，下一步要尽快放宽外资股比限制特别是汽车行业外资限制。2018年5月，国务院关税税则委员会发布《关于降低汽车整车及零部件进口关税的公告》，决定自2018年7月1日起，降低汽车整车及零部件进口关税，将汽

车整车税率为 25%的 135 个税号和税率为 20%的 4 个税号的税率降至 15%，将汽车零部件税率分别为 8%、10%、15%、20%、25%的共 79 个税号的税率降至 6%。2018 年 12 月，国家发展改革委发布《汽车产业投资管理规定》，新建中外合资轿车生产企业项目、新建纯电动乘用车生产企业（含现有汽车企业跨类生产纯电动乘用车）项目及其余由省级政府核准的汽车投资项目均不再实行核准管理，全部调整为地方备案管理。2019 年 6 月，国家发展改革委、商务部联合发布《外商投资准入特别管理措施（负面清单）（2019 年版）》，明确提出：2020 年取消商用车制造外资股比限制，2022 年取消乘用车制造外资股比限制以及同一家外商可在国内建立两家及以下生产同类整车产品的合资企业的限制。

相关政策一经发布，便得到企业迅速响应。2018 年 10 月，华晨汽车与宝马汽车共同宣布华晨汽车拟在 2022 年前以 290 亿元人民币向宝马出售华晨宝马 25%的权益，宝马将以 75%股比实现控股，成为 20 多年来首家打破 50：50 股比的国内合资车企。

1.1.4　全球投资并购，产能布局并举

"引进来""走出去"双向互动，中国汽车产业正以更加开放、更具竞争力的姿态融入国际化、全球化。中国汽车产业全面开放，既是中国汽车市场融入国际化、全球化，也是中国汽车企业融入国际化与全球化。2018 年以来，中国汽车企业更加积极地寻求海外布局，通过投资并购、产能布局等多层次战略推进，加快融入国际化、全球化，拓展新的增量空间，提升全球影响力。

在投资与并购方面，继 2017 年收购马来西亚宝腾汽车 49.9%的股份和收购英国跑车制造商路特斯 51%的股份后，吉利汽车已拥有沃尔沃、宝腾、路特斯等三个国际品牌的股份；2018 年 3 月，吉利李书福以 90 亿美元收购戴姆勒奔驰 9.69%的股份，并成为戴姆勒的最大股东。2018 年戴姆勒收购北汽蓝谷 3.01%的股份，同时戴姆勒也持有北汽股份 9.55%的股份；2019 年 7 月，北汽集团通过其 100%控股子公司收购戴姆勒 5%的股份，实现了北汽与戴姆勒的双方交叉持股。

在产能布局与研发方面，2018 年 7 月，宁德时代与德国图林根州签署投资协议，将在该州建立电池生产基地及智能制造技术研发中心，未来将为大众、宝

马、戴姆勒、捷豹路虎、PSA 等全球领先车企配套。2019 年 4 月，上汽集团位于印度的整车基地正式建成投产，用于生产 MG 品牌新车，截至目前，这是上汽集团继泰国、印度尼西亚之外的第三个海外生产基地。同时，吉利、比亚迪、长城等多家整车与零部件企业也实现了在海外的产能布局，并借助海外生产基地，将业务拓展到更广泛的地区。2018 年 7 月，特斯拉和上海市政府签订协议，特斯拉公司将在上海临港地区独资建设集研发、制造、销售等功能于一体的超级工厂。宝马汽车集团等也加大了在中国的产能布局，2018 年宝马汽车与长城汽车签署合资协议，双方将成立合资公司，聚焦新能源汽车领域，面向全球市场共同开发新一代纯电动汽车。

1.1.5　出口逆势而上，质量不断提升

2018 年，受到中美贸易摩擦直接影响，全球贸易增速放缓。2018 年全球贸易量较上年增加 3.0%，增幅较 2017 年回落了 1.6 个百分点，2019 年增幅将进一步回落，预计降至 2.6%。[4] 在此背景下，2018 年我国汽车出口销量实现 104.1 万辆，同比增长 16.8%，呈现较快增长态势，与国内产销量双双下滑形成鲜明对比，这是自 2012 年我国汽车出口达到百万辆规模以来，经过多年的调整发展，再次突破百万辆（见图 1-7）。[2]

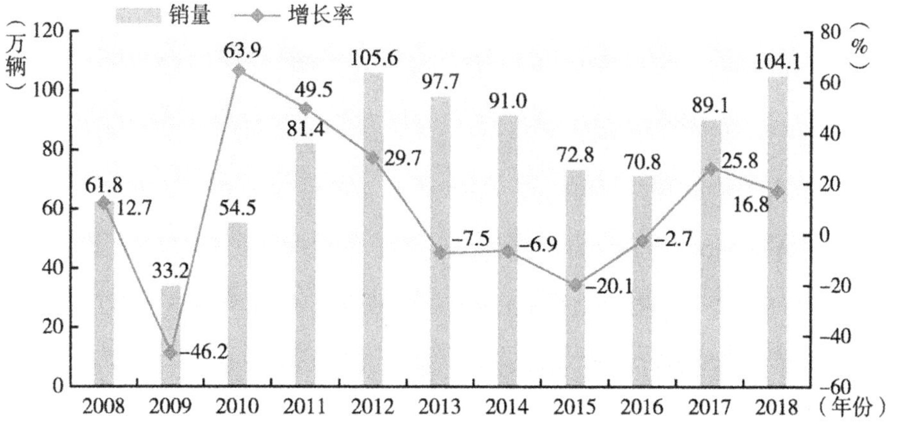

图 1-7　2008—2018 年中国汽车出口销量与增长率对比

资料来源：中国汽车工业协会《汽车工业经济运行情况 2018.12》。

与 2012 年相比，此次突破百万辆是在中国汽车产业整体竞争力得到有效提升的背景下实现的，出口实现量与质的双提升，含金量不断提高。在出口模式方面，从以往初级和低层次的简单商品贸易，发展到整车、零部件、金融协同发展的出口升级模式，如上汽通用等；在商品类别方面，从以往的商用车为主发展到乘商并重，乘用车逐渐占据主导地位，乘用车类别也更加丰富，2018 年我国乘用车出口 75.8 万辆，比上年同期增长 18.5%，商用车出口 28.3 万辆，比上年同期增长 12.5%[2]；在出口区域方面，从以往的伊朗、巴西和俄罗斯等传统出口较多的地区，发展到目前积极开拓东南亚、欧洲和美国等相对成熟的汽车市场，并获得了一定的认可和肯定，尤其是电动汽车在欧美多国获得较高认可，同时我国与“一带一路”沿线国家进出口增势良好，为汽车出口带来新的增量空间。

1.1.6　业内共享资源，业外跨界联姻

随着各家企业在电动化、智能化、网联化等领域的深入推进，战略布局、开发成本、产业进程等多因素推动行业内相关企业的竞合态势发生演变转化，从传统的竞争关系、产销合作关系升级发展为研发合作、供应链资源共享等多方位合作。2018 年 7 月，长安汽车与比亚迪签署战略合作协议暨电池合资合作框架协议，双方将联合各自在新能源、智能化、海外市场、共享出行等多个领域的优势资源，开展从业务到资本层面的全方位合作。2019 年 7 月，丰田和比亚迪发布联合申明，双方将合作开发电动汽车，产品包括轿车与低底盘 SUV 的纯电动车型，计划于 2025 年前投放中国市场，并将共同开发上述车型等所需的动力电池。

电动化、智能化、网联化等领域的深入推进，也促使汽车产品功能属性与产业边界得到极大拓展，行业内传统、新兴汽车企业与互联网、大数据、人工智能等行业外部科技企业，基于自身资源、技术、流量等方面的优势，开展泛化合作，积极拓展合作朋友圈，以期掌握未来智能网联汽车、新能源汽车产业的关键要素，部分合作已在 2018—2019 年逐步实现了落地生根。以华为、腾讯、阿里、百度等为代表的互联网科技企业中，每家公司均与几家国内整车与零部件企业建立了战略联盟，同步开展战略合作，部分企业已将合作范围拓展至国外整车与零部件企业；同时，各整车企业也同步与多家行业外的相关公司建立联盟，开展合作。当前泛化的联盟与合作生态已逐渐趋向成果落地阶段，2019 年 7 月，广汽集

团联合腾讯、华为发布了 ADiGO（智驾互联）生态系统，该系统由广汽集团主导，腾讯、华为等多个战略合作伙伴支持，自主研发的车载智能系统将于 2019 年 9 月搭载上市。未来，随着合作关系深化发展、合作成果逐步落地，各相关企业的战略伙伴选择逐渐趋于稳定，并将形成几大联盟/生态。

1.2 新能源汽车产业发展环境及政策

2018 年以来出台的新能源汽车相关重要政策覆盖宏观综合、投资管理、生产准入、市场监管、财政补贴、税收优惠、积分合规、动力电池、基础设施、交通运输、金融支持、智能化发展等 12 个方面。据中国汽车技术研究中心政策研究中心统计，2018 年 1 月至 2019 年 5 月，共出台新能源汽车直接相关政策 31 项，其中宏观综合政策 7 项、投资管理政策 1 项、生产准入政策 2 项、市场监管政策 1 项、财政补贴政策 3 项、税收优惠政策 5 项、动力电池政策 4 项、基础设施政策 2 项、交通运输政策 3 项、金融支持政策 1 项、智能化发展政策 2 项（见附录、表 1-1）[5]。

表 1-1　2018 年 1 月至 2019 年 5 月新能源汽车相关重要征求意见稿

编号	政策名称	发布部门	落款时间
1	关于对《战略性新兴产业重点产品和服务指导目录》（2016 版）征求修订意见的公告	国家发改委	2018 年 9 月 21 日
2	关于《鼓励外商投资产业目录（征求意见稿）》公开征求意见的公告	国家发改委、商务部	2019 年 2 月 1 日
3	关于《家用汽车产品修理、更换、退货责任规定（修订征求意见稿）》公开征求意见的公告	市监总局	2019 年 3 月 14 日
4	关于就《产业结构调整指导目录（2019 年本，征求意见稿）》公开征求意见的公告	国家发改委	2019 年 4 月 8 日

资料来源：根据公开资料整理。

1.2.1　新能源汽车产业宏观综述

由于发展新能源汽车是汽车产业转型升级的重要抓手和体现产业国际竞争力的重要一环，也是减少城市大气污染和交通排放的主要措施。因此，在国家的宏观综合性政策中，如 2018 年以来发布的“打赢蓝天保卫战”“促进消费”“深度开放”等主题的政策，鼓励和推广新能源汽车均是不可或缺的组成部分。

（1）发展绿色交通，打赢蓝天保卫战，需推广新能源汽车。

2018 年 7 月 3 日，国务院印发的《打赢蓝天保卫战三年行动计划》（以下简称《行动计划》）是 2020 年前指导我国大气污染防治工作的重要文件。从大气污染防治需求出发，提出“经过 3 年努力，明显改善空气质量”的目标，划定京津冀及周边地区、长三角地区为重点区域，强调优化产业、能源、运输、用地结构调整等 4 项工作重点及开展重点区域秋冬季攻坚行动、打好柴油货车污染治理攻坚战等 4 项重大专项行动。《行动计划》中，推广使用新能源汽车是加快车船结构升级、调整运输结构、发展绿色交通体系的重要举措，为此，对不同区域、不同领域的新能源汽车使用比例提出了要求（见表 1-2）。

表 1-2　　《行动计划》中提出的新能源汽车使用比例要求

序号	目　标
1	加快推进城市建成区新增和更新的公交、环卫、邮政、出租、通勤、轻型物流配送车辆使用新能源或清洁能源汽车，重点区域使用比例达到 80%； 重点区域港口、机场、铁路货场等新增或更换作业车辆主要使用新能源或清洁能源汽车
2	2020 年底前，重点区域的直辖市、省会城市、计划单列市建成区公交车全部更换为新能源汽车
3	在物流园、产业园、工业园、大型商业购物中心、农贸批发市场等物流集散地建设集中式充电桩和快速充电桩
4	为承担物流配送的新能源车辆在城市通行提供便利

作为打赢蓝天保卫战的重点区域，京津冀及长三角区域分别于 2018 年 9 月和 11 月发布了《京津冀及周边地区 2018—2019 年秋冬季大气污染综合治理攻坚

行动方案》及《长三角地区2018—2019年秋冬季大气污染综合治理攻坚行动方案》并明确使用新能源汽车的具体要求（见表1-3）。

表1-3 京津冀及周边地区、长三角地区使用新能源汽车的具体要求

地区	具体要求
京津冀及周边地区	各城市要制定营运车船结构升级三年行动方案，确保2020年城市建成区公交、环卫、邮政、出租、通勤、轻型物流配送车辆 中新能源和国六排放标准清洁能源汽车的比例达到80%
	自2018年10月1日起，城市建成区新增和更新的公交、环卫、邮政车辆等基本采用新能源或清洁能源汽车
	港口、机场、铁路货场等新增或更换作业车辆主要采用新能源或清洁能源汽车
	北京、天津、石家庄、太原、济南、郑州市制定2020年底前建成区公交车全部更换为新能源汽车实施方案
长三角地区	大力推广新能源汽车，上海、南京、杭州、合肥、苏州市建成区新增和更新的公交车全部采用新能源汽车，使用比例达到36%、55%、49%、41%、50%
	加快新能源汽车配套设施建设，2018年底前，上海市、江苏省、浙江省、安徽省分别建设4000个、7385个、3666个、7917个公共充电桩
	港口、机场、铁路货场等新增或更换作业车辆主要使用新能源或清洁能源汽车

（2）新能源汽车消费是国家鼓励汽车消费升级及绿色消费的重要领域。

2018年9月，中共中央、国务院发布《关于完善促进消费体制机制 进一步激发居民消费潜力的若干意见》。在住行消费方面提出，实施好新能源汽车免征车辆购置税、购置补贴等财税优惠政策。加强城市停车场和新能源汽车充电设施建设。在绿色消费方面强调，建立绿色产品多元化供给体系，丰富新能源汽车生产。

2018年10月，国务院办公厅印发《完善促进消费体制机制实施方案（2018—2020年）》，提出促进汽车消费优化升级，继续实施新能源汽车车辆购置税优惠政策，完善新能源汽车积分管理制度，落实好乘用车企业平均燃料消耗量与新能源汽车积分并行管理办法，研究建立碳配额交易制度。完善新能源汽车

充电设施标准规范，大力推动“互联网+充电基础设施”，提高充电服务智能化水平。研究制定促进智能汽车创新发展的政策措施。

2019 年 1 月，国家发改委、工信部、民政部、财政部等十部委印发《进一步优化供给推动消费平稳增长 促进形成强大国内市场的实施方案》。2018 年，消费增速下滑是国家出台一系列促进消费政策的背景原因，汽车消费减速是 2018 年消费增速下滑的主要因素之一。根据国家统计局测算，2018 年社会消费品零售总额增速同比回落 1.2%。其中，若扣除汽车类商品，增速回落约 0.4%，即汽车消费造成约 0.8%的增速落差。因此，该文件以稳定汽车消费来“托住”商品消费“大头”，不仅要做大汽车消费量，更要引导汽车产业转型升级同满足居民消费升级需要结合起来，为此需有序推进老旧汽车报废更新，持续优化新能源汽车补贴结构，促进农村汽车更新换代。其中，“持续优化新能源汽车补贴结构”要求坚持扶优扶强导向并要求落实新能源货车差别化通行管理政策。该要求与现行新能源汽车购置补贴政策及公安部发布的《关于进一步规范和优化城市配送车辆通行管理通知》精神相一致。

2019 年 6 月，国家发改委、生态环境部、商务部印发《推动重点消费品更新升级 畅通资源循环利用实施方案（2019—2020 年）》，围绕产品供给、更新升级、使用环境、循环利用四个方面，着力解决抑制汽车消费潜力释放和消费结构优化的瓶颈问题，激发市场消费活力，促进汽车消费结构升级。具体到新能源汽车领域，包括优化产品供给，强化不限行不限购，继续推广公共领域电动化，加快充电基础设施建设等（见表 1-4）。

1.2.2　投资管理

2018 年 6 月，国家发改委、商务部发布《外商投资准入特别管理措施（负面清单）（2018 年版）》，明确 2018 年取消专用车、新能源汽车整车制造外资股比限制，2020 年取消商用车外资股比限制，2022 年取消乘用车外资股比限制以及合资企业不超过两家的限制。汽车产业对外深度开放是大势所趋，对内加快“放管服”改革是优化汽车产业投资管理，适应国际规则，遵循国际惯例的必然要求。

表 1-4 《推动重点消费品更新升级 畅通资源循环利用实施方案（2019—2020 年）》新能源汽车相关要点

主题	具体措施
产品供给	· 加快新一代车用动力电池研发和产业化，提升电池能量密度和安全性，逐步实现电池平台化、标准化，降低电池成本 · 引导创新商业模式，推广电池租赁等车电分离消费方式，降低购车成本 · 优化整车结构设计，积极采用高性能电池和轻量化材料，不断提高节能水平 · 鼓励企业研制充换电结合、电池配置灵活、续驶里程长短兼顾的产品 · 推进高功率快充、无线充电、移动充换电等技术装备研发应用，提高充换电便利性
交通管理	· 严禁各地出台新的汽车限购规定，已实施汽车限购的地方政府应根据城市交通拥堵、污染治理、交通需求管控效果，结合路段拥堵情况合理设置拥堵区域，研究探索拥堵区域内外车辆分类使用政策，原则上对拥堵区域外不予限购 · 各地不得对新能源汽车实行限行、限购，已实行的应当取消。鼓励地方对无车家庭购置首辆家用新能源汽车给予支持 · 鼓励有条件的地方在停车费等方面给予新能源汽车优惠，探索设立零排放区试点
公共领域	· 加快推进城市建成区新增和更新的公交、环卫、邮政、出租、通勤、轻型物流配送车辆使用新能源或清洁能源汽车，2020 年底前大气污染防治重点区域使用比例达到 80%。鼓励地方加大新能源汽车运营支持力度，降低新能源汽车使用成本
基础设施	· 中央和地方财政继续对充换电等基础设施建设和配套运营服务给予支持，加快大型公共场所充电桩建设 · 鼓励国有企事业单位充分利用现有停车场地，按照不低于停车位数量 10%的比例建设充电设施 · 支持地方和企业依托路灯、加油站等现有基础设施，因地制宜开展充电设施建设和服务 · 鼓励机关和企事业单位与周边居民小区建立停车设施昼夜错峰使用调配机制，提高现有停车设施利用效率 · 加快已有停车设施升级改造，推动立体停车设施建设 · 鼓励各地为新能源汽车分时租赁提供停车、充电设施支持

2018 年 12 月，国家发改委印发《汽车产业投资管理规定》，全面取消汽车投资项目核准事项，各类汽车投资项目均改为备案管理，从体制机制上给市场主体松绑，自 2019 年 1 月 10 日起施行。

该政策中，将插电式混合动力汽车投资项目划归为“燃油汽车投资项目”，一度引起了社会的广泛关注甚至误解，误认为插电式混合动力汽车不再属于新能源汽车。实际上将其归为传统燃油汽车投资项目进行管理，主要是由于插电式混合动力汽车配装传统燃油发动机，必须进行发动机产品的研发、生产等相关投资，企业需掌握传统发动机技术和生产能力。同时，为鼓励现有企业生产新能源汽车，现有汽车企业建设插电式混合动力汽车生产能力投资项目不必符合新能源汽车产量占比要求和对项目所在区域的要求，以鼓励各地区和现有企业发展插电式混合动力汽车产品（见表 1-5）。

表 1-5　**《汽车产业投资管理规定》核心要点**

类别	描　述
出台背景	1. 汽车产业明确对外开放时间表，中央要求加快“放管服”改革进程； 2. 燃油车领域出现结构性产能过剩，部分领域问题突出； 3. 新能源汽车领域存在盲目和低水平投资的现象； 4. 地方政府“大干快上”汽车产业，招商引资盲目性较大
主要内容	1. 针对当前燃油车领域结构性产能过剩、行业散乱、企业众多等问题，明确了禁止类项目，有利于产业结构调整； 2. 提高了燃油车扩能标准，将产能利用率、新能源汽车产量占比和研发费用占比等指标作为燃油车扩能的硬性指标，推动行业转型升级，引导现有燃油车企业积极发展新能源汽车； 3. 针对当前新能源汽车投资热等问题，提高了新建纯电动汽车企业的相关条件，鼓励优秀企业进入； 4. 针对地区投资热和产业布局不合理等问题，对各地燃油车扩能、新建纯电动汽车项目提出省份产能利用率等指标，并要求各地区对各类投资项目负起责任，因地制宜，科学规划； 5. 对汽车产业重点发展的领域提出了导向性意见； 6. 提出鼓励企业兼并重组和战略合作，推动骨干企业强强联合，引导汽车产业由大变强

1.2.3 生产准入

1985年，我国汽车主管部门开始实施车辆生产目录管理；2004年，经国务院批准将其设立为行政许可事项。但长期以来管理文件分散、效力层级较低，需要对其进行系统性规范。

结合管理实践，工信部将相关管理文件梳理提炼，上升为部门规章，于2018年12月发布《道路机动车辆生产企业及产品准入管理办法》，自2019年6月1日起施行。该办法的制定和实施，一是落实党中央、国务院“放管服”改革精神和减轻企业负担要求，初步估算，将产品扩展变更以及企业法人、地址变更等事项改为备案后，预计将减少产品审批事项2/3左右、减少企业审批事项1/4左右；实施产品系族管理后公告产品数量可以减少1/3以上，大幅减轻企业申报负担。二是适应新发展形势、促进产业转型升级，鼓励、促进技术创新和新业态形成，鼓励企业集团化、产品系族化，允许企业代工生产（见表1-6）。

表1-6　**《道路机动车辆生产企业及产品准入管理办法》核心要点**

类别	内　容
企业和产品类型简化	将原来的19类生产企业和产品，简化为乘用车类、货车类、客车类、专用车类、摩托车类、挂车类等6个类别。企业获得某一个类别的准入后，生产该类别之内的产品，无需再次申请企业准入，大幅减轻了企业负担
集团化管理改革	简化集团下属企业准入审查要求，允许具有相同生产资质的集团成员企业之间相互代工
产品系族管理	推行车辆产品系族管理，鼓励企业对同一系族的车型产品按照系族申请产品准入，大幅减少准入产品型号
新技术准入豁免	建立新技术、新工艺、新材料评估制度，允许企业针对智能网联汽车、无人驾驶汽车等创新技术申请准入豁免
准入管理流程优化	减少准入申请要提交的材料；推行备案管理，对已经取得准入的企业变更法定代表人、注册地址等事项以及已经取得准入的车辆产品变更产品参数的，由原先的重新申请公告改为备案管理
检验检测制度开放	明确具备相应法定资质，即可承担车辆产品准入管理的检验工作；对已经实施3C认证的汽车零部件，直接采用认证结果，无需再提交检验报告；在企业集团中试点开展车辆产品自我检验

续表

类别	内　容
委托加工试点	鼓励道路机动车辆生产企业之间开展研发和产能合作，允许符合规定条件的道路机动车辆生产企业委托加工生产

2019 年 1 月，工信部发布《道路机动车辆生产企业准入审查要求》和《道路机动车辆产品准入审查要求》，是支撑《道路机动车辆生产企业及产品准入管理办法》具体实施的必要技术文件，自 2019 年 6 月 1 日起实施。总体来看，企业审查要求一是继承了大部分原审查要求的相关内容，但大幅缩减企业及产品大类，简化了对企业内部自主决策、管理工作的要求；二是企业审查要求中删除了非工信部职能（如环境保护、安全生产、职业健康）的相关内容；三是与投资管理政策改革衔接，不再使用《汽车产业发展政策》中的表述；四是在乘用车、货车、客车等企业审查要求中，不同程度地提高了研发能力和生产一致性保证能力的要求，删除了企业集团可统一设立产品设计开发机构的表述；五是明确了电动车辆生产企业对电池回收能力的要求。

1.2.4　财政补贴

我国新能源汽车产销规模快速增长，新能源汽车整车及关键零部件技术水平明显提高，产业已从起步期进入成长期。但与此同时，随着新能源汽车市场规模的不断扩大，一方面，政策实施过程中暴露出的问题必须着力加以解决，如地方保护仍未根治、企业“补贴依赖症”依然存在、产品安全风险逐渐加大等；另一方面，自 2009 年开始实施的补贴政策计划于 2020 年之后退出，必须平衡好稳增长与防风险的关系，平稳过渡。

（1）适度优化技术指标，加大国补退坡力度，过渡期后取消地方补贴。

2016 年以来，财政部、工信部、科技部、国家发改委建立了新能源汽车补贴政策动态调整机制，判断政策是否需要调整的依据主要有技术成本变化情况及国内外产业发展情况等。四部委根据产业最新情况，于 2019 年 3 月 26 日发布《关于进一步完善新能源汽车推广应用财政补贴政策的通知》，主要包括以下内容。

一是适度优化技术指标，避免过度追求高技术指标。根据产业发展实际，针对电池系统能量密度、整车能耗、纯电动乘用车续驶里程等技术指标“门槛”要求稳步提高，对其“上限”不做调整，防止企业盲目追求高指标忽视安全性。同时简化技术指标系统设计，缩小不同指标对应的金额差异。如 2018 年纯电动乘用车补贴中的电池系统能量密度分为 4 档，每一档对应的系数分别为 0.6、1.0、1.1、1.2 倍，2019 年将这 4 档改为 3 档，系数分别为 0.8、0.9、1.0 倍；2018 年纯电动乘用车补贴金额根据续驶里程划为 5 档，2019 年对其进行简化，改为 2 档。

二是加大退坡力度，分阶段释放压力。按照 2020 年以后补贴退出的制度安排，为了使新能源汽车产业平稳过渡，促进产业优胜劣汰，防止市场大起大落，采取分阶段释放调整压力的做法，即 2019 年补贴标准在 2018 年基础上退坡超过 50%，至 2020 年底前退坡到位。

三是优化清算制度，缓解企业资金压力。对有运营里程要求的车辆从 2019 年起，完成销售上牌后即预拨一部分资金，满足 2 万 km 后再予以清算；不满足 2 万 km 的不予补助，并在清算时扣回预拨资金。

四是设置政策过渡期，保证产业平稳过渡。考虑到新能源汽车技术改造和升级的周期，消化库存产品需要一定时间，为避免对企业产销产生较大的影响，继续设置政策过渡期（2019 年 3 月 26 日至 2019 年 6 月 25 日），过渡期间补贴标准比 2018 年标准低，但比 2019 年调整后的标准高。

五是将“零补贴”车型纳入目录，保证目录车型享受地方车牌政策。地方出台的不限行、免限购和上牌便利等非补贴措施，对扩大新能源汽车消费发挥了重要作用。针对有些地方将上述措施与推荐车型目录挂钩的情况，为避免达不到新技术门槛的车型无法享受地方车牌政策，特此规定，自 2019 年起，对符合汽车产品公告要求但达不到补贴技术门槛的产品，纳入推荐车型目录。

六是营造公平环境，取消地方购置补贴。要求地方从 2019 年起完善政策，过渡期结束后不再对新能源汽车（公交车和燃料电池汽车除外）给予购置补贴，将购置补贴集中用于支持充电（加氢）等基础设施“短板”建设和配套运营服务等环节。

七是加强产品质量监管，提高产品综合性能。为进一步提高产品质量和安全性，新政策规定将建立产品安全监控和“一致性”抽检常态机制。对由产品质量引发的重大安全事故，或经有关部门认定存在重大质量缺陷的车型，暂停或取消推荐车型目录，并相应暂缓或取消财政补贴。

补贴关键参数具体变化情况如表 1-7、表 1-8、表 1-9 所示。

表 1-7　　新能源乘用车 2018 年与 2019 年补贴关键参数对比

<table>
<tr><th colspan="4">指　标</th><th>2018 年政策</th><th>2019 年政策</th></tr>
<tr><td rowspan="17">纯电动</td><td rowspan="5">续驶里程(工况法,km)</td><td colspan="2">150≤R<200</td><td>1.5 万元</td><td rowspan="2">/</td></tr>
<tr><td colspan="2">200≤R<250</td><td>2.4 万元</td></tr>
<tr><td colspan="2">250≤R<300</td><td>3.4 万元</td><td rowspan="2">1.8 万元</td></tr>
<tr><td colspan="2">300≤R<400</td><td>4.5 万元</td></tr>
<tr><td colspan="2">R≥400</td><td>5 万元</td><td>2.5 万元</td></tr>
<tr><td rowspan="5">电池系统能量密度(密度单位：Wh/kg)</td><td colspan="2">105~120</td><td>0.6 倍</td><td rowspan="2">/</td></tr>
<tr><td colspan="2">120~125</td><td rowspan="2">1 倍</td></tr>
<tr><td colspan="2">125~140</td><td>0.8 倍</td></tr>
<tr><td colspan="2">140~160</td><td>1.1 倍</td><td>0.9 倍</td></tr>
<tr><td colspan="2">≥160</td><td>1.2 倍</td><td>1 倍</td></tr>
<tr><td rowspan="6">整车能耗较现行门槛提升程度</td><td colspan="2">满足 2018 年能耗门槛条件</td><td>0.5 倍</td><td rowspan="2">/</td></tr>
<tr><td colspan="2">优于 5%(含)~10%</td><td rowspan="3">1 倍</td></tr>
<tr><td colspan="2">10%(含)~20%</td><td>0.8 倍</td></tr>
<tr><td colspan="2">20%(含)~25%</td><td rowspan="2">1 倍</td></tr>
<tr><td colspan="2">25%(含)~35%</td><td rowspan="2">1.1 倍</td></tr>
<tr><td colspan="2">优于 35%(含)以上</td><td>1.1 倍</td></tr>
<tr><td colspan="3">单位电池电量补贴上限(不考虑补贴倍数)</td><td>1200 元/kWh</td><td>550 元/kWh</td></tr>
<tr><td rowspan="4">插电式混合动力</td><td rowspan="3">纯电动续驶里程介于 50~80km</td><td rowspan="3">B 状态燃料消耗量相比标准限值的比例</td><td>65%(含)~60%</td><td>1.1 万元</td><td>/</td></tr>
<tr><td>60%(含)~55%</td><td rowspan="2">2.2 万元</td><td>0.5 万元</td></tr>
<tr><td>优于 55%(含)</td><td>1 万元</td></tr>
<tr><td>纯电动续驶里程不低于 80km</td><td colspan="2">A 状态百公里耗电量</td><td>2018 年纯电动乘用车能耗门槛条件</td><td>2019 年纯电动乘用车能耗门槛条件</td></tr>
</table>

表 1-8　　　　　**新能源客车 2018 年与 2019 年补贴关键参数对比**

<table>
<tr><th>车型</th><th>指标</th><th colspan="3">2018 年</th><th colspan="3">2019 年</th></tr>
<tr><td rowspan="7">非快充类客车</td><td rowspan="2">单位载质量能量消耗量(Wh/km·kg)</td><td colspan="2">0.21(含)~0.15</td><td>0.15 及以下</td><td>0.17~0.19(含)</td><td>0.15~0.17(含)</td><td>0.15 及以下</td></tr>
<tr><td colspan="2">1 倍</td><td>1.1 倍</td><td>0.8 倍</td><td>0.9 倍</td><td>1 倍</td></tr>
<tr><td rowspan="2">电池系统能量密度(Wh/kg)</td><td colspan="2">115~135(含)</td><td>135 以上</td><td colspan="3">不低于 135</td></tr>
<tr><td colspan="2">1 倍</td><td>1.1 倍</td><td colspan="3">1 倍</td></tr>
<tr><td>单位电量补贴标准(元/kWh)</td><td colspan="3">1200</td><td colspan="3">500</td></tr>
<tr><td rowspan="2">单车补贴金额(万元)</td><td>6<L≤8m</td><td>8<L≤10m</td><td>L>10m</td><td>6<L≤8m</td><td>8<L≤10m</td><td>L>10m</td></tr>
<tr><td>5</td><td>12</td><td>18</td><td>2.5</td><td>5.5</td><td>9</td></tr>
<tr><td rowspan="5">快充类客车</td><td rowspan="2">快充倍率</td><td>3C~5C(含)</td><td>5C~15C(含)</td><td>15C 以上</td><td>3C~5C(含)</td><td>5C~15C(含)</td><td>15C 以上</td></tr>
<tr><td>0.8 倍</td><td>1 倍</td><td>1.1 倍</td><td>0.8 倍</td><td>0.9 倍</td><td>1 倍</td></tr>
<tr><td>单位电量补贴标准(元/kWh)</td><td colspan="3">2100</td><td colspan="3">900</td></tr>
<tr><td rowspan="2">单车补贴金额(万元)</td><td>6<L≤8m</td><td>8<L≤10m</td><td>L>10m</td><td>6<L≤8m</td><td>8<L≤10m</td><td>L>10m</td></tr>
<tr><td>4</td><td>8</td><td>13</td><td>2</td><td>4</td><td>6.5</td></tr>
<tr><td rowspan="5">插电式混合动力客车</td><td rowspan="2">节油率</td><td>60%~65%(含)</td><td>65%~70%(含)</td><td>70%以上</td><td>60%~65%(含)</td><td>65%~70%(含)</td><td>70%以上</td></tr>
<tr><td>0.8 倍</td><td>1 倍</td><td>1.1 倍</td><td>0.8 倍</td><td>0.9 倍</td><td>1 倍</td></tr>
<tr><td>单位电量补贴标准(元/kWh)</td><td colspan="3">1500</td><td colspan="3">600</td></tr>
<tr><td rowspan="2">单车补贴金额(万元)</td><td>6<L≤8m</td><td>8<L≤10m</td><td>L>10m</td><td>6<L≤8m</td><td>8<L≤10m</td><td>L>10m</td></tr>
<tr><td>2.2</td><td>4.5</td><td>7.5</td><td>1</td><td>2</td><td>3.8</td></tr>
</table>

（2）地方可为新能源公交车提供购置补贴。

财建〔2019〕138 号文提出，燃料电池汽车和新能源公交车补贴政策另行公布。2019 年 5 月，财政部、工信部、交通部、国家发改委发布《关于支持新能源公交车推广应用的通知》，技术指标和补贴标准与 2019 版新能源汽车购置补贴政策基本一致，主要差别在于以下几点：①地方可继续对购置新能源公交车给予补贴支持。②2019 年及以前年度燃油补贴结余资金，地方可收回统筹用于新能源公交车运营。③从 2020 年开始，新能源公交车运营补贴采取“以奖代补”方式，相关政策正在制定中。④过渡期为 2019 年 5 月 8 日至 2019 年 8 月 7 日，其中，2019 年 5 月 8 日前，按照 2018 年补贴标准执行；过渡期间，符合 2018 年技

表 1-9　　**新能源专用车 2018 年与 2019 年补贴关键参数对比**

指　标		2018 年	2019 年
技术指标	电池系统能量密度（Wh/kg）	115	125
	单位载质量能量消耗量（Wh/km · kg）	0.35 （其中，0.35～0.40 按照 0.2 倍补贴）	0.3
	吨百公里电耗（kWh）	8	
	节油率	—	40%
补贴	30（含）kWh 以下（元/kWh）	850	BEV：350 PHEV：500
	30～50（含）kWh（元/kWh）	750	
	50kWh 以上（元/kWh）	650	
	国家单车补贴上限（万元）	10	BEV：N1（2），N2 和 N3（5.5） PHEV：N3（3.5）

术指标要求但不符合 2019 年技术指标要求的，按照 2018 年补贴标准的 0.1 倍执行；过渡期间，符合 2019 年技术指标要求的，按照 2018 年标准的 0.6 倍执行。

（3）燃料电池汽车过渡期间按 2018 年标准的 0.8 倍补贴。

2019 年 3 月 26 日至 2019 年 6 月 25 日为 2019 年补贴政策过渡期，过渡期间销售上牌的燃料电池汽车按 2018 年对应标准的 0.8 倍补贴，地补金额不受限制；过渡期之后的补贴标准正在研究制定中。

1.2.5　税收优惠

车辆购置税和车船税是汽车税收体系中两类重要的对汽车课税的税种。车辆购置税从价征收，由消费者在购买环节一次性缴纳，2014 年 9 月至 2020 年 12 月购买新能源汽车，可免征车辆购置税。车船税从量征收（如乘用车依据排量征收），消费者在车辆保有期间需每年缴纳，自 2012 年 1 月起，新能源汽车免征车船税，该政策自 2012 年首次发布起，分别在 2015 年和 2018 年对受惠车型的技术门槛等要求进行了调整。

（1）新能源汽车继续免征车船税，"老车" 全生命周期依旧享受优惠。

2018 年 7 月 31 日，财政部、税务总局、工信部、交通部联合发布了《关于节能新能源车船享受车船税优惠政策的通知》，继续免征新能源汽车车船税，减半征收节能汽车车船税。同 2015 年政策相比，在新能源汽车方面的调整主要参照现行的新能源汽车购置税免征政策，具体调整如下。①认定标准提升：除纯电动和燃料电池乘用车不属于征税范围之外，其余新能源车型认定标准均根据2018—2020年新能源汽车免征购置税政策进行了更新；②附加条件：新能源汽车专项检验标准目录参照《新能源汽车生产企业及产品准入管理规定》附件三更新，并在此基础上增加《汽车动力蓄电池编码规则》GB/T 34014—2017（实施时间根据工信部要求）和《轻型混合动力电动汽车污染物排放控制要求及测量方法》GB 19755—2016，增加新能源企业要求，新增要求也同2018—2020年新能源汽车免征购置税政策保持了一致。③管理机制调整：政策发布部门增加了交通部，目录由工信部和国家税务总局共同发布，而目录的组织申报、宣传培训及具体技术审查、监督检查工作则转由工信部装备工业发展中心负责，同时增加了四部委可适时调整认定标准以及进目录后12个月内无产量或进口量将撤销目录等规定。④新车新办法，老车老办法，新目录公告后，之前公布的目录均废止，但已售出车型在其生命周期内可继续享受优惠政策，保证了税收政策的公平性。

（2）车辆购置税正式上升为法律，新能源汽车仍可免税至2020年。

为落实税收法定原则，经过向社会征求意见及全国人大常委会的两次审议，2019年12月29日，《车辆购置税法》审议通过，自2019年7月1日起施行，2000年10月22日国务院公布的《车辆购置税暂行条例》（以下简称《暂行条例》）同时废止。车辆购置税立法基本采取税制平移的方式，各税制要素基本沿用了《暂行条例》的规定，税率仍为10%，计税依据和应纳税额计算方法均无明显改变，车辆购置税立法进程如表1-10所示。

表1-10 **车辆购置税立法进程**

时间	车辆购置税立法进程
2017年8月7日	《车辆购置税法（征求意见稿）》向社会公开征求意见
2018年8月27日	《车辆购置税法（草案）》提请十三届全国人大常委会第五次会议进行一审
2018年12月23日	《车辆购置税法（草案）》提请十三届全国人大常委会第七次会议进行二审
2019年12月29日	《车辆购置税法》经十三届全国人大常委会第七次会议审议通过

2017 年 8 月的征求意见稿基本与《暂行条例》一致，尤其是征税对象和减免税情形。相较于征求意见稿，最终税法的主要变动及原因如下：①征税对象中的“摩托车”改为“排气量超过 150 毫升的摩托车”，原因是 150 毫升及以下摩托车基本在农村销售及使用，免征此类车辆购置税，可发挥惠农作用，减轻农民负担；②免税车辆增加悬挂应急救援专用号牌的国家综合性消防救援车辆和城市公交企业购置的公共汽电车辆，原因是这两类车辆属公共事业车辆，免征其车辆购置税，可鼓励发展与民生问题息息相关的公共事业（见表 1-11）。

表 1-11　《中华人民共和国车辆购置税暂行条例》与《中华人民共和国车辆购置税法》税制要素对比

<table>
<tr><td colspan="2">政策名称</td><td>《中华人民共和国车辆购置税暂行条例》</td><td>《中华人民共和国车辆购置税法》</td></tr>
<tr><td colspan="2">审议会议</td><td>国务院常务会议</td><td>全国人大常委会</td></tr>
<tr><td colspan="2">纳税人</td><td colspan="2">我国境内购置应税车辆的单位和个人</td></tr>
<tr><td colspan="2">征税对象</td><td>汽车、摩托车、电车、挂车、农用运输车</td><td>汽车、排气量超过 150 毫升的摩托车、汽车挂车、有轨电车</td></tr>
<tr><td colspan="2">应纳税额</td><td colspan="2">应纳税额=计税价格×税率</td></tr>
<tr><td colspan="2">税率</td><td colspan="2">10%</td></tr>
<tr><td rowspan="4">计税价格</td><td>购买自用</td><td colspan="2">纳税人购买应税车辆支付给销售者的全部价款和价外费用，不包括增值税税款</td></tr>
<tr><td>进口自用</td><td colspan="2">计税价格=关税完税价格+关税+消费税</td></tr>
<tr><td>自产自用</td><td rowspan="2">最低计税价格核定</td><td>纳税人生产的同类应税车辆的销售价格确定，不包括增值税税款</td></tr>
<tr><td>受赠、获奖或其他</td><td>购置应税车辆时相关凭证载明的价格，不包括增值税税款</td></tr>
<tr><td colspan="2">最低计税价格</td><td>国家税务总局参照应税车辆市场平均交易价格，规定不同类型应税车辆的最低计税价格</td><td>取消</td></tr>
<tr><td colspan="2">征收机构</td><td>国家税务局</td><td>税务机关</td></tr>
</table>

续表

减免税情形	依照法律规定应当予以免税的外国驻华使馆、领事馆和国际组织驻华机构及其有关人员自用的车辆	
	中国人民解放军和中国人民武装警察部队列入装备订货计划的车辆	
	设有固定装置的非运输专用作业车辆	
	国务院批准免税或者减税的其他情形	取消
	—	悬挂应急救援专用号牌的国家综合性消防救援车辆
	—	城市公交企业购置的公共汽电车辆
临时减免税情形更改机构	国务院	全国人大授权国务院决定
特殊情况税额核定	—	免税、减税车辆因转让、改变用途等原因不再属于免税、减税范围的，计税价格以免税、减税车辆初次办理纳税申报时确定的计税价格为基准，每满一年扣减10%
	—	纳税人将已征车辆购置税的车辆退回车辆生产企业或者销售企业的，退税额以已缴税款为基准，自缴纳税款之日至申请退税之日，每满一年扣减10%
税收征管	纳税人应当持主管税务机关出具的完税证明或者免税证明，向公安机关车辆管理机构办理车辆登记注册手续；税务机关应当及时向公安机关车辆管理机构通报纳税人缴纳车辆购置税的情况，公安机关车辆管理机构应当定期向税务机关通报车辆登记注册的情况	公安机关交通管理部门在办理车辆登记时，应当核对税务机关提供的应税车辆完税或者免税电子信息； 税务、公安、商务、海关、工业和信息化等部门建立应税车辆信息共享平台和工作配合机制

1.2.6　动力电池

为对各环节主体履行回收利用责任情况实施监测，工信部发布《新能源汽车动力蓄电池回收利用溯源管理暂行规定》，并联合其他六部门发布《关于做好新能源汽车动力蓄电池回收利用试点工作的通知》，明确试点地区和企业。

2018 年 7 月 3 日，工信部发布《新能源汽车动力蓄电池回收利用溯源管理暂行规定》，建立“新能源汽车国家监测与动力蓄电池回收利用溯源综合管理平台”，对动力蓄电池生产、销售、使用、报废、回收、利用等全过程进行信息采集，对各环节主体履行回收利用责任情况实施监测（见表 1-12）。

表 1-12　**各主体责任内容情况**

责任主体	任务	上传信息要求
电池生产企业	申请厂商代码 按照动力蓄电池编码规则备案 对电池进行编码和标识 将电池编码信息报送整车企业	—
汽车生产企业	采集电池生产、车辆生产（进口）；车辆销售、维修更换、电池回收、电池退役等环节的溯源信息并上传至溯源管理平台 公布并报送回收服务网点信息（service@ tbrat. org）	生产信息（电池包、模块、单体编码结构信息；车电匹配信息；车辆基本信息） 销售信息（新车交易信息；二手车交易信息） 维修信息（电池包、模块、单体维修更换信息；废旧电池去向信息；租赁模式换电动态匹配信息） 回收信息（废旧电池回收信息、废旧电池转移信息）
报废汽车回收拆解企业	上传车辆报废信息 上传电池移交信息	应在接收报废新能源汽车，并出具《报废汽车回收证明》后 15 个工作日内上传信息 在废旧动力蓄电池拆卸并移交出库后 15 个工作日内上传信息

续表

责任主体	任务	上传信息要求
梯次利用企业	申请厂商代码 梯次利用电池编码规则备案 对梯次利用电池产品编码与标识 上传梯次利用产品生产、出库信息 上传电池报废信息	梯次利用企业应在梯次利用电池产品出库后15个工作日内上传信息； 在梯次利用电池生产、检测、使用等过程中产生的废旧动力蓄电池，应在其回收入库及移交出库后15个工作日内上传信息
再生利用企业	上传电池接收信息 上传电池再生利用信息	应在废旧动力蓄电池接收入库后30个工作日内上传信息 在完成再生利用及最终处理后30个工作日内上传信息

2018年7月25日，工业和信息化部等七部门联合发布《关于做好新能源汽车动力蓄电池回收利用试点工作的通知》，确定京津冀地区、山西省、上海市、江苏省、浙江省、安徽省、江西省、河南省、湖北省、湖南省、广东省、广西壮族自治区、四川省、甘肃省、青海省、宁波市、厦门市及中国铁塔股份有限公司为试点地区和企业。目前，京津冀地区、浙江省和广东省的方案已发布，后续其他地区也将陆续发布。

1.2.7 基础设施

2018年12月10日，国家发改委、国家能源局、工信部、财政部发布《提升新能源汽车充电保障能力行动计划》，指出力争用3年时间大幅提升充电技术水平，提高充电设施产品质量，加快完善充电标准体系，全面优化充电设施布局，显著增强充电网络互联互通能力等。围绕配套电力、设备质量、运营模式、标准规范、规划布局等多个方面进行部署，促进充电基础设施的规模化、规范化发展。

1.2.8 交通运输

2018年10月9日，国务院发布《推进运输结构调整三年行动计划（2018—

2020 年）》，加快运输结构调整的决策部署，推进城市绿色货运配送示范工程，加大对示范项目物流园区（货运枢纽）建设、新能源城市配送车辆推广应用、绿色物流智慧服务平台建设等的支持力度。到 2020 年，城市建成区新增和更新轻型物流配送车辆中，新能源车辆和达到国六排放标准清洁能源车辆的比例超过 50%，重点区域达到 80%。各地将公共充电桩建设纳入城市基础设施规划建设范围，加大用地、资金等支持力度，在物流园区、工业园区、大型商业购物中心、农贸批发市场等货流密集区域，集中规划建设专用充电站和快速充电桩。在有条件的地区建立新能源城市配送车辆运营补贴机制，降低使用成本。在重点物流园区、铁路物流中心、机场、港口等推广使用电动化、清洁化作业车辆。

1.2.9　智能化发展

2018 年 12 月 25 日，工信部印发《车联网（智能网联汽车）产业发展行动计划》，从关键技术、标准体系与测试示范、基础设施、综合应用和安全保障等方面部署五大重点任务。提出到 2020 年，具备高级别自动驾驶功能的智能网联汽车实现特定场景规模应用，车联网用户渗透率达到 30%以上；2020 年后，高级别自动驾驶功能的智能网联汽车和 5G-V2X 逐步实现规模化商业应用，“人—车—路—云”实现高度协同。

1.2.10　政策总结及展望

我国大规模推广新能源汽车始于 2009 年，经过各级政府和企业十年的共同努力，新能源汽车累计推广量已超过 300 万辆。十年间，新能源汽车产业政策针对不同阶段产业发展特点逐渐调整和完善，从部分城市示范推广到全国全面推广应用，从公共领域拓展至私人领域，从重视购置补贴到购买、运营、充电基础设施支持全覆盖，中国新能源汽车产业政策已形成较为完善的支持体系，加快了新能源汽车的技术升级和市场推广进程。

（1）总结。

2018 年以来，中国新能源汽车平稳发展，政策主要聚焦于管理体制的转变，较好地把握了以下几大关系：升级改革与有效衔接、事前监管与事中事后监管、稳增长与防风险。

①升级改革与有效衔接的关系。一是新旧政策之间有效衔接。2019 版新能源汽车补贴政策继续坚持扶优扶强，提升了技术门槛，但对于满足 2018 年补贴要求的车辆，仍可纳入《推荐车型目录》，享受不限行、不限购等交通优惠措施。二是不同政策之间保持一致性。2018 年工信部发布的《道路机动车辆生产企业及产品准入管理办法》与国家发改委发布的《汽车产业投资管理规定》是两项中国汽车行业管理政策的重大改革，在投资和生产两大重要环节同时落实"放管服"改革，共同破解低水平重复建设难题。《汽车产业投资管理规定》更引用工信部的特别公示机制来判定"僵尸企业"，既增强了可操作性，又使不同环节的监管政策有机结合、发挥合力。节能及新能源汽车车船税优惠政策也在 2018 年进行了调整，升级了技术门槛，但技术门槛的调整基本与新能源汽车免征车辆购置税政策相一致，减轻了企业重复申报、政府重复审核的负担。

②事前监管与事中事后监管的关系。政府监管重心正在从事前向事中事后转移。一是加速僵尸企业的退出。《道路机动车辆生产企业及产品准入管理办法》明确提出，经特别公示的道路机动车辆生产企业，在公示期间不予办理准入变更，即特别公示企业不得变更股权、名称、注册地址、生产地址等，限制僵尸企业"借壳重组"；《汽车产业投资管理规定》禁止资本投资特别公示企业，限制僵尸企业倒卖资质。二是车船税目录动态管理。列入目录后 12 个月内无产量或进口量的车型经公示无异议后将予以撤销。

③稳增长与防风险的关系。在补贴退坡力度逐年加大的情况下，保持或加大非补贴政策支持力度，在避免市场大起大落的同时，保持了市场的稳定增长。一是补贴在 2020 年前分阶段退坡，避免市场在 2020 年末到 2021 年大起大落。二是 2019 版补贴不再提高技术指标上限，防止企业追逐高补贴而忽视安全风险。三是新能源汽车不限行和不限购、双积分政策、蓝天保卫战等非补贴政策力度保持不变或加大，分担了部分补贴退坡的影响。

（2）展望。

2018 年，习近平总书记在民营企业座谈会上提出要推进产业政策由差异化、选择性向普惠化、功能性转变；深化管理体制改革、"放管服"改革，转变政府职能。产业内部"大而不强，小散乱"问题凸显，明星产品不足，新能源汽车较传统车仍不具备竞争力，但政策力度正持续降低。预计 2019—2020 年将是产业由“政策单驱动”转变为“政策+市场双驱动”的阵痛期，也是不能掉以轻心的关键时期，同时 2020 年的政策方向也将对 2021 年及之后的政策产生影响。为推动产业在 2019—2020 年平稳过渡和 2021 年及之后健康发展，提出以下几方面建议。

①尽快明确短期（2020 年）政策，在经济下行压力下尽早给出行业预期。一是尽快明确 2020 年购置补贴政策。2019 年补贴政策过渡期至 2019 年 6 月 25 日，到 2020 年末仅剩一年半时间，产品技术水平较为稳定，有条件尽早发布 2020 年及以后购置补贴政策。二是尽快明确 2020 年公交车运营补贴政策。对公共领域车辆的补贴将产生较显著的社会效应，现行新能源公交车运营补贴将于 2019 年末到期，建议尽快发布，避免政策真空期。三是尽快明确燃料电池汽车支持政策，引导行业有序发展。

②加快出台 2021—2023 年双积分政策，给企业至少预留一年准备期。目前，五阶段油耗相关标准及双积分政策已公开征求意见，试验方法、新能源汽车各车型积分及新能源汽车积分比例要求直接影响企业 2021—2023 年的产品规划，建议 2019 年底前发布，给企业至少预留一年准备期。

③未来仍需引导地方政府制定明确的“僵尸企业”退出流程。投资管理政策的全面下放促使地方政府发挥监管治理主体责任，切实做到“谁审批，谁监管”，中央主管部门、地方投资管理部门、地方企业各自归位，各主体集中精力“管好该管的事”。虽然最新版投资和准入管理政策均对僵尸企业提出了限制措施，促进僵尸企业回归“零”价值甚至“负”价值，但僵尸企业退出的最后“临门一脚”是引导地方政府形成较规范的彻底退出流程。

④在充分研究的前提下，明确未来近、中、长期政策思路。《节能与新能源汽车产业发展规划（2012—2020 年）》即将到期，2019 年 2 月，工信部已组织牵头《新能源汽车产业发展规划（2021—2035 年）》编制工作，已成立覆盖工信部、中财委办、国家发改委、科技部、公安部、财政部等 12 个部门的起草组及来自汽车、通信等领域的 18 位专家组成的专家咨询委员会。目前已成立 6 个前期研究专项，分别是面向 2035 年的产业技术发展与创新能力研究，新能源汽车与能源、交通、通信等相关产业融合发展研究，传统内燃机汽车与新能源汽车协同发展研究，新能源汽车产业国际化发展研究，新型商业模式和产业生态对汽

车产业的影响评估研究，新能源汽车行业管理改革和政策保障体系研究。跨度长达15年的规划，将为行业提供长期导向和预期，对企业提前规划大有裨益，但由于产业处于剧变期，新技术、新业态、新模式层出不穷，科学精确地预测未来15年产业发展仍面临较大困难。为此，一方面，要在充分研究的前提下，制定分阶段的政策目标，做到近期（2021—2025年）有方案、中期（2026—2030年）明思路、远期（2031—2035年）绘方向，近期有实招、远期能指导；另一方面，因为创新的不可预知性以及激励政策对市场影响与预期不符的可能性，需坚持底线思维，充分发挥第三方机构及评估的“反馈”作用，形成“定期”评估与“实时”监控相结合的“政策评估预警机制”，定期评估聚焦于“全”，即较为全面地预测政策执行过程中各类结果及各利益相关方的反馈；“实时”监控聚焦于“精”，通过监控少数关键指标的变动来预警政策风险，及时纠偏，防范风险。

1.3 新能源汽车发展现状

1.3.1 产业跨入高质量发展阶段

2018年是我国新能源汽车产业由量变向质变转化的关键之年。产业在实现突破百万辆大关的基础上，向提质增效、增强核心竞争力方向发展，跨国整车集团的加入使得市场竞争日趋激烈，优秀企业和产品开始脱颖而出，中国作为世界新能源汽车市场引领者的地位得到凸显[6]。

（1）产业迈向高质量发展阶段，整体竞争力显著提升。

新能源乘用车行业开始进入高质量发展阶段。一是市场增长动力开始从政策推动转向市场拉动，私人消费已成为新能源汽车消费主体，根据国家信息中心数据统计，2015年国内新能源汽车的单位用户占比71.6%，到了2018年，单位用户占比仅在26.0%。二是领先企业优势得到巩固，产品技术水平迈上新台阶。比亚迪、吉利、上汽等企业大量换代新产品陆续上市，新产品品质大幅提升，整车能耗、续驶里程指标进步显著，产品定位整体上探，小微车型逐步进入市场化阶段，并进一步推动新能源汽车消费区域由限购城市向非限购城市扩展。三是国内新能源汽车正在从中资品牌为主向中外竞争转变。在双积分等政策的作用下，日产、宝马、丰田、大众等跨国公司纷纷发力中国新能源汽车市场，并取得不错的开门销售成绩，这必将对国内新能源汽车行业整体水平有明显的提升带动作用。

新能源客车成为全面电动化的重要领域。在产品方面，随着蓝天保卫战等国家战略的实施，城市公交车作为公共服务领域的重要环节，将成为推进全面电动化的重要领域，公路客车、旅游客车、通勤客车等细分领域的电动化进程也将逐步加快。在市场方面，2018 年我国新能源客车销量约 9. 2 万辆，占客车总销量的 22%左右，累计推广新能源客车接近 50 万辆。其中，新能源城市公交销量占城市公交总销量的 90%以上，其保有量占公交车保有量的比例超过 55%；而公路客车、通勤客车等客车在新能源汽车市场占比仅为 3%，电动化进程缓慢。在智能化应用方面，宇通、金龙等客车企业实现了自动驾驶客车示范运营，实现定点、定线自动行驶和避让等功能，成为智能化技术应用的重要载体。

新能源专用车（货车）将迎来快速发展。在市场方面，2018 年我国新能源专用车市场销量为 10. 3 万辆，以纯电动车型为主，轻型物流车占市场销量的九成，占据市场份额较高的企业有开瑞、东风、瑞驰、通家等。在技术方面，相比 2017 年，2018 年新能源专用车平均电池能量密度、纯电动续航里程分别提升 13%、18%，而随着产品性能的提升，新能源专用车的产品价格也在逐渐下降。在产品方面，燃料电池专用车正开展小规模应用示范，东风汽车开发的第一款燃料电池厢式运输车已在上海展开实际示范运营，佛山、云浮也投入 25 辆氢燃料电池厢式物流车展开试运营。面对国家环保要求的加强、柴油货车排放标准的升级，以及新能源物流车通行便利等支持政策，各家大型物流企业纷纷开始使用新能源物流车，如京东、顺丰、圆通、菜鸟等均已推出物流车辆的电动化计划，这将极大地助推新能源汽车专用车市场快速发展。

（2）动力电池行业技术水平显著提升。

近年来，我国动力电池产业保持高速发展，与国际先进水平的差距逐渐缩小。

一是产业规模持续扩大，三元电池市场份额提升。2018 年度我国新能源汽车动力电池配套量超过 568. 9 亿 Wh，同比增长 56. 88%。其中三元电池配套量约 301 亿 Wh，同比增长约 103. 71%，占比由 43. 9%提升至 58. 17%。磷酸铁锂电池配套量约 222 亿 Wh，同比增长 23.51%，占比由 49.6%降低至 39%。

二是市场集中度快速提升，行业优胜劣汰加速。我国动力电池单体企业由 2016 年底的 140 家左右减少到 2018 年底的 100 家左右。2018 年前十家动力电池企业累计配套量约 470 亿 Wh，市场占比约 83%。其中宁德时代和惠州比亚迪配套量大幅领先，分别达 234.33 亿 Wh 和 114.28 亿 Wh，市场占比分别为 41.19% 和 20.09%（见表 1-13）。

表 1-13 **2018 年动力电池单体企业配套量排名** （单位：亿 Wh）

排名	企业名称	配套量	占比（%）
1	宁德时代新能源科技股份有限公司	234.33	41.19
2	惠州比亚迪电池有限公司	114.28	20.09
3	合肥国轩高科动力能源有限公司	30.70	5.40
4	力神动力电池系统有限公司	20.50	3.60
5	孚能科技（赣州）有限公司	19.09	3.36
6	深圳市比克动力电池有限公司	17.37	3.05
7	惠州亿纬锂能股份有限公司	12.73	2.24
8	北京国能电池科技有限公司	8.08	1.42
9	中航锂电（洛阳）有限公司	7.16	1.26
10	卡耐新能源有限公司	6.34	1.11

资料来源：中汽中心政策研究中心根据合格证数据统计分析得出。

三是技术经济性不断提升，关键指标接近国际领先水平。截至 2018 年底，我国三元电池单体能量密度达到 235Wh/kg 以上，系统能量密度可达 160Wh/kg，部分产品系统价格降低到 1100 元/kWh 左右，已经属于国际领先水平。现阶段，继续提升动力电池性能水平、持续降低成本、提高安全性和可靠性仍是产业发展的关键和重点。

（3）驱动电机行业关键技术取得积极进展。

2018 年我国驱动电机产业规模持续扩大，产品技术加快向集成化方向发展，集成驱动电机、电机控制器和减速器的三合一电驱总成产品实现量产配套，车规级 IGBT 器件实现整车应用，驱动电机研发创新能力大幅提升。

一是行业规模持续扩大，推动产业快速发展。我国已经形成了从驱动电机、电机控制器、变速器、电驱动总成、主要关键材料和关键器件的完整产业链，并全部实现了国产化。根据前瞻产业研究院数据，2018 年我国驱动电机装机量超 133 万台，比亚迪与北汽新能源处于领先位置，其中比亚迪在驱动电机和电机控制器市场中占比均达 26%；北汽新能源在驱动电机市场占比达 9.8%，在电机控制器上占比达 9.5%；其余企业市场占比均不超过 9%。我国驱动电机及电机控制器市场规模已达 107.9 亿元，同比增长 62.5%。

二是产品品质不断提升，集成化成为主流。集成驱动电机、电机控制器和减速器的三合一总成产品成为行业发展的重点产品，我国新能源汽车动力总成自主创新能力持续增强。2018 年，我国多家企业纷纷推出各种应用于乘用车的三合一总成，上海电驱动、精进电动、中车时代、汇川技术、上海大郡、巨一自动化、深圳比亚迪、蔚来汽车、华为技术等均开发了集成电机、控制器和减速器的一体化总成，总成峰值功率 90～160kW，总成输出转矩 3200～3900Nm，总成输出转速 1200～1500rpm，产品集成从简单的物理集成逐步发展成机–电–热深度集成，并表现出良好的 NVH 性能。

三是 IGBT 取得关键性突破，产业布局逐步完善。2018 年，深圳比亚迪微电子、嘉兴斯达微电子、株洲中车时代电动等企业纷纷开发出自主的车用 IGBT 芯片、双面冷却 IGBT 模块封装和高功率密度电机控制器。经过多年的持续研发与验证，我国已经陆续突破了沟槽栅场终止型 IGBT 芯片设计和制造、模块封装设计和制造、大功率器件测试应用等关键技术与工艺，在产品性能和封装水平方面与国外同类产品相当，我国车规级 IGBT 已经开始在新能源汽车领域大规模应用。同时，上汽集团与英飞凌合资的无锡工厂顺利开工，为国内新能源汽车进行 IGBT 器件配套生产。

1.3.2　市场持续高增长，竞争格局面临新变化

（1）全球新能源汽车规模不断扩大，中国市场渗透率达 4.5%。

2010—2018 年，全球新能源汽车销量从不足 1 万辆增至 207 万辆，年均增速超过 50%，占汽车整体市场的比例提至 2.2%。截至 2018 年底，新能源汽车全球保有量超过 550 万辆，约占全球汽车保有量的 0.5%。全球新能源汽车市场排名

中，中国已连续四年居世界首位，市场份额同步保持稳步提升态势。根据中国汽车工业协会统计，2018 年我国新能源汽车销售 126 万辆，同比增长约 62%，高于全球增速，占全球市场份额的 61%。在汽车整体市场中，中国新能源汽车占比逐年小幅攀升，2017 年新能源汽车占比仅 2.69%，2018 年占比提至 4.45%（见图 1-8）。在保有量方面，根据公安部最新数据统计，截至 2019 年 6 月，我国汽车保有量达 2.5 亿辆，新能源汽车保有量 344 万辆，占汽车总量的比例仅为 1.37%。

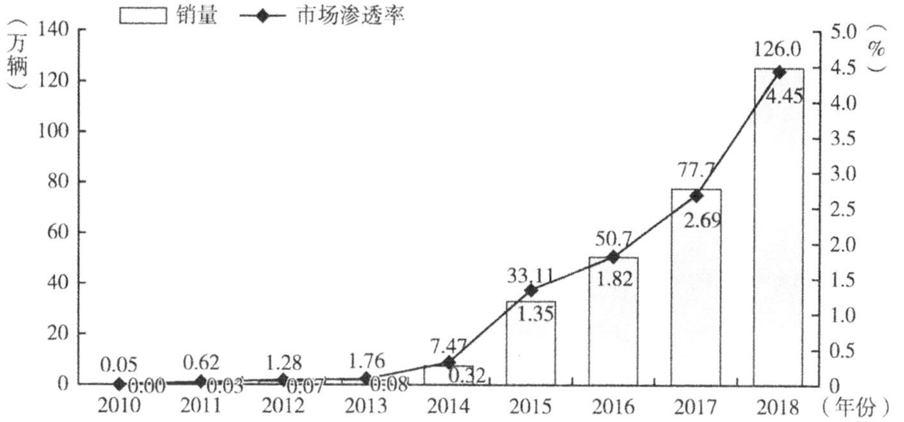

图 1-8　2010—2018 年中国新能源汽车销量及市场渗透率

（2）乘用车新能源化进程加快，合资乘用车企业参与度提升。

2009 年以来，我国新能源乘用车累计推广超过 200 万辆，占新能源汽车总量的比例超过 70%。根据中国汽车工业协会（以下简称“中汽协”）数据统计，2018 年新能源乘用车销售 105.3 万辆，同比增长 82%，高于新能源汽车整体市场 62%的增速，市场份额由 2016 年的 66%提至 2018 年的 84%。在乘用车整体销量中，新能源乘用车市场比例也逐步提高，由 2015 年的 1%提至 2018 年的 4.4%。

2018 年我国有量产的插电式混合动力乘用车企业约 22 家，其中包括 12 家合资企业、10 家中资企业，产量分别达 4.7 万辆、20.7 万辆，占比 19%、81%。前 6 家企业产量超过 1 万辆，主要包括比亚迪、上汽、华晨宝马、上汽大众、广汽、吉利。其中，比亚迪、上汽产量分别为 10.4 万辆、6.8 万辆，合计占比

68%，华晨宝马、上汽大众两家合资企业产量分别为 2.2 万辆、1.4 万辆，占比分别为 8%、6%（见图 1-9）。历年插电式车型产量分布走势如图 1-10 所示。

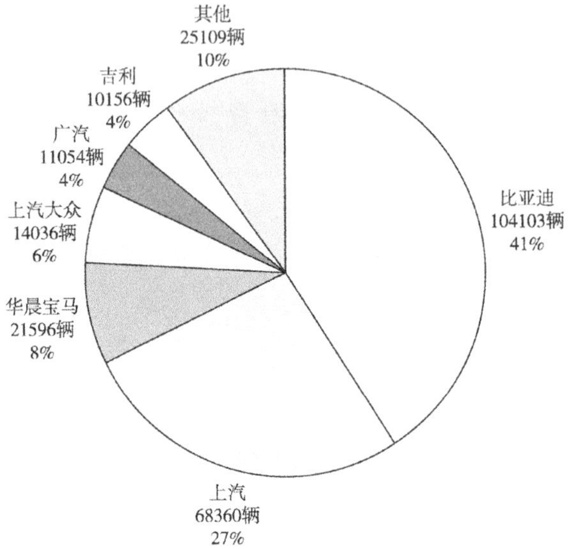

图 1-9　2018 年插电式混合动力乘用车企业产量分布

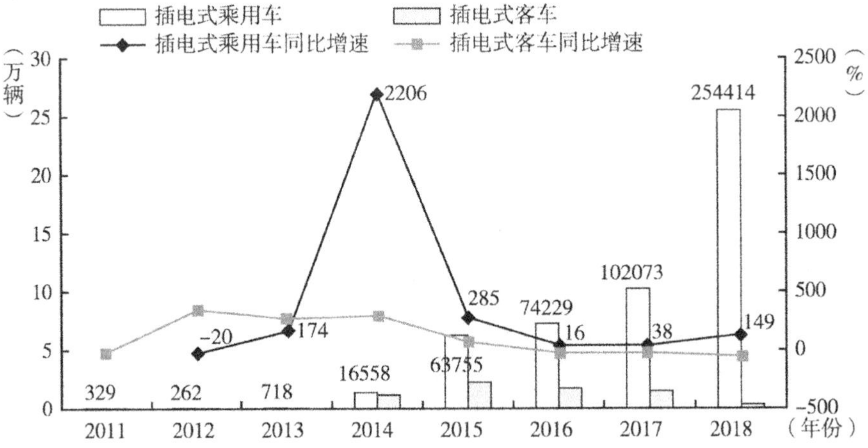

图 1-10　历年插电式车型产量分布走势

（3）私人消费规模比例超半成，城市公交电动化率近六成。

根据机动车保险数据统计，2018 年新能源汽车私人领域销量达 56 万辆，占比54%，基本与2017年比例持平（见图1-11）。仅从新能源乘用车领域看，私人消费占比提至63%。2018年非限购城市新能源汽车销量近60.3万辆，占比近59%，北京、上海、广州、深圳、贵阳、杭州、天津、海南等8个限购城市销量近42.7万辆，占比41%（见图1-12）。

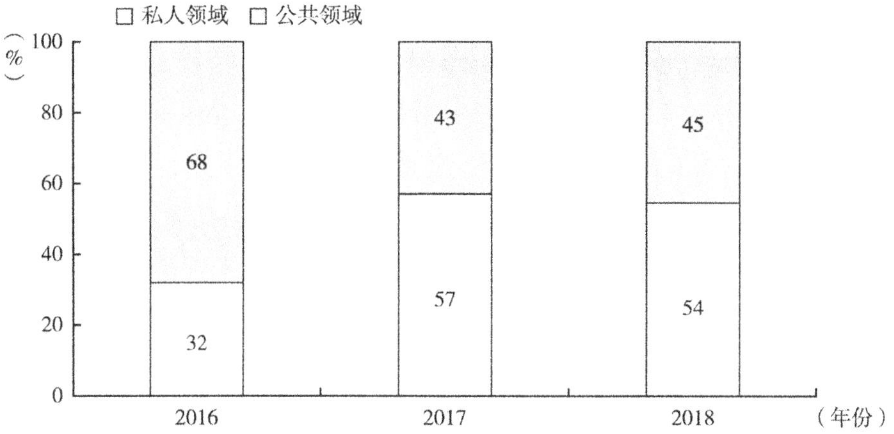

图1-11　2016—2018年公共领域及私人领域新能源汽车销量分布变化

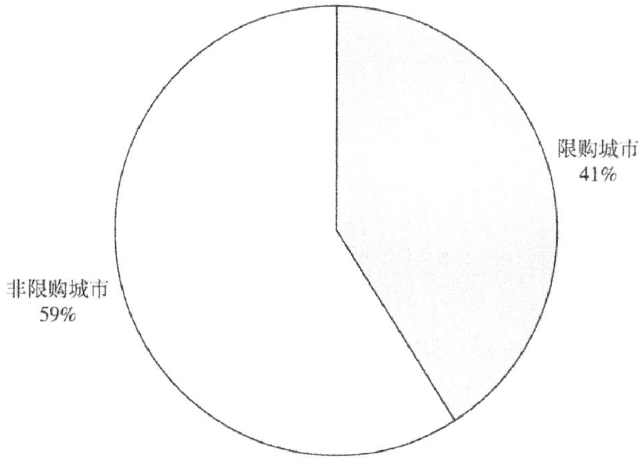

图1-12　2018年限购与非限购城市销量占比

截至2018年底，全国新能源公交车保有量约38万辆，占公交车总量的比例约56%。截至2016年底，10个大气污染治理重点区域和重点省市的公交车总量占全国公交车总量的比例超过 50%，其平均电动化比例超过 40%；9 个中部省份的公交车总量占全国公交车总量的 27%左右，其平均电动化比例超过 35%；其他 12 个省份的公交车总量占全国公交车总量的 20%左右，其平均电动化比例超过 20%，公交车电动化进程相对较慢。

1.3.3　充电设施建设规模大幅提升，产业发展提质增效

（1）充电设施建设规模扩大，车桩配比率进一步优化。

根据中国电动汽车充电基础设施促进联盟统计，截至 2018 年 12 月，我国公共充电桩保有量 33.1 万台（含专用类，见图 1-13），私人充电桩数量 47.7 万台，总量突破 80 万台，发展规模持续保持全球首位。其中，公共类充电设施保有量从 2015 年的 56764 台上升至 2018 年的 331294 台，公共充电桩保有量呈近似直线上升状态。车桩配比率进一步优化，比值由 2015 年的 7.97 下降至 2018 年的 3.78，新能源汽车与公共充电桩增量配比波动不大。

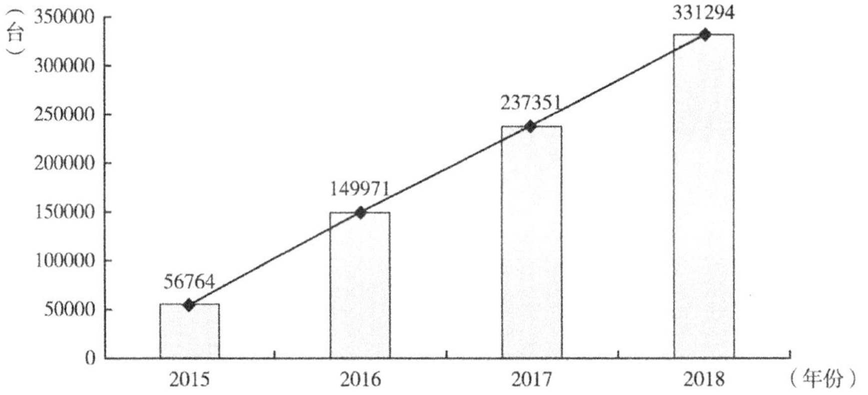

图 1-13　2015—2018 年公共充电桩保有量

（2）公共充电桩区域集中度较高，四省市占比近五成。

根据中国电动汽车充电基础设施促进联盟统计，北京、上海、广东和江苏四个区域的公共充电桩占全国的比例为 46%，北京、上海、广东、江苏、山东、浙江和河北的公共充电桩占比达到 65%。截至 2018 年 12 月，公共充电桩保有量超过 4 万台的省份有北京（44640 台）和上海（41315 台）；公共充电桩保有量超

过 3 万台的省份还有广东（36009 台）和江苏（33809 台）；公共充电桩保有量在 1 万台以上的省份还有山东（24854 台）、浙江（18962 台）、河北（14969 台）、天津（14197 台）、湖北（10821 台）、安徽（10751 台）及陕西（10145 台），如图 1-14 所示。

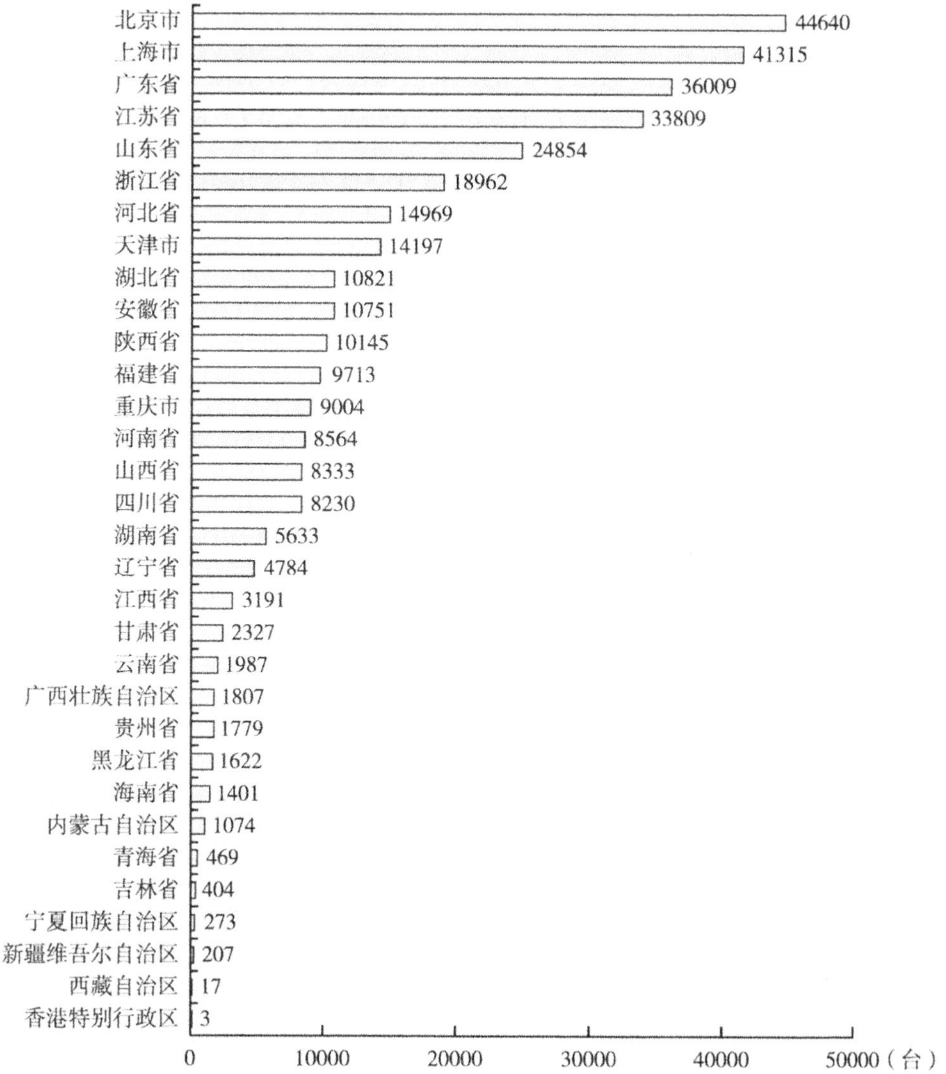

图 1-14　2018 年公共充电桩保有量

2018 年我国公共交流桩和直流桩保有量均有较大幅度增长，交直流一体桩的保有量变化较小。截至 2018 年 12 月，公共交流桩数量 178364 台，占比为 54%，直流桩 152385 台，占比为 46%，交直流一体桩 545 台（可同时具备直流充电和交流充电两种功能），数量较少。截至 2018 年 12 月，充电联盟共收集到 706926 条车企上报车桩相随数据，我国已配建私人充电桩 476869 台，配建率为 67.46%。

（3）充电设备品质进一步提升，运营商战略调整步伐加快。

随着充电设备关键技术的迭代更新以及设备制造企业对 2015 版国标理解的加深，设备的一致性和质量得到提升。2018 年，充电联盟组织车桩测试结果表明，车桩匹配充电成功率从 2017 年的 91%提升至 98%。充电设备关键零部件产业整体实力有所提升，一批技术实力强、资本雄厚的企业开始大规模进入充电设备零部件生产产业。

同时，随着市场充电需求层次的明晰，各运营商开始针对性地完善自我的市场定位。一是主流运营商开展合作，共同打造互联互通的全国充电服务网络，实现资源共享、设施效益最大化；二是各运营商开始与汽车企业加强战略合作，在提供充电信息服务的基础上开展定制化车辆研发、车辆售后出行服务等合作；三是不同充电运营商的充电服务平台开拓了不同的增值服务领域，有以大数据挖掘为基础打造的充电安全保障体系、以服务私人充电领域的私桩共享体系、以提升能源服务品质的客户侧能源服务体系等；四是各充电运营商开始确定以市场为导向、以客户为中心的市场定位，实现电动汽车充换电业务的市场化、精益化发展。

（4）技术支撑与标准体系完善，互联互通进程加快。

2018 年在原有标准体系的基础上，对电动汽车充电安全、大功率及小功率直流充电技术、电动汽车充放电双向互动技术等方面进行了标准体系的前期研究工作，报送标准 6 项，发布标准 6 项。目前，充电设施有效标准 50 项，计划项目 47 项，其中国家标准 14 项、行业标准 13 项、中电联标准 20 项。同时，互联互通进程加快，信息互联的标准已经建立，技术基础已经具备。通过打通车、桩、充电运营环节脉络，建立互联互通机制，并在不同场景应用中，将新能源车与充电设施的信息有效聚合，形成可管理、可扩展的车桩一体化技术互联体系。

1.3.4 新能源汽车产业竞争力指数逐年稳步提高

新能源汽车作为我国战略性新兴产业，国际竞争力逐年稳步提高。近年来中国政府构建了较为完善的政策体系，有效地支撑了产业发展，使新能源汽车成为我国制造业中能够和世界先进水平并行的产业之一。政策支持方式持续优化，由单纯奖励到奖惩结合，从普惠制到扶优扶强，从政府主导转向市场主导，从重点扩大规模转向注重提高质量，既满足了不同时期的管理需求，也持续推动了产业健康发展。我国新能源汽车产业赶超效应显现、节能减排效果显著、国际竞争力显著增强，虽然产业基础相对薄弱，相信未来在行业共同努力下将不断向高质量发展迈进。

（1）新能源汽车产业竞争力综合指数排名第三，但产业基础仍旧薄弱。

2018 年中国新能源汽车产业国际竞争力排名第三，与 2017 年持平，比 2016 年提高一位。综合指数为 97.7，是美国的 97.7%，日本的 98.6%，德国的 100.8%，韩国的 108.4%。2016—2018 年美国新能源汽车产业国际竞争力排名一直保持第一，成为全球新能源汽车产业发展的领先国家。

从新能源汽车产业国际竞争力排名中可以看出，中国从 2013 年的排名第五位，逐年稳步提升至 2018 年的第三位，竞争力指数也从 2013 年的 70.7 提升至 2018 年的 97.7，与发达国家如美国、日本等国的新能源汽车产业竞争力差距逐步缩小。

（2）新能源汽车产业竞争力分项指数排名依旧不高，仍需努力。

虽然 2018 年中国新能源汽车产业竞争力指数在各个国家中排名第三，但从分项指标看，连续多年只有新能源汽车显示竞争力排名第一，其他分项指标排名均不高，说明我国新能源产业发展根基并不十分牢固。在政策环境竞争力方面，虽然政策扶持力度相比国外较大，但目前的支持政策主要依赖补贴优惠和税收减免来降低新能源汽车购置成本。购置补贴政策综合贡献度过大，造成产业、企业、消费者依赖度较大，且支持效果不可持续。另外，交通支持政策具备长期性、稳定性等特征，但实施范围和力度均有待加大。在基础竞争力方面，我国新能源汽车产业基础竞争力依旧相对薄弱，相对于发达国家而言，应该加强科技研发管理，特别是针对相对落后的电池、芯片等关键技术和产品，加快建立以企业为主体、市场为导向、产学研用深度融合的技术创新体系。在产业支撑力方面，我国虽然有较强的全产业链配套体系，但主要在国内市场配套，进入国际市场配套体系的较少，国际竞争力有待提高。在企业竞争力和产品竞争力方面，我国仍然存在一些突出问题：一是企业创新能力及技术水平不高。动力电池产品可靠性和稳定性仍待提升。二是面临的国际竞争压力加大。与国际巨头企业相比，我国新能源汽车成熟车型产品较少、产品性价比低、企业规模偏小，在产品性能、生产一致性、产品质量等方面差距依然较大。新能源汽车产品丰富度和优质产品供给不足，降低了消费意愿。低端产品产能过剩而高端产品产能不足，车型普遍存在能耗水平偏高等问题。

随着政府部门对新能源汽车的政策扶持力度不断加大，特别是近两年新能源汽车产业发展速度和市场需求量大幅提升，相信我国新能源汽车产业一定能够抓住后补贴时代产业由大变强的战略机遇期，加快产业政策创新转型，以非补贴政策为主要手段，继续推进新能源汽车的推广应用并加快技术进步，通过建立力度合适、层次丰富的政策体系，紧密承接补贴时代新能源汽车产业发展，保障新能源汽车可持续稳定发展。

1.3.5　国内标准体系不断完善，国际影响力逐步提升

2018 年初，工业和信息化部发布了 2018 年新能源汽车标准化工作要点，在此指导下，我国新能源汽车标准化工作在国内标准体系完善、国际影响力提升方面均取得了丰硕成果。2018 年，电动汽车领域共发布了 5 项国家标准和修改单，完成了我国电动汽车领域首批三项强制性国家标准的审查和报批，实质性推动了 17 项国家和行业标准制修订进度，以上工作的完成进一步促进了我国新能源汽车标准体系的完善。同时，由我国主导起草的全球技术法规 GTR 20 完成发布，充分体现了我国在电动汽车标准化工作领域的国际影响力，在此基础上我国将持续深度参与 EVS-GTR 第二阶段工作，进一步提升我国在国际标准法规工作中的主导权和话语权。

（1）强制性国家标准完成审查报批。

为促进电动汽车行业的安全稳定发展，进一步提升电动汽车安全性能，国家标准化管理部门于 2016 年启动了电动汽车首批三项安全强制性国家标准的制定

工作，在此过程中国内电动汽车行业积极响应，主要电动汽车整车和动力电池生产企业大力支持，在标准制定过程中不断提出意见和建议，保证标准的不断完善，同时起草组通过参与国际交流，就三项强制性国家标准内容同 ISO6469 和 EVS-GTR 成果进行充分协调。三项强制性国家标准 GB《电动汽车安全要求》、GB《电动汽车用锂离子动力蓄电池安全要求》以及 GB《电动客车安全技术条件》完成了送审材料，于 2018 年 6 月通过汽标委电动车辆分标委技术审查，之后起草组根据审查会意见完成修改，形成报批材料，目前三项强标已经报批主管部门，在完成 WTO 通报后预计将于 2019 年完成发布。

（2）多项标准项目得到实质性推动。

2018 年，基础通用领域主要开展了充电安全、无线充电和电磁兼容三方面标准的制定工作。充电安全方面，GB/T《电动汽车与外部电源连接的安全要求》通过会议讨论形成了初版草案；无线充电方面，秘书处组织主要企业开展无线充电互操作性试验，为电动汽车无线充电系统互操作性国家标准的起草提供试验和数据支撑；电磁兼容方面，完成了 GB/T《电动汽车充电耦合系统的电磁兼容性要求和试验方法》征求意见稿，预计将于 2019 年完成审查。

电动汽车整车领域启动了能耗标准的修订工作，目前我国已经完成基于实际行驶状态的中国工况的构建，而现阶段电动汽车能耗所使用的测试工况仍是 NEDC（乘用车）或 CCBC（商用车）工况，与我国实际行驶工况有一定差异，因此有必要将中国工况导入标准中，电动汽车整车领域开展了基于中国工况导入的轻、重型混合动力电动汽车能量消耗量试验方法/试验方案的前期研究工作。

关键系统及部件领域开展了动力蓄电池、驱动电机和其他系统及部件标准的制修订工作。动力蓄电池方面，主要开展了 GB/T《电动汽车电池管理系统技术条件》的起草工作，并且该标准已经于 2018 年 10 月在网上公开征求意见，预计将于 2019 年完成审查和报批工作；驱动电机方面，完成 QC/T《电动汽车用电动动力系噪声测量方法》送审稿，预计将于 2019 年完成审查和报批工作；其他系统和部件领域，完成了电动汽车 DC/DC 变换器、车载充电机和 IGBT 模块三项标准成熟的草案讨论，预计将于 2019 年完成标准审查。

燃料电池电动汽车领域，2018 年开展了燃料电池电动汽车整车、关键零部件和界面与通信三个方面多项标准的研究制定，同时启动了燃料电池电动汽车子体系的梳理和建设工作。整车领域主要就安全性、动力性、经济性和排放等燃料电池汽车整车性能，进行了燃料电池电动汽车安全要求、最高车速试验方法、能量消耗量测量方法和整车氢气排放测试方法的研究；在关键系统及零部件方面，开展了车载氢系统技术条件和试验方法、发动机性能实验方法和燃料电池堆性能试验方法的制修订；界面与通信领域，开展了基于 70MPa 的加氢口和加氢枪标准的修订，同时启动了通信协议标准的修订。

动力电池回收利用领域，秘书处组织行业骨干企业研究完成了车用动力电池回收利用材料回收要求、包装运输规范和拆卸要求三项标准的征求意见，并形成送审稿，预计将于 2019 年完成审查和报批工作，以上三项标准的完成将为动力电池回收利用行业的起步和发展提供标准支撑。

（3）国际影响力持续提升。

2018 年我国在国际电动汽车标准法规领域影响力不断提升，持续履行我国在联合国世界车辆法规协调论坛（WP29）下设的电动汽车安全（EVS）、电动汽车环境（EVE）以及燃料电池电动汽车三个工作组的副主席国职责，主导制定的全球首部电动汽车安全全球技术法规 GTR20 完成发布，在 EVS-GTR 第二阶段工作中，主导了电池包热扩散、振动、泡水安全以及整车高压安全等议题讨论，体现了我国参与国际标准法规研究制定工作的信心与力度，为后续提升我国汽车产业国际影响力和竞争力、推动我国电动汽车标准法规的制修订工作打下坚实基础。国际标准领域，2018 年全面提升我国在 ISO/TC22/SC37 和 IEC/TC69 对口国际标准工作中的活跃程度，组织汽车和充电设施行业，积极参与相关国际标准的制定，在动力电池和充电方面凝聚行业力量，提出中国方案，发出中国声音，推动我国标准国际化。

1.3.6　汽车智能化迎来快速发展

新能源汽车是智能网联技术的最佳载体，电动化与智能化、信息化的融合发展将助力新能源汽车升华。新能源汽车以电力驱动的内在特性决定了其电气化水平整体高于传统燃油车，同时可以更好地适应线控技术落地，发展智能网联技术具有更好的基础。新能源汽车长期的发展趋势是与信息化、智能化走向融合，三者将共同推动汽车技术的颠覆性进步，有望复制手机领域智能机替代功能机的过程。

2018年，在国家政策的引导和推动下，我国智能网联汽车迎来快速发展，取得了较好成绩，核心技术实力不断增强，产业体系日趋完善，各地纷纷开展公开道路试验、验证，并开始尝试商业化示范。但与此同时，智能网联汽车发展还存在顶层设计缺乏、核心零部件市场基础薄弱、标准体系不健全以及法律法规障碍等方面的问题，在下一步产业发展过程中，应建立汽车产业跨领域协同发展机制，加速布局标准体系建设，积极开展技术创新和核心零部件产业化，营造良好的产业发展配套环境。

（1）国家加速布局政策与标准体系建设。

我国政府高度重视智能网联汽车作为战略性新兴产业的地位，先后出台多项政策大力支持智能网联汽车发展，并积极开展技术标准体系建设。

在政策方面，2017年4月，工信部、发改委和科技部印发《汽车产业中长期发展规划》，提出加大智能网联汽车关键技术攻关力度，开展智能网联汽车示范推广。2018年1月，发改委发布《智能汽车创新发展战略（征求意见稿）》，明确到2025年，中国标准智能汽车的技术创新、产业生态、路网设施、法规标准、产品监管和信息安全体系全面形成。2018年12月，工信部发布《车联网（智能网联汽车）产业发展行动计划》，将从关键技术、标准体系、基础设施、应用服务、安全保障等方面推动车联网（智能网联汽车）产业发展，目标是到2020年，实现车联网（智能网联汽车）产业跨行业融合取得突破，具备高级别自动驾驶功能的智能网联汽车实现特定场景规模应用。

在标准方面，随着《国家车联网产业标准体系建设指南（智能网联汽车）》的发布，我国已构建了覆盖基础、通用规范、产品与技术应用和相关标准四大类的标准体系，标准体系建设进一步完善，明确到2020年制定30项以上智能网联汽车重点标准，到2025年制定100项以上智能网联汽车标准，以发挥标准的基础性和引导性作用。2018年6月，工信部对《车联网（智能网联汽车）直连通信使用5905~5925MHz频段的管理规定（征求意见稿）》公开征求意见，意见稿指出“规划5905~5925MHz频段作为基于LTE-V2X技术的车联网（智能网联汽车）直连通信的工作频段”。2019年5月，工信部发布2019年智能网联汽车标准化工作要点，明确将系统布局技术领域，加快先进驾驶辅助系统（ADAS）、自动驾驶、汽车信息安全、汽车网联等相关重点标准的研究制定。

（2）产业体系日趋完善，技术实力不断增强。

企业积极开展战略转型，围绕汽车智能化发展进行多方布局，以在未来汽车产业变革中占据主动地位。

长安、上汽、一汽、吉利、北汽等整车企业纷纷发布智能网联汽车战略规划，加强技术研发和产品开发，分阶段逐步实现智能网联汽车全自动驾驶功能。与此同时，各大巨头企业合纵连横，主动寻求跨领域战略合作，以加快推动智能网联汽车的产业化应用。根据国内主要整车企业的规划布局，具有 L2 级自动驾驶功能的智能网联汽车目前已基本实现量产，而具有 L3 级自动驾驶功能的产品将会在 2020 年前后推出，L4 级及以上自动驾驶功能的智能网联汽车将会在 2025 年实现应用。

在智能网联汽车关键共性技术方面，我国已取得积极进展，部分领域已与国际同步。科大讯飞车载语音系统实现了基于人工智能语音技术在车载人机交互领域的深度应用，地平线研发的征程处理器填补了国内基于嵌入式 AI 的车载处理器硬件空白，华为推出增强型 LTE-V2X 芯片解决方案，推动了自主 V2X 通信技术的发展及应用，百度发布云端 AI 芯片，将会降低国内对进口高端芯片的依赖度。另外，传感器、人工智能、物联网等技术的快速发展并加速向汽车领域渗透，促进如图森未来、禾赛科技、小马智行、WeRide. ai、驭势科技等众多初创型企业涌向机器视觉、图像处理、整体解决方案、算法等智能网联汽车关键技术领域。

（3）道路测试相继开展，测试场建设速度加快。

国家和地方积极布局智能网联汽车道路测试，有效推动了自动驾驶技术及其应用的商业化进程。2018 年 4 月，国家三部委出台《智能网联汽车道路测试管理规范（试行）》，确定了智能网联汽车测试管理的基本框架，使得具有自动驾驶功能的智能网联汽车能够合法化上路测试，从国家层面准许各地开展相应道路测试工作，继而加快了智能网联汽车商业化进程，实现了智能网联汽车监管领域政策零突破。

在地方层面，据不完全统计，截至 2019 年 5 月，全国共有北京、上海、重庆、杭州等 20 余个城市出台了加快推进智能网联汽车公开道路测试有关工作的指导意见和管理实施细则，从管理机构及其职责、测试主体、测试车辆、测试驾驶员、测试要求、牌照发放、事故责任认定、保险、安全监管、事故报告等多方面提出具体要求。目前，国内已有30多家企业获得了共超过100张测试牌照。

随着测试需求愈加丰富，国内测试示范区建设速度逐渐加快。国家先后批准了上海、浙江（杭州）、北京-河北、重庆、吉林（长春）、湖北（武汉）、江苏（无锡）共“5+2”个国家级智能网联汽车测试示范区，旨在提供包括车路协同、先进辅助驾驶、自动驾驶、交通大数据等新技术与新产品的实验验证、测试评估、应用示范条件，对提高我国智能网联汽车技术创新速度，加快智能网联汽车产业化进程，抢占国际智能网联汽车产业的竞争制高点具有重要意义。另外，各地也在加快智能网联汽车测试示范区的建设，已有常熟、芜湖、深圳、长沙、漳州、德阳、盘锦、银川等十多个城市部署建立智能网联汽车测试示范区，加强产学研政合作，充分整合整车企业、互联网公司、科技公司、高校、科研院所、政府等多方优势资源，旨在加强产业链建设，推动当地智能网联汽车产业快速发展。

（4）商业示范提上日程，应用场景逐步拓展。

为进一步验证智能网联汽车的安全性、可靠性，探索未来商业化应用模式，国内已开展了不同程度的商业示范，遵循先封闭后开放、先载货后载人的原则，在自动泊车、物流运输、环卫乃至公共交通等领域尝试智能网联汽车的商业化应用。

中国初创公司图森未来、主线科技分别与国内港口建立合作关系，并已经开展智能网联汽车在港口物流运输的试运营工作。WeRide. ai在广州生物岛启动常态化运营，计划在2018年实现小范围限定场景内试乘体验，2019年实现封闭高速路运行，2020年在限定场景内实现自动驾驶运营。智行者推出的无人扫地车与无人物流车已在国内多个城市投入使用，并将实现量产化。此外，具有自动驾驶功能的智能网联公交将在天津投入运营，先期引入的3辆熊猫智能公交车将在中新天津生态城正式上路试运行。

（5）产业发展仍存挑战，难点问题亟待解决。

一是缺少跨领域协同发展的顶层设计。智能网联汽车是汽车与人工智能、高性能计算、大数据、物联网等新一代信息技术以及交通出行、城市管理等多领域深度融合的产物，可同能源、交通、出行、通信等多领域协同发展。在汽车产业跨领域融合发展趋势下，我国尚未建立清晰的协同发展顶层设计，无法高效整合多领域优势资源，难以真正有效地推进产业长久、持续、快速、高质量的发展。

二是核心零部件市场基础薄弱。我国智能网联汽车在关键共性技术和核心零部件研发水平上有明显的提升，但目前仍未大规模打开市场局面。主要由于国内智能网联汽车起步较晚，有关关键共性技术和核心零部件重大研发成果主要在近几年产生，市场验证时间较短，配套水平较低；与此同时，国内智能网联汽车核心零部件长期依赖进口，自主研发的新产品尚未赢得市场口碑，难以实现市场规模的快速扩张。

三是尚未形成完整的标准法规体系。我国智能网联汽车标准体系建设虽取得重大进展，但在汽车自动驾驶功能、网络信息安全等方面的技术标准和试验方法仍需进一步完善。在法律法规方面，基于智能网联汽车自动驾驶功能应用的交通法规、责任认定体系、保险制度、信息安全监管制度等还有待进一步研究。

四是基础设施建设尚未完善。在车路协同发展的思路下，智能网联汽车需要与道路基础设施进行深度融合。然而，由于车路协同对道路建设、改造的投资成本较高，智能化路侧基础设施建设规模较小，我国基于 V2X 系统实现规模化智能网联汽车商业化应用的进程缓慢。

1.4　新能源汽车发展趋势

1.4.1　后补贴时代政策优化

2018 年之前，我国新能源汽车产业主要以财税政策驱动为主，兼顾行业规范，提高增长质量。2018—2019 年，随着补贴退坡直至取消的时间节点得到明确，我国新能源汽车产业将逐步进入后补贴时代，相关接力政策正在陆续出台或酝酿中，政策体系也在逐步完善，以期为新能源汽车可持续发展构筑良好的政策环境。

在双积分、财政、税收、牌照和路权等方面，一揽子配套政策正逐步引导我国新能源汽车产业由政策主导向市场驱动过渡，将更加注重市场引导，将约束性政策作为保障。双积分政策将成为新能源汽车发展的关键驱动力量，并助力我国新能源汽车实现2025年产销占比20%的目标；财政补贴政策更加体现扶优扶强，对技术先进的车辆进行补贴，补贴重点将从购置环节转向使用环节（充电费用、设施建设等）；在税收政策方面，免征购置税、车船税政策已得到延续；在牌照路权方面，已实施新能源专用牌照政策，部分地方政府根据实际情况与发展需求，正在探索实施免限行、免停车费、免高速费、免过路过桥费等措施。

未来，相关政策可能将导向通过排放标准升级提高传统汽车成本，逐步促使企业生产新能源车型；探索建立新能源汽车专用保险、信贷政策，降低购车成本；通过加大移动出行、分时租赁、网约车新能源汽车占比等途径，加快新能源汽车的推广。

1.4.2 燃料电池产业链加速完善

在国家政策的积极支持下，我国燃料电池汽车产业正在加速发展与追赶。在车辆产销方面，2016年我国燃料电池汽车销量不足30辆，2017年销量快速提升至1100辆，其中货车与客车分别为930辆、120辆，合计占总量超95%。2018年，燃料电池汽车产销均超过1500辆。在技术创新方面，中国自主研发燃料电池在寿命、可靠性、适用性方面基本达到车辆使用要求，初步掌握了相关核心技术，基本建立了具有自主知识产权的燃料电池动力系统技术平台。

因技术特点、基础设施、市场需求、成本等多方面因素，当前我国燃料电池汽车发展以商用车为主，尤其在货运领域优势明显。燃料电池商用车已在北京、张家口、上海、张家港、佛山、潍坊、武汉、如皋等具有氢能优势的地区展开示范性商业运行，带动了产业链的加速完善。2018年以来，多个地方政府、企业加入燃料电池行业，社会资本正在以多种方式参与进入制氢、储氢等整个产业链。据统计，仅2018年氢燃料电池产业相关投资及规划资金就已超过850亿元，截至2019年中，国内20多个省区市发布相关氢能规划与政策，41家整车厂商参与了氢能燃料电池汽车的生产制造，市场上已有多款燃料电池车型，共有25家燃料电池系统集成商、25座正在运营的加氢站以及45座在建加氢站，制氢、储氢、运氢的商业运营一体化氢能体系正在加速构建。

1.4.3 自燃事件频发，安全问题凸显

随着我国新能源汽车保有量的快速增加，新能源汽车安全问题，尤其是起火事件受到社会公众的强烈关注。根据国家市场监督管理总局缺陷产品管理中心发布的公告，2018 年 1—10 月，我国发生新能源汽车起火事件 40 余起。2019 年以来，蔚来、特斯拉等知名企业新能源汽车自燃事件多次曝光，集中引发了社会公众对新能源汽车技术成熟度的担忧。新能源汽车属于社会公众重点关注的新兴事物，事故曝光频率超出预期，大部分属于静置自燃，且非老旧车型或外力导致的自燃，因事前往往毫无征兆，预防难度较大，如果处理不好，少量的电动汽车燃烧问题，可能使消费者对电动车的信心严重下滑，给正在蓬勃发展的行业蒙上阴影。

安全是确保新能源汽车长期健康持续发展的关键和前提。新能源汽车安全涉及热安全、机械安全、电安全、功能安全等，安全事故发生的原因较为复杂，可能与动力电池、电器线路、机械干涉和外部火源等多因素相关。同时，安全性是消费者关切的头等问题，也是产业发展的底线。因此，对于新能源汽车安全问题，应不断加大法规、行业标准强制执行力度，督促企业履行安全主体责任。同时还应加强创新驱动，强化电动汽车基础技术研究，深度关注用户使用过程，提升服务水平。此外，应确保公开透明及时地发布相关信息，正面回应关切，消除社会疑虑，减少因不明真相带来的恐慌。

1.4.4 多产业融合发展

2012 年国务院发布的《节能与新能源汽车产业发展规划（2012—2020 年）》，对促进我国新能源汽车产业发展，发挥了重要的统领性作用。在该规划的引领下，我国新能源汽车产业发展成效显著，从无到有、从有到大，一跃成为新能源汽车产销世界第一大国，技术路线多元并举，技术水平也在稳步提升。产业的蓬勃发展，也大大提升了企业的综合竞争力，同时明显带动了投资、就业和税收的增长，为汽车产业的未来发展培育了新动能。

在经历多年的高速增长后，当前我国新能源汽车产业进入提质增效、转型升级的关键时期，需要面向更长远的未来，深入研究重大问题，明确产业发展方

向，制定新的发展规划，系统开展顶层设计。2019年2月，工业和信息化部启动《新能源汽车产业发展规划（2021—2035年）》（以下简称“规划”）编制工作，作为下一阶段我国新能源汽车产业发展的顶层设计。该规划将以新能源汽车高质量发展为主线，按照降低资源消耗强度、改善生态环境、明确发展战略导向、兼容多种技术路线的总体思路，探索新能源汽车与能源、交通、信息通信等深度融合发展的新模式，由工业和信息化部、国家发展改革委、科技部、公安部、财政部、生态环境部、住房城乡建设部、交通运输部、商务部、市场监管总局、能源局等多个部门参与起草。

该规划的编制引起了行业广泛关注和热议，预计面向2035年的产业规划能够为我国新能源汽车产业高质量发展提供系统的前瞻指引，促进新能源汽车与能源、交通、信息通信等产业深度融合发展，推动新能源汽车技术创新、推广应用与社会运行三者之间的良性循环。

总之，正如全国政协副主席、中国科协主席万钢所言，汽车产业迎来百年未遇的大变革，汽车“电动化、智能化、共享化”叠加交汇、相互赋能，而从2018—2019年汽车产业的发展实践来看，这种百年未遇之变革的画卷正徐徐展开。

第2章　新能源汽车人才需求现状及其困境

当前，我国国民经济发展正处在一个关键时期，中国汽车产业也将进入转型升级、由大到强的战略机遇期。自2018年以来，中国汽车产业面临这国内外多重压力与挑战，经济增速有所回落、国内投资逐渐放缓、环保治理更加严格、排放标准提前实施、中美贸易摩擦不断等。全年汽车的产销量也同比小幅下滑，中国汽车产业也进入了新的发展调整期。

人才强则产业强，人才兴则产业兴，人才是各产业蓬勃、健康发展的核心命脉，当前，我们对汽车产业人才的需要比以往任何时候都更加迫切，特别对卓越人才的渴求比以往任何时候都要强烈。

汽车产业人才的组成主要分为四个部分：一是直接从事汽车整车和零部件产品研发、生产、营销和售后服务工作的人员，他们集中在汽车的核心产业链上；二是在材料、电子、信息、金融、物流运输等领域专门从事与汽车相关工作的人员，这部分人才是为汽车核心产业链提供间接服务的；三是在各大研究机构和高校从事汽车相关科研工作的人员；四是就职于为汽车企业提供专项技术支持的科技型企业的人员 。他们的职业生涯均与汽车产业的兴衰紧紧地联系在一起，经管管理人员、工程技术人员和高技能人才，他们共同构成了汽车产业人才的队伍。新能源汽车人才同样隶属于这四个组成部分，对比传统汽车，新能源汽车人才需求有一定的特征性，同时也面临着其特有的人才培养问题。

2.1　新能源汽车人才需求现状

2.1.1　人才总量增长，综合人才短缺

根据2017年《中国汽车工业年鉴》的不完全统计，汽车整车制造企业和相

关零部件即配套企业的从业人数从 2005 年的 166.9 万人增加到 2016 年的 615 万人（见图 2-1）。据《中国汽车工业年鉴》期刊社和中国人才研究会汽车人才专业委员会（以下简称“汽车人才研究会”）最新的统计调研数据，2016 年汽车行业技术人员占比达到 13.4%，约 65 万人。随着汽车行业造车新势力的不断涌现，其中大部分为新能源汽车制造企业，截至 2018 年年底，整个汽车行业又增加了 50 多家新的整车企业，其中造车新势力代表之一的“蔚来”汽车的员工总数已高达 1 万多人，造车新势力中 50% 以上的整车企业员工总数超过了 500 人。随着这些公司的新车型陆续投放市场，大部分公司仍需招募业务所需的汽车专业人才，这个需求仍在不断攀升。同时，随着新能源汽车和智能网汽车的不断发展，当前新能源汽车产品也正在加快往电动化、轻量化、智能化、网联化的方向发展，新能源汽车将成为承载着未来众多领域技术进步与应用融合的“古老”的战略新兴产业，学科交叉特征的更加突出[7]。

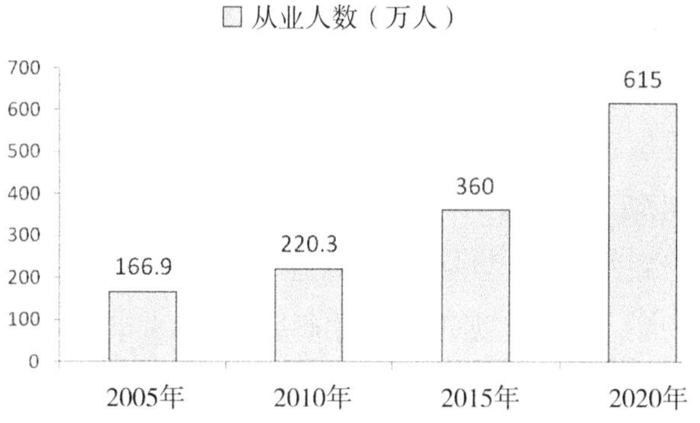

图 2-1　汽车行业从业人员数量

资料来源：《中国汽车工业年鉴 2017》《中国汽车产业中长期人才发展研究》。

因此，新能源汽车人才的边界也在不断扩大。尽管拥有车辆工程、机械类相关专业背景的人才以及高职院校从事汽车服务类的技能人才仍然是企业人才队伍中的主体，但越来越多的拥有电子电气类、自动化控制类、通信类、力学类、材料类、管理类、计算机类和金融学专业背景人才也逐步进入汽车人才队伍。

在面临着汽车新“四化”的发展背景下，人才短缺的问题已然非常严峻，且面临着新的人才难题。复合型、高素质的跨界人才成为了整个行业炙手可热的新兴人才，尤其对于新能源汽车、智能网联汽车的未来工程技术人才而言，他们既要具有跨学科交叉融合的能力和自由、开放、分享的精神，也需要具备强烈的自我驱动、自我学习与时俱进的能力。由于当前汽车人才的主要供给方人才培养的迭代速度和行业对人才的需求度无法精准匹配，从而导致了这类人才群体非常短缺，目前新能源汽车人才市场上非常急需高素质综合性人才。

2.1.2　人才质量改善，跨界人才难觅

人才质量不断提升，为企业创新发展提供了动力。进入 21 世纪以来，汽车企业坚定不移地走自主发展之路，汽车制造业研究与试验发展经费投入强度持续保持大大高于全国总体水平，产品开发技术和工艺技术研究不断深入，应用技术领域的基础理论工作得到高度重视，为人才创造了更多施展才华的机会，近十年来汽车企业发明专利数量的年增长幅度保持在 29%～48%，对自主品牌产品市场竞争力的提升达到了重要作用。

根据汽车人才研究会《2018 年劳动用工行业对标报告》显示，中国自主乘用车领域研发人员占比为 18.8%（见图 2-1）。在电动汽车及智能网联领域，中国目前申请的专利数量遥遥领先，这也从另一个维度反映出中国汽车人才质量在逐步提升，尤其在拥抱“新四化”的时代中，中国汽车人才在特定的领域实现了巨大的飞跃，从“跟跑”到“并跑”的快速提升，凸显了中国汽车工程师的素质正在稳步向前发展。另外，据汽车人才研究会 2016 年统计数据表明，国内从业人员当中，本科及以上学历的占比接近一半，主要分布在研发设计及其他技术岗位（如质量管理、生产管理、供应链管理、企划、标准化、知识产权管理等）。在技能人才群体中，高技能人才队伍也在不断发展，技师及以上人才占比达 8%以上，高级工以上人才占比达 30%以上。尤其在国内主要的整车企业中，以大师工作室为典型的优秀技能人才培养模式，秉承了“大国工匠”的理念，为行业培养出一批批顶尖的技能人才，为助力中国汽车产业高质量的发展贡献了力量。同样，汽车产业在应对新科技革命发展新趋势方面，行业还需要更多的复合型跨界人才，诸如汽车+电子控制+通信等复合型的管理+技术+技能人才，以应对新一轮科技革命的发展需求以及新能源汽车、智能网联汽车未来出行领域的新需求。

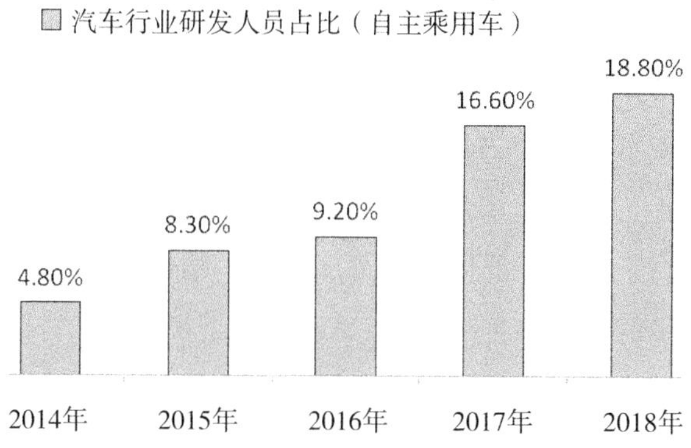

图 2-2　汽车行业研发人员占比（自主乘用车）

资料来源：汽车人才研究会 2014—2018 年《汽车行业薪酬与劳动用工对标报告》及《中国汽车研发人员管理实践洞察报告》。

2.1.3　人才结构优化，供求矛盾凸显

人才结构更加合理，为企业创新发展奠定了重要基础。随着汽车产业的转型升级，我国的汽车产业人才结构也在不断优化。最显著的特点是研发人员的数量大幅提升，高学历者在企业研发机构从业人员中的占比持续提高，一批拥有大专学历和本科学历人员出现在企业生产一线的高端数控设备操作岗位。这些变化标志着企业对自主创新发展的高度重视，也反映出新时代对汽车人才专业水平和能力素质的新要求。我们有理由相信，随着新技术革命和智能制造时代的到来，上述现象将进一步加剧。

2018 年，中国汽车产业迎来了转型升级的关键一年。汽车市场总体结束了两位数的发展速度之后首次出现下降。但是，中国汽车在未来仍将保持着一定的增长速度，特别是新能源汽车的蓬勃发展，必将带来汽车产业人才资源总量的稳步增长，随着新技术革命和产业变革将带来人才结构的新变化。当前，由于企业管理水平提升和信息化水平的提高，经营管理人才的需求将会逐步下降，最终维持在一个合理的比例区间。对于工程技术人员中的研发人才，由于企业自主创新投入的不断加大和研发活动开始从产品开发领域向应用技术的基础研究领域延伸，与高校和各类科研机构在基础研究领域的合作越来越多，对研发人员的需求愈加强烈。因此，研发人员在企业总体人员结构中的比例将会逐步提升。此外，

随着智能制造的应用，高技能人才队伍将大发展，普通技术工人的数量将下降。从汽车人才研究会 2018 年劳动用工行业对标数据，可以发现近 5 年行业管理技术人员、非管理技术人员的占比趋于稳定（见图 2-3），但是部分新能源汽车重点研发岗位的核心工程师、复合型管理技术人才仍然非常紧缺，企业未来的高质量发展需要这些高素质人才群体来引领。因此，结构性的供需矛盾已经凸显，人才结构需要进一步的优化完善。

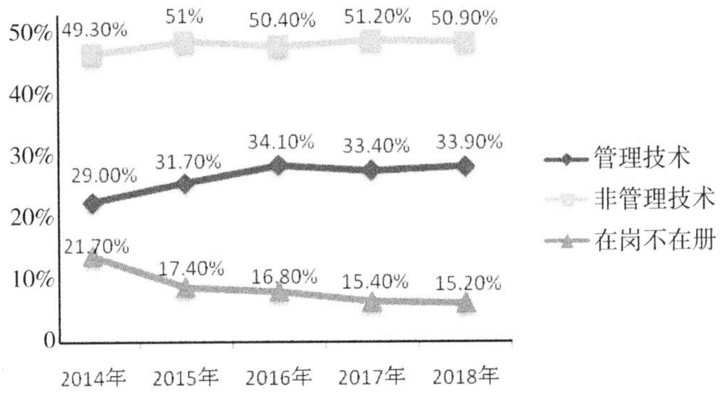

图 2-3　行业管理技术人员、非管理技术人员占比

资料来源：汽车人才研究会 2014—2018 年《汽车行业薪酬与劳动用工对标报告》。

2.1.4　管理效能提升，模式仍需创新

面对汽车产业转型升级，中国汽车行业的人力资源管理也在紧跟形势，积极优化组织机构、调整管理模式，达到“瘦身健体”的目的。一方面努力创新服务并支撑业务的发展，另一方面也开始从战略管理的视角积极参与公司的运营管理。经历了从人事管理、人力资源管理到战略人力资源管理的转型，汽车行业的人力资源管理水平也在不断转型升级。2015 年，我国汽车制造业的人才贡献率达到 44.6%，2016 年汽车制造业全员劳动生产率达到 35.4 万元/（人·年），是 2001 年的 5 倍，充分表明了企业人力资源管理优化的成果。

同时，大型企业人才集聚度更高，对产业的带动效果突出。2016 年大型企业的技术人员数量和研发人员数量分别占到了汽车制造业同类人员总数的 91.2% 和 87.0%，大型企业的人力资源优势非常突出，在人才流动中呈现范围广、能力

强的特征，在传统汽车整车和零部件企业、造车新势力企业、相关工业企业和金融、共享服务等领域都可以发现其身影，为产业整体创新能力的提升和自主品牌汽车产品市场竞争力的提升作出了贡献。小型企业向深度和广度发展，对从业者的吸引力增强。近年来，小型企业呈现在专业领域向广度发展、在细分领域向深度发展的趋势，正吸引着越来越多的从业者。统计表明，截至2016年年末，小型企业从业人数占汽车制造业从业人员总数的比例已经达到44.3%，在2001年这一数字只有11.8%。但由于受到各种条件的制约，这些企业在吸引人、用好人、留住人方面面临更大的压力。

汽车企业已充分认识到“人才优先”的重要性，对人才是支撑企业发展的“第一资源”已达成共识。各企业根据自身特点大力推进人才管理创新，取得了一批成功有效的经验，形成了一批可借鉴的模式，这些经验和模式正在通过全国性汽车人才交流平台加以推广，为我国汽车人才队伍建设提供了有力支撑。

2.2 我国新能源汽车的人才需求特征

经走访新能源汽车企业，和查阅相关研究资料，我国新能源汽车产业人才主要表现出如下两个方面的需求特征。

2.2.1 结构上的需求特征

作为传统汽车产业，主要分为前市场（设计、测试、制造）和后市场（销售、运行、维修以及二手车等服务）。纵观新能源汽车产业链，依照汽车产品的研发设计、生产制造、销售及售后技术服务的四个过程，总体上新能源汽车需要以下四类人才：

一是新能源汽车整车及关键零部件的研究和技术开发人才。这是汽车产业链的最前端，也是新能源人才队伍中技术水平和学历层次要求最高的。其中有从事整车各功能系统的设计验证与样车试制工作的，主要就职于国内各大汽车研究院，还有从事新能源汽车“电池、电机和电控”（简称“三电”）关键零部件的研发设计与样件试制开发工作的，主要就职于国内新能源汽车的三电厂家。该类人才不仅需要较扎实的专业理论基础知识与创新能力，同时为确保设计出的产品具有量产条件，他们还应具备丰富的汽车生产制造经验。

二是整车、“三电”及新开发零部件的试制、试验、测试人才。这部分人才不仅需要一定的整车、零部件设计知识，能够准确查阅数模、图纸进行问题验证，同时还需要很强的问题分析与反馈能力，能够基于试验结果、问题检证结果分析出问题的原因，并且能准确反馈给设计人员进行初步设计闭环，将整车及零部件问题扼杀在量产试制前。此外，他们还应具备很强的车辆即零部件拆装能力，能够在发现问题的第一时间进行拆解检测。这部分人才经常奔波在国内各大汽车试验中心，包括三高（高寒、高海拔、高温）试验，耐久试验等，需要极强的意志力与全面的专业能力。

三是新能源汽车整车生产制造人才，这部分人才主要就职于各大主机厂和关键零部件生产基地。这类人才主要包括从事“冲压、焊装、涂装、总装”汽车四大工艺的生产工艺类人才，从事“零部件、整车、品质技术、市场品质”的质量管理人员，还有从事零部件采购、物流管理、产品技术（主要对接汽车研究院）的生产辅助人员。由于面对汽车量产环节，该类人员的专业对口性较强，此外还需具备很强的心理抗压能力，需要在碰到量产问题和生产停线风险时临危不乱。

四是新能源汽车销售及售后技术服务人才。该类人才主要就职汽车 4S 店及维修厂。首先是新能源汽车的市场策划、营销以及管理人员；其次是售后新能源汽车的网络监管、维护保养、诊断、零部件更换以及技术维修等；最后还包括新能源汽车能源的供给和维护等，如电动汽车的充电桩以及电池充电站的服务人员。他们对接的是汽车产品的客户，除了具备相关专业知识与技能外，还应具备良好的沟通、交际能力。

2.2.2　素质上的需求特征

随着汽车产业快速变革，新能源汽车行业的发展呈现电动化、智能化、网联化、共享化的“四化”特点，对新能源汽车人才的定义边界将越来越模糊，未来凡是从事与汽车以及汽车上的电化学、新材料以及 IT 等领域技术人才都属新能源汽车人才的范畴。该行业的人才呈现出“跨行业、高融合、强创造”的特点，职业发展的“职业锚”趋于多元化。不论是属于哪个类型、哪个层次的新能源汽车人才，与传统燃油汽车相比，他们都需有其独特的素质方面的要求。

一是知识储备涉及多学科、多专业。新能源汽车人才除了具备汽车类相关的车辆工程、机械制造及自动化、电子信息、材料工程等相关专业的基础知识外，还应具备与三电相关性较大的学科与专业知识，如电化学、应用材料（IGBT 高分子聚合物）、DSP 数字控制器、电机控制及算法、充电设备及其标准、能量回收策略等。与此同时，随着电动化与智能化的发展，新能源汽车专业人才还应对智能网联汽车的相关知识体系，如智能驾驶涉及人机交互、视觉处理、智能决策、AI 算法和芯片等，传感器方面设计毫米波雷达、激光雷达、MEMS 惯性导航等。

二是技能储备要求更加全面。相比知识体系的储备，对新能源汽车人才技能储备提出了更高要求。传统的研发优于生产制造，生产制造优于售后服务的按照汽车产业链顺序区别人才队伍的观念，将彻底被打破，朝着越是具备全面技能的人才，越是站在人才队伍梯队的最顶端的方向发展。一名优秀的技能储备全面的新能源汽车人才，不仅能画设计结构图、电子架构与线路图，能编写程序进行传感器信号采集与处理，驱动执行机构工作，能进行拆、装关键零部件与整车，能进行整车即零部件试验、检测、维修，甚至能够利用新媒体方式销售产品与车辆。

三是具备终身学习的能力。对于知识、技能储备有如此高的复合型、跨界的要求，保持终身学习的态度，是个人可持续发展的基本保障，所有的知识都会过时，如果不与时俱进的学习新知识、掌握新技能，那迟早会被行业淘汰。新能源汽车主要包括纯电动汽车（Blade Electric Vehicles，BEV）、混合动力汽车（Hybrid Electric Vehicle，HEV）和燃料电池汽车（Fuel Cell Electric Vehicle，FCEV），类型较多，节能的方式各异，从事该行业的人才必须有较强的可持续的学习能力，只有这样才能游刃有余、胜任岗位。

四是具备敢于创新的能力。科技创新是社会生产力发展的源泉，企业创新是现代经济中创新的基本构成部分，新能源汽车人才站在传统汽车和智能网联汽车的融合带上，技术发展日新月异，新能源汽车企业需要不断推出新的产品才能有市场，因此需要人才具备敢于创新的和不断创新的能力，这样才能找到技术进步和企业盈利的突破口，才能带动一个产业的不断向前、向更好的方向发展。

2.3　新能源汽车产业人才培养存在的问题

2.3.1　产业发展的迅猛与人才需求数量之间的矛盾

2018 年 1 至 11 月，中国新能源汽车产销分别为 105.35 万辆和 102.98 万辆，同比增长 63.63%和 68%。中国新能源汽车产销量均首次突破百万大关，连续 4 年排名全球第一。与之相对应的是人才需求的数量与日俱增，据教育部、人社部、工信部三部联合发布的《制造业人才发展规划指南》，新能源汽车产业 2015 年人才总量 17 万人，至 2020 年人才总量预测达 85 万人，缺口 68 万人，预计到 2025 年该产业人才总量达 120 万人，缺口达 103 万人，每个时期的人才缺口率都将近达到 50%，新能源汽车人才的紧缺程度不言而喻。

另外，对 24 家新能源汽车整车及关键零部件生产企业进行人才需求的调研，主要了解企业在未来三年中人才的需求情况。下面是经调研的新能源汽车企业对中高职院校的人才需求情况（见图 2-4、图 2-5）。

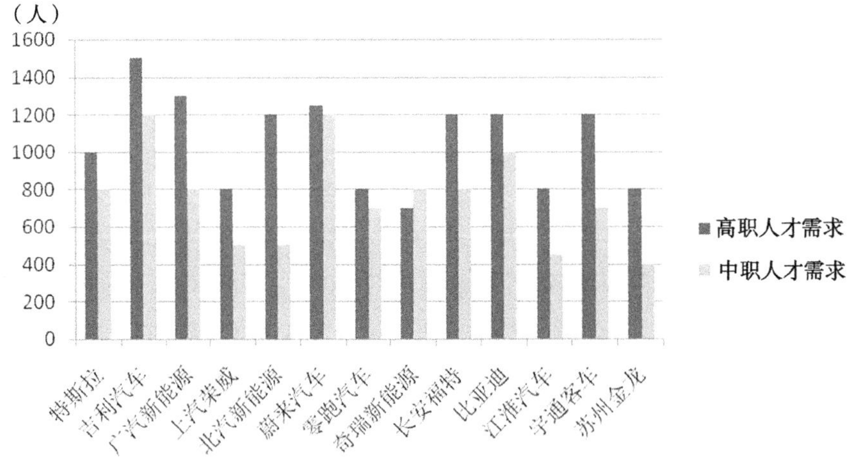

图 2-4　未来三年新能源整车制造企业人才需求

对新能源汽车服务后市场人才做了对应的调研，挑选较典型的新能源汽车售后服务商以及 4S 店等 18 家服务后市场企业。具体需求情况见图 2-6。

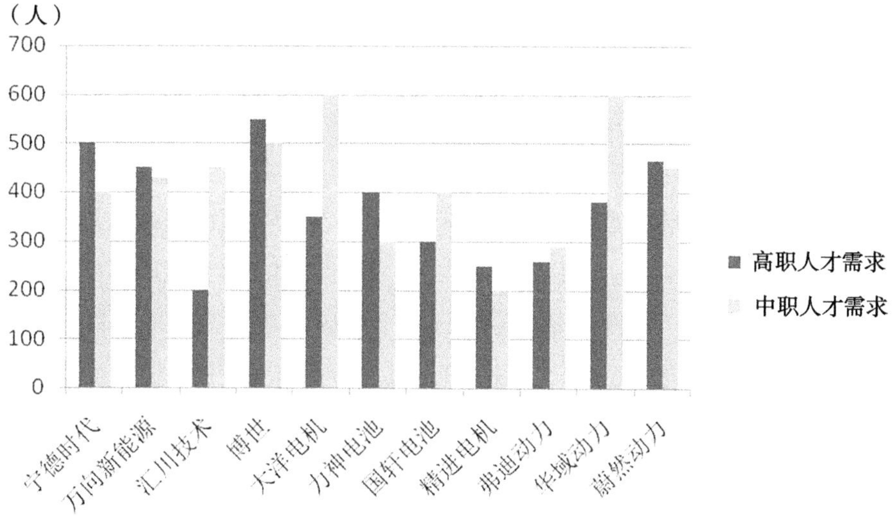

图 2-5　未来三年新能源零部件企业人才需求

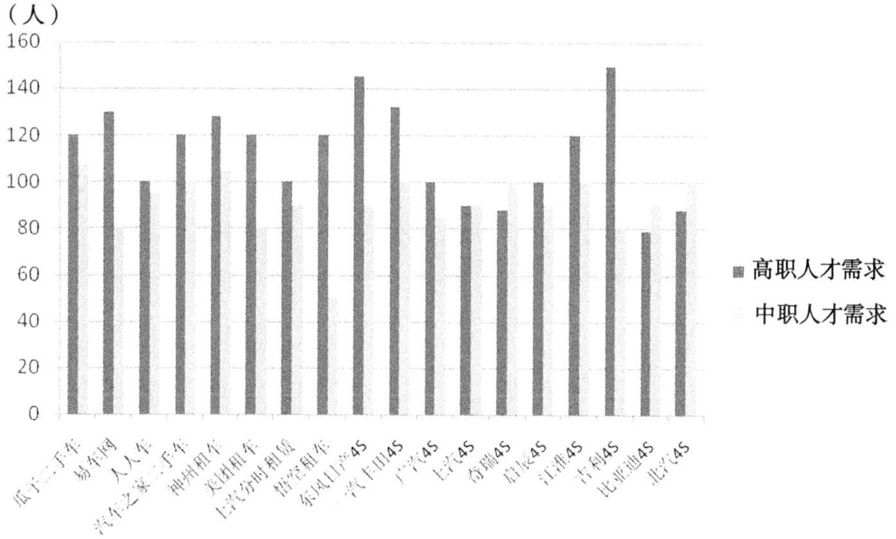

图 2-6　未来三年新能源汽车服务后市场人才需求

可见，我国目前新能源汽车的总体人才数量缺口大，存量人才无法满足行业发展的需要。

2.3.2　高校专业的定位与人才需求结构之间的矛盾

通过调研，同时也了解到，目前新能源汽车企业的技术人员年纪普遍较轻，其中 35 岁以下的技术人员占 90%；另一方面是职称普遍较低，54%的技术人员是初级职称，可见高校是新能源汽车产业人才的主要来源。技术人员主要来源于重点高校、普通高校、高等职业教育和中等职业教育等两种类型（学科类和职业类）四个层次的教育。

从宏观层面上各层次的教育要坚持有所侧重，因为生源的基础千差万别。要根据产业未来的需求结构，确定合理的比例，并对不同的学生施以不同的培养侧重和全新的培养内容。据教育部相关部门统计 2019 年全国高等职业院校新增新能源汽车技术专业的有 126 所，全国总开设其专业的有 415 所，是近年来新增专业规模最大的专业之一。但据本人了解，415 所学校近 80%的高职院校将人才培养定位在新能源汽车后市场的营销与技术服务，只是将原有传统汽车后市场专业群上的简单重建。据有关专家称：对于新能源汽车后市场所需服务的技术技能人才要下降 30%，而且技术性的工作将下降 50%以上，一般性的技术服务中等职业教育完全能够胜任。目前就 300 多所高职院校的培养定位急需商榷，不然会与数以万计的职业高级中学、技工学校以及技师学院培养定位重叠，造成人才供给不合理。

从各高校内部分析，高校要紧贴市场的需求培养人，产业越复杂就需学校有更清晰的定位，不然会造成培养出来的大学生，企业紧缺用人但用不上，学生急于就业却面临失业。学科教育不可能包罗万象，各学校要根据各校的学科特点以及相关专业群的优势，侧重培养某一岗位人才，特别是高校更应培养学生形成自我学习的动力与能力，同时强化创新思维的培养，这远比知识本身的传授更为重要。

2.3.3　产学对接的困难与人才需求质量之间的矛盾

2017 年国务院出台了《深化产教融合的若干意见》国办发〔2017〕9 号文，旨在积极推动产教融合、校企合作、工学结合、知行合一的共同育人机制。但目前校企合作还仍然存在“剃头挑子一头热”“两张皮”的现象。新能源汽车技术人才的培养缺少行业、企业的支持，学校几乎寸步难行，特别是职业教育，更需要校企协同育人。目前高职院校的新能源汽车技术专业大多“摸着石头过河”，一是按照传统汽车相关专业进行定位，缺少应有企业的调研和支撑；二是教学课程体系基本上是从学校到学校，人才培养方案缺少行业和企业的论证；三是实训场地和实训设备赶不上产业快速发展的步伐，就如高职院校全国新能源汽车技能大赛使用的车型是吉利 EV300，但实际上这款车企业已经停产一年多了，已经退出新能源汽车市场了；四是企业对专业核心技术的保密，新技术、新工艺、新规范无法纳入教学标准和教学内容，遑论《深化产教融合的若干意见》提到的“四个对接”；五是新能源汽车专业师资队伍建设更是步履维艰，如师资引进，势必要与高薪的企业竞争，学校不具优势。如现有师资培训和下企业锻炼，更离不开企业的支持。想聘任来自企业的兼职教师，没有深度的校企合作显然是行不通的。所以，如要培养出该专业高素质技术技能人才，必须通过产教融合、校企合作和工学结合，不然都是纸上谈兵。

2.3.4 人才市场的竞争与精英人才培养之间的矛盾

根据近 2017—2019 年中国汽车人才研究会行业对标数据统计，车企人才之间的竞争日益激烈，汽车行业离职率呈逐年递增的态势，研发岗位的离职率 2016 年比 2014 年增加 15%，销售岗位增加 30%。由于汽车产业尤其是新能源汽车这样的前沿领域，是技术密集型的行业，精英人才必须有工匠精神，需要通过几年以上的工作积累，才能独当一面，为企业创造更多的价值，为新能源汽车技术提供更多的才智。目前新能源汽车行业年轻人占比较大，换岗频繁，极不有利于精英人才的培养。故急需建立“振兴中国汽车精神”，对标中国“高铁人”“航天人”的精神，只有这样才能使我国真正实现从汽车大国迈向汽车强国。

第3章　完善供需互动协同机制

高等职业院校专业学生的培养是新能源汽车技能型人才的重要来源，是新能源汽车产业人才的供给侧，行业企业则是新能源汽车人才的需求侧。供需之间形成科学、合理和有效的互动是提高新能源汽车人才培养质量和效率的重要保障，是解决目前新能源汽车技能型人才紧缺问题的关键所在。经相关研究和实践证明，在科技不断创新、产业快速转型的今天，仅靠校企双方的合作已很难达成精准的对接和有效的互动，还需建立政府、行业、企业和学校四方互动协同机制，真正实现政府搭台、行业引领、校企互动，实现产业链和人才链的完美对接[8]。

政府方面，主动组织协调社会各领域积极参与产教融合、校企合作，厚植社会各方承担职业教育责任的社会环境[9]，组织领导、出台政策、搭建平台做好人才供需双方有力的政治保障，推动职业院校和行业企业形成命运共同体。一是有序出台产教融合相关法律法规、管理办法和制度文件等。在法律层面上进一步明确行业、企业和学校参与教育的责权利，营造良好的产业技术技能型人才培养的环境。二是在操作层面鼓励行业、企业参与教育，激发行业和企业参与职业教育的积极性，对参与产教融合的企业给予“金融+财政+土地+信用”的组合式激励政策，并对企业的税收采用优惠等相关政策。三是在组织架构上，教育行政部门要尽快突破现有学科型行业教学委员会的做法，结合产业发展实际，依托对行业人才培养有话语权的行业组织，联合产学研各方资源和平台，建立能够对行业人才培养发挥指导作用的强有力机构，引领汽车行业后备人才培养方向，协调各种资源保障。

行业组织方面，要在政府主管部门的正确领导下，主动研究新能源汽车产业人才的发展趋势，据此建立和不断完善该产业岗位用人的需求、用人的特点，进而明确人才评价标准、评价体系，并将其作为职业院校人才培养课程体系调整的重要依据。同时，行业组织应积极整合各方资源，依托该岗位的职业标准，出台相关模块的职业技能等级标准，并指导职业院校和相关企业开展职业技能能等级培训，为学校开展育训结合、课证融通提供支撑，为汽车工程技术技能人才成长提供有效通道，为汽车工程教育的改革与发展提供有力支持。

企业方面，在政府和行业的支持下，企业应本着“资源共享、优势互补、互利互惠、共同发展”的思路，树立以人才资源是企业第一资源的理念，加大对技术技能人才培养的投入，应当积极主动履行实施职业教育的责任，依托企业的先进设备、技术和工艺等要素参与校企合作，利用企业的技术人员、生产过程和精益管理引领职业院校的专业建设，促进人力资源开发。其主要合作内涵：一是不断创新与院校的合作体制，深化校企合作运行机制；二是积极参与职业院校的专业建设，结合企业用人的实际，引领职业院校明确专业定位以及该专业的人才培养规格；三是共同参与院校人才培养方案制订、教学改革、课程开发、基地建设和技术研发等产学研的工作，切实为合作院校提供人才培养有力的支撑。

学校方面，积极响应政府号召，共享行业的各方优质资源，并且依据自身优势和特点以及人才培养的需要，主动与区域主导产业的主流企业对接，校企在专业建设、人才培养、教学改革、技术研发、创业就业、社会服务和师资培养等方面开展合作。及时将产业新技术、新工艺、新规范纳入教学标准和教学内容，紧跟产业发展需求，不断深化现代学徒制、工学交替人才培养模式。学校积极为企业提供教学、培训、课程、教材、科研以及师资等资源，让企业在与学校合作过程中获得看得见的收益。

在政、行、企和校四方的互动，全球许多国家有成功的经验，如德国的“双元制”人才培养模式，英国的“学徒制”模式，澳大利亚的“TAFE”模式以及美国的“社区学院”都有自己独到的特点，这些国家的成功实践都为我们提供了有益的借鉴。

3.1 国外产教互动综述

3.1.1 德国“双元制”模式下的产教互动

德国双元制职业教育一直被视为德国战后经济腾飞的秘密武器，在我国职业教育界也是广受赞誉。双元制以产教融合为基本理念，多年来，德国政府不断推出新政策，巩固这一基本理念，成就了双元制人才培养的质量和世界地位。

德国的职业教育在全世界这么有名，最大的秘密武器就是德国双元制职业教育。德国一般采用理论知识教授和实践技能提高相结合的双元制教学模式。其中一元是学校认真负责学生专业文化知识的教学，另一元指相关企业更加注重学生实践技能的培养。学校与企业分工协调，一起实现整个人才培养的过程。

因此双元制教育就是整个学习过程是在企业和职业学校两边进行。成为一个双元制职业教育模式下的学生，具备双重身份：在学校是学生，在企业是学徒工。学生有两个学习受训地点：培训企业和职业学校。要进入职业学校进行双元制学习，首先得拿到初中毕业证书，然后通过劳动局的职业介绍中心或者自己去申请企业培训岗位，报考的职业学校也会组织面试，面试合格，会得到去那个学校学习的名额。然后跟企业签订合同，在企业和对应职业学校学习。在企业里面，有相应的培训计划，会配有师傅教你，跟着师傅学习，相当于学徒工。在实践中学习，在职业学校，会根据实践内容，有详细的配套的理论学习，深化企业学习中的专业理论。要想拿到岗位资格证书，会通过学校和企业的考核，包括理论考试和技能操作考试，成绩认定和证书发放是由行业协会负责。通过考核后会正式成为合格员工。这种双元制学习使得学习的内容跟生产中接轨，非常实用，促使学生不断的钻研，能集中注意力在行业里面取得高水准的技能水平，在实践中不能解决的理论知识又能在学校通过学习来解决，这种相辅相成的教育就是双元制最大的成功之处。

这种“双元制”职业教育模式是建立在学校与企业密切合作的基础上，以学校为主导，各大企业参股的形式所成立的培训平台。这个平台既来源于企业的需求，也会随着企业的发展而壮大。“双元制”职业教育充分利用了大学的理论性和企业的实用性，对学生的理论知识和实践技能进行全面培养。依赖“双元制”的职业教育模式，可以在一定程度上起到取长补短的作用，既减轻了学校购置实践教学设备的经济压力，为学生提供了理想的实践技能操作岗位，也弥补了企业在理论知识上的短板，让学生能够“知其然，更知其所以然”，为以后的发展和创新打下扎实的基础。同时，德国各州政府也会出台相应的政策法规，有效地促进并监督了“双元制”职业教育模式的实施成效，为社会培养了大批理论知识和实践技能兼备的职业人才。德国“双元制”模式下的产教互动特点如下：

（1）区级主体作用。

行业协会，包括工商行业协会、手工业行业协会、农业协会、律师协会、医生协会等经济组织，是德国职业教育最重要的自我管理机构，有8项重要职责：认定教育企业资质、审查管理教育合同、组织实施结业考试、修订审批教育期限、建立专业决策机构、调解仲裁教育纠纷、咨询监督教育过程、制定颁布教育规章。德国职业教育的经费投入以企业为主，国家为辅。企业投入占65%~75%，政府投入占25%~35%。

（2）企业培训为主。

双元制职业教育形式下的学生大部分时间在企业进行实践操作技能培训，而且所接受的是企业目前使用的设备和技术，培训在很大程度上是以生产性劳动的方式进行，从而减少了费用并提高了学习的目的性，这样有利于学生在培训结束后随即投入工作。

大企业多数拥有自己的培训基地和人员。没有能力单独按照培训章程提供全面和多样化的职业培训的中小企业，也能通过跨企业的培训和学校工厂的补充训练或者委托其他企业代为培训等方法参与职业教育。

（3）严格的实践技能培训。

在德国，学校将学生送到企业进行专业技能培训期间，学生们必须和企业里的老员工一样带证上岗，以此增强他们的责任心与主人翁意识。经过严格的实践技能培训，彻底提升了学生们的职业素养，特别是对于汽车检测专业的学生而言，在以后工作当中，会时刻注意每个细节。比如对汽车的各个零件质量的检测甚至是整个汽车性能的提升都做得十分严谨，切实展现了自身职业素养得提升，为高质量汽车的制造奠定了坚实的基础。德国的双元制教学模式始终把专业技能的提升作为人才培养的核心，充分利用工厂—学校、车间—教室这一组合方式，有效地把学校教师的理论教学与实务老师的实践指导密切联系在了一起，学生通过两位老师的分工协作与双重监督，促进了自身专业理论与实践技能的协同发展。

（4）企业参与人才培养方案制订。

在我国，汽车检测专业的教学由国家教育部门和相关院校协调进行，涉及从招生、入学、授课到毕业以及就业推荐的整个过程，学生接受的是宽口径的培养方式，也就是普通高等教育，整个教育过程几乎没有企业的参与，人才市场的针对性较差。而德国双元制，学校和企业合作招生、一起指导学生，学校会根据企业对职工能力的要求，制作相应的培养方案，教学针对性比较强。

（5）师资要求高。

“双元制”职业教育模式的建设离不开教师的鼎力支持，优秀的师资队伍是确保“双元制”职业教育蓬勃发展的先决条件。在企业建设师资队伍的过程中，所选拔的教师需要具有五年以上的专业职业教育经验，或者具有两年以上的“双元制”职业教育经验，而且要通过教育心理学等科目的相关考试。在学校建设师资队伍的过程中，更看重的则是教师在具备一定理论基础的同时，也要具有深厚的实践功力，并具有职业教育的相关经验，尤其是在企业中成绩突出的工程技术人员或者管理人员通常是受欢迎的教师人选。

（6）企业准入条件高。

在德国，只有通过行业协会按照《联邦职业教育法》的资质标准审查认定后的企业才能够参与双元制培训。据统计，这些具有培训资格的企业占德国企业总数的 50%左右，而实际接收学徒的企业数量又仅占这些具有接收学徒资格的企业数量的 50%，即每年只有 25%左右的企业参与双元制培训。近几年，这个比例基本保持在 20%左右。

3.1.2　英国“学徒制”模式下的产教互动

英国是世界上职业教育发达的国家之一，英国政府把现代学徒制作为培养技能型人才的重要战略，多次进行改革调整，不断提升现代学徒制的社会影响力和吸引力。20 世纪初，英国部分城市学院在当时技术工人短缺的先试下，积极寻求与企业合作，开始尝试“三明治”教育模式，由学校或培训机构自行制定教学计划，以“学习—实践—学习”这样工读交替的产教结合模式实施教学计划，被人们形象地称为“三明治”模式。这种教育模式经历了漫长的发展过程后，最终成为拥有多元化培养目标、开设弹性化课程且具备全过程考核体系的职业教育人才培养模式。目前，这种教育模式已经成为英国职业教育最普遍的人才培养模式，赢得了广泛的社会认可度。英国“学徒制”模式下的产教互动有其鲜明的特点。

（1）学徒固定时间到工厂学习。

英国职业学校安排学徒每周固定 1~2 天带薪到职业教育机构实践场所学习或集中数周到职业教育机构学习相关课程；同时，企业也要履行相关法律义务，送学徒到职业学校接受教育。

（2）职业院校承担教育培训任务。

英国主要由职业院校、继续教育学院承担职业技术教育培训任务。学生入职前的职业教育与培训主要由职业学校承担，入职后的职业教育与培训主要由继续教育学院承担。没有获得普通教育证书的青年，必须通过职业教育课程考试，具有某种职业资格后才能就业。

（3）企业一线专业教师授课。

英国职业教育机构中的大多数教师是从企业一线工程师、高级技工和管理人员中产生，他们有着丰富的企业生产、管理经验，掌握着该行业最前沿的技术知识，可以把企业最先进的技能知识传授给学徒，让学徒学做结合，知行合一。

（4）行企校多方获益。

公立学校学徒制学费由政府财政承担，保证职业教育机构、企业按照国家战略需求培养高精尖专业技术人才。对企业来说，将先进的理念、前沿的科技成果、专业技术传授给学生，既为自己节省了员工培训成本，又可在税收、学徒工资上得到政府的补助。对学生来说，在校学习期间免学费，在企业工作时有收益，又能获得工作经验和就业优势，可谓一举多得。此外，学生如果想到大学继续深造，实际工作经历和职业资格证也是申请大学的一个重要条件。学徒制给政府、院校、企业、学生带来实实在在的利益，使各方主体紧密联系在一起。

（5）鼓励企业参与。

自 2012 年《理查德学徒制评论》发布伊始，英国政府开启了新一轮现代学徒制改革，通过健全法律法规、开展宣传活动、满足企业需求、简化实施流程、进行经费资助、引入市场机制等方式，形成了在法律法规保障和宣传制度支持下，内部需求激励和外部物质激励为主、第三方激励为辅的企业参与激励机制，以此推进更多企业参与学徒培训。主要措施如下：

①健全法律法规，构建企业参与学徒培训的良好制度环境。

②开展宣传活动，提升企业对现代学徒制的了解和认可度。

③满足企业需求，发挥企业在学徒培训中的重要主导作用。

④简化实施流程，减少学徒制实施过程中企业的交易费用。

⑤通过经费资助，弥补企业由于“外部偷猎”造成的损失。

⑥引入市场机制，发挥学徒培训中介推动企业参与的作用。

3.1.3　澳大利亚“TAFE”模式下的产教互动

澳大利亚作为世界上职业教育最发达的国家之一，在德国双元制为蓝本的基础上，成功发展了具有本国特色的新学徒制，并把这种新学徒制当成本国职业教育的主题模式。澳大利亚的职业教育称为“技术和继续教育学院”（Technical and Further Education，TAFE），其实它是一种职业教育培训体系（Vocational Education Training，VET），是澳大利亚建立在终身教育理论基础上的特色鲜明的职业教育制度。澳大利亚“TAFE”模式下的产教互动特点如下：

（1）行业企业全程参与并主导课程开发。

澳大利亚职业教育的专业和课程设置，以行业组织制定的职业能力标准和国家统一的证书制度为依据，具体内容和安排由教育部门、学院、企业和专业团体联合制定，并根据劳动力市场需求变化情况不断修订。为了保持课程设置的新鲜度（Keep Currency），TAFE 学院不仅要求所有教师每年必须有两周时间到其所教学的行业进行实际工作。另外，根据行业不同，从半年至 2~3 年时间不等对课程设置进行修改调整。另外，TAFE 学院开设的每一门专业课，都必须经过教育主管部门和行业组织的严格审核。

（2）教师素质要求高。

为确保学生学到的知识与实际运用的一致性，TAFE 学院只招聘有实践经验的专业技术人员任教，要求一般至少有 3~5 年的行业专业经验。在澳大利亚并不直接从大学毕业生中招聘教师从事职业教育。为培养出高素质的教师，保持知识的新鲜度，通过课程发展（通过短期或长期培训学习获得教学方面的资格证书）、同伴互助（教学沙龙、课题组等建立学习共同体相互探讨教学心得）及校企合作（回归企业接受技术培训，承担兼职工作）等方式，为教师培训制定一套详细的流程和规划。

（3）多方管理，资源共享的管理体制。

澳大利亚 TAFE 模式在管理方面的突出特点是管理的严密和高效，采取联邦政府与各州政府共同管理，行业、教育等部门高度参与，各司其职，利益、资源共享，职责分明。而中国的职业教育存在隶属关系过多、职责分工不明的现象。特别是教育部门、人保部门等国家主管部门在与地方省市政府共建共管的过程中，没有形成合力，缺乏系统性，存在着资源不能共享、统筹困难等问题，直接制约着职业教育的发展。

3.1.4 美国“社区学院”模式下的产教互动

美国政府对于学徒制的定义是：“学徒制”是包含带薪工作和教育或培训的一种组织形式，通过这种形式个人获得职场知识和技能。美国现有的学徒制项目包括：美国劳工部管理的注册学徒制、青年学徒制、产业认可的学徒制，教育部管理的高中 STEM 职业与技术教育学徒制路径项目和美国社区学院协会管理的社区学院学徒制拓展项目。

美国社区学院（community college）是美国教育体系的重要组成部分，自 20 世纪初期创立以来，在为大众提供基础性高等教育、职业和技术教育以及继续教育等方面发挥着重要的作用。经过百年的发展，社区学院为美国培养了大量人才，是世界其他国家竞相学习的标杆。美国劳伦社区学院（Lorain County Community College）是美国俄亥俄州最大的社区学院。

劳伦社区学院与当地企业合作紧密，为学生提供丰富的体验式教育机会和实习岗位，学生需要完成至少 12 个学分的实习课程，且课程 GPA 不能低于 2.0，由此可见劳伦社区学院对于学生实践教育的重视。劳伦社区学院办学目标之一是为学生未来就业提供服务。学生职业素养和能力的养成直接关系着学校办学质量的好坏，而与企业的合作是“共赢”的重要途径。劳伦社区学院培养职业人才的出发点是切合企业发展需要，满足企业对技术人才的需求；当地企业在校企合作中也为学生提供了真实的实践平台，为学校带来了师资、技术和资金的支持。紧密的校企合作关系为学生带来了丰富的雇主资源、校友资源和社区资源等，使校企合作形成了良性循环。此外，学校为毕业生提供优质的求职就业服务，根据学生的实际情况提供例如简历撰写、网络和社交媒体运行策略运用、模拟面试等个性化求职服务。

总之，以社区学院为代表的美国职业教育体系是当今世界职业教育体系的成功典范之一。美国劳伦社区学院是美国俄亥俄州首屈一指的职业院校，该校的办学理念、课程设置、办学环境、实践体系等人才培养的模式富有特色，对我国职业院校的改革发展有重要的借鉴意义。

以上着重分析了 4 个欧美国家在职业教育方面的做法，在产教融合、校企合作和技能人才供需互动方面均有自己的特点，这些成功的模式是与该国的经济、政治、社会和文化息息相关，也是通过几十年甚至上百年的积累而形成的法律、制度和办法，不能简单复制或照搬某一国家的做法和模式，而是要正视职业教育的基本规律，结合我国的具体情况推行产教融合、校企合作，有效推动新能源汽车高技能人才的协同培养。

3.2　产教互动机制的理论基础

3.2.1　耗散结构理论

耗散结构理论是由比利时科学家伊里亚・普里戈金（Ilya Prigogine）提出的，其理论可概括为：系统通过与外部不断地交换物质和能量，在系统内部某个参数的变化达到一定的阈值时，系统本身可能发生突变即非平衡相变，由原来在时间上、空间上或功能上的无序状态转变为一种有序、稳定的状态。这种在远离平衡的非线性区形成的新的稳定的宏观有序结构，由于需要不断与外界交换物质或能量才能维持，因此称之为“耗散结构”[10]。从以上的概念看出，“耗散结构”理论主要呈现出系统具有开放性、远离平衡态和非线性的三个特征。再从职业教育产教融合系统看，首先是产教融合受到外部的影响因素较多，系统处于完全开放的状态；其次是产教融合系统极其复杂，既存在职业教育内部因素的影响，又有存在产业发展外部因素的影响，而且目前职业院校正处于社会化、多元化的发展趋势，导致了产教融合远离平衡态；再次是产教融合系统内部各个因素之间相互制约、相互影响，形成复杂而相干的非线性特征。由此看出，产教融合与耗散结构理论完全契合。

产教融合系统是一个极其复杂和开放的系统，作为职业院校不能闭门造车，要紧跟产业发展的趋势，深度调研人才供给侧的需求，合理设置专业、明确培养规格、调整课程体系和强化教学改革，主动对接产业，培养出产业需要的技术技能型人才。目前企业也充满着挑战和竞争，企业产业人才的作用日益凸显，人才已成为企业的核心竞争力，从而也助推了企业参与校企合作的内部动力。目前我国职业院校受行业、地方和政策的影响较大，再加上自身的教育理念和发展条件各异，使得各职业院校之间的发展水平极其不均衡。另外，各地区的产业类型、体制机制和发展情况不同，显然这些因素都导致产教融合系统远离平衡。从产教融合系统的主体看，有政府、行业、企业、职业院校、学生家长和学生，所涉及的层级方方面面，他们之间各个因素相互制约、相互影响。从产教融合系统的内容看，涉及政策导向、体制机制、资源整合、人员互动、成果转化和社会服务等，这些内容都具有随机突变的特点，呈非线性特征。

近年来高等职业教育为我国汽车产业发展提供了大量的技术技能人才，服务汽车产业发展能力不断增强，具备了基本满足汽车产业发展人才的需求和诸多有利条件。党的十八大以来，我国的绿色发展理念已深入人心，汽车产业也从环境污染大的传统燃油车转型为节能和新能源汽车，与其同时也造成了新能源汽车人才的严重匮乏。通过耗散结构理论分析，产教融合、校企协同培育新能源汽车技术技能人才是可行而有效的。

3.2.2 资源依赖理论

资源依赖理论萌芽于20世纪40年代，70年代后被广泛应用在组织关系领域，其主要代表人物是美国的杰弗里·普费弗（Jeffrey Pfeffer）与萨兰奇克（Gerald Salancik）。资源依赖理论主要指一个组织体的生存需要从周围环境中吸取资源，需要与周围环境相互依存、相互作用才能达到目的[11]。其主要包括三层含义：一是组织体与外部环境处于相互依存、相互影响的状态。二是组织除了服从外部环境之外还具有一定的主动性，自身可以调整对外部环境的依赖程度。三是环境不应被视为客观现实，对环境的认识通常是一个行为过程。资源依赖理论有四大假设，其核心假设是任何组织需要获取外部环境其他组织的相关资源来维持生存，没有组织是可以完全自给的，都要与外部环境的其他组织进行互动和交换。

当今高等职业院校发展离不开行业和企业的资源，职业院校的专业设置就必须与产业、企业的职业岗位对接，专业课程内容与企业职业标准对接，教学过程与企业的生产过程对接。职业院校必须依托企业的新技术、新工艺、新设备和新要求来引领专业现代化建设，是要以企业的生产实际引领学校的教学，明确人才培养目标与人才规格，推进专业建设，实行工学结合。另一方面，作为企业这一组织，同样依赖高职院校的优质资源，需要职业院校为企业提供适用性的高端技术技能人才，需要职业院校为企业提供员工学历、技术和技能提升，为企业提供技术咨询和服务。职业院校和企业间相互依存、相互影响，两个组织间需要经常性的互动和交换，各自需要对方的相关资源来维持生存。

作为新兴产业的新能源汽车，更加需要职业院校和企业间的互动和交换。教育部在职业院校开设专业目录中于 2015 年新增新能源汽车技术专业，新专业的专业标准、中高职院校的人才培养规格、专业职业岗位、专业课程体系以及课程的教学内容等等都在探索过程中，急需行业和企业提供相关岗位、工作任务以及所需的职业能力。另一方面，新能源汽车企业急需职业院校提供新能源汽车适用性、高端技术技能型人才，为企业发展提供有力的人才支撑。

3.2.3　利益相关者管理理论

利益相关者包括但不限于企业内部的各类股东、债权人、为了企业正常运作而雇佣的员工、购买企业商品的消费者、供应企业商品原料的供应商等其他企业正常运转所需要的交易伙伴。同时，也包括政府部门、企业占用土地附近的原生居民、与企业经营活动范围有关的社区人员、报道相关企业工作相关内容的新闻媒体平台、关注企业经营是否破坏环境的环保主义等多方面的压力集团，甚至包括自然环境对于企业发展、人类后代是否会因为企业行为遭到威胁等多方面直接、间接的影响因素。这些利益相关者与企业发展和生存存在着多重关系，部分人或组织对于企业经营带来的风险进行“分摊式”承担，部分则是对于企业的经营活动付出金钱或者体力上资源，有些则是对于企业的行为及经营模式进行有效的监管，制约企业不正当的发展。企业当下经营内容与未来发展方向必须在满足这些人或组织的利益、约束下进行发展。从这种层面上看，企业是一种近乎严苛的专业化资金投资制度与多方利益势力进行权衡的产物。企业现有的生存状态与发展模式严重依赖于企业的各方利益势力索取的资源、金钱及其他内容与企业是否可以满足这些要求、要求的质量，而不仅仅取决于向企业投入资金成本的股东。

职业教育产教融合涉及当地政府的政策设定、相关企业是否接受学生进行实习参观、行业是否允许未经过专业培训的学生进行试验型接触行业内容、相关院校是否同意支付实习企业资金，还有其他方方面面的利益集团。所以相关利益主体应该以当地政府为主导，以涉及的相关企业、行业为辅助，以职业院校与科研结构为核心的有条理、有意义的链条。

以教授学生专业知识，培养学生未来发展方向，为行业和企业提供优质、优秀的毕业生为最终目标的职业院校，没有过多的精力与时间将每一方面的利益相关者都做到维护十分到位。所以，必须在一些方面进行合适的取舍。在产教融合政策执行的研究中，必须保障与职业院校拥有同样目标的其他利益相关者利益，例如当地政府，其目标与职业院校一致，都是保证学生就业率。而对于一些与职业院校有大方向相同的目标，细节方面却有些背离的利益相关者，可以进行综合性考量后，再进行利益划分，例如企业与行业。只有这样，职业院校才能在多方面利益相关者的关注下，发展自身规模、增强学生专业能力，让学生与职业院校在行业中可以有发言权，有伸张自己想法的实力与权利。对于一些可能会危害职业院校的利益集团，可以联合当地警方力量对其进行打击，保护学生的成长安全，为国家栋梁之材提供良好的学习氛围，使其成长为专业能力强、职业素养高的专项、优质人才，为企业输送优秀的人力资源，为行业输送可以促进行业发展的优质专业人员。

3.2.4　人力资本理论

人力资本，即将“人”看成可以进行量化的资本进行投资管理，并且会根据市场对于人力资源的价值，以及人力资本投资收益等信息，对于人员的管理进行动态的调整，从而让企业不再执着于短期的回报，而是专注于长期的价值，从而获得更多的收益。人力资本管理相较于普通投资管理对于投资与回报的关系，还要将人力成本在市场上的波动也纳入考量范畴，甚至要注重人，即劳动者自身的需求与价值体现。因此，分析起来更具备理性，对于市场变化更加敏感，考虑内容更加复杂。对于长期投资的风险与回报也会因为人的使用方式而越发稳定。

作为职业教育培养目前方向的产教融合，实际上就是针对不同行业、不同岗位，甚至不同工作单位制定、设计出一批符合应用型人才要求的标准，并将其进行归纳总结，推行出一套可以作为模板化推广的人才培养模式。再进一步细化，产教融合实际上是职业院校将学生作为一个人力资本，对其进行培养、投资，最后使学生成为一个技术型应用人才的过程。而由于投资是动态的，所以无论是职业院校、学生自身、企业，甚至行业、当地政府都会对学生进行投资，并从中获取一定程度的增值利益。但是如果作为人力投资的主体、关键点，学生在最后的产出与实际投入上出现失衡现象，会让企业参与职业高校产教结合的积极性大大降低，从而对于职业教育未来可持续发展能力大幅度削弱。对于未来的投资商品，即其他学生而言，无论是自身专业素质的培养还是未来工作前景都是十分不利的负面影响。

所以，在具体的产业融合政策执行中，要充分利用人力资本理论，对学生进行有方法、有目的专业培养，定向、定量为专业院校合作企业提供高专业素质的优秀人才，为行业提供具有一定引领行业发展的优秀毕业生。并且在学生培养过程中要遵守“优秀专项”的原则，即具备一定方面的优秀天赋学生，要对其进行专业化的引导与训练，帮助其成长为更具备专业水平的未来优秀人才。对于资质一般、理解能力一般的普通学生也不应该采用放养态度进行教育管理，而是要努力将其培养成符合企业要求、行业标准的熟练技术工人。并且对于当地政府下拨的资金要落实，给每一位未来可能会成为行业翘楚的社会精英最优质的教学服务，培养其专业素养，让其成长为优秀的专业人才。

3.3　我国产教互动现状及其问题

产教互动是全球高等教育界通用的术语，在我国一般将产教互动的概念称为产教融合，这既是对我国高等职业教育更精准高标准的具体要求，也是中国特色职业教育为世界舞台提供中国智慧和中国方案的重要支撑[1]，以下重点提及的是产教融合这一中国化的概念。

随着产业转型升级迭代和职业教育的快速发展，产教互动的必要性日益剧增，产教融合在培养各行各业高端技术技能人才的战略地位日益凸显，国家出台政策的力度和广度也日益加大。2011 年，教育部颁布了《关于充分发挥行业指导作用推进职业教育改革发展的意见》（教职成〔2011〕6 号）明确行业企业在推进职业教育改革的重要地位。《国务院关于加快发展现代职业教育的决定》（国发〔2014〕19 号）提出了“深化产教融合、校企合作”。同年教育部等六部门联合印发《现代职业教育体系建设规划（2014—2020 年）》提出了职业教育要紧贴市场需求，充分吸引多方资源，调动政府、行业、企业、学校与社会力量共同参与建立产教融合制度创新平台。特别是随着党的十九大报告中“深化产教融合、校企合作”的提出，国家层面在短短的三年中相继出台了《关于深化产教融合的若干意见》（国办发〔2017〕95 号）（下面简称《意见》）、由教育部、国家发展改革委、工业和信息化部、财政部等六部委印发《职业学校校企合作促进办法》（教职成〔2018〕1 号）、国家发展改革委、教育部等 6 部门印发《国家产教融合建设试点实施方案》（发改社会〔2019〕1558 号）和国家发改委、教育部印发的《建设产教融合型企业实施办法（试行）》（发改社会〔2019〕590 号）四个重要文件。产教融合政策的相继出台，一方面标志着产教融合改革由校企间的自发探索转变为社会各界的深度治理，另一方面也说明产教融合在受到政策导向、体制机制和主体多元等多种因素影响，人才培养供给侧和产业需求侧之间在结构、质量、水平上还不能完全适应，“两张皮”问题仍然存在[4]。下面重点介绍我国产教融合的发展历程及其现状，存在的主要问题及其原因。

3.3.1 我国产教融合的历程及其现状

产教融合是职业教育的基本特征，也是全球各国职业教育发展的共同理念，但各国产教互动的形式都不相同，主要依据各国自身的经济、政治和文化的特点而定，发达的欧美国家已经经历了 100 多年，主要是从国家法律层面保障产教融合的高效、有序运行，而我国高等职业教育起步相对较晚，1996 年才出台了第一部职业教育法，没有一部关于产教互动的法律保障。从改革开放以来，纵观我国四十多年的高职教育发展历程，概括起来主要经历了改革开放初期的探索期，发展市场经济时期的调整期，提升高等职业教育人才培养质量的发展期，进入新时代的成熟期。概括起来我国产教融合主要经历了如下四个阶段：

(1)“产教一体”的高职教育初探期（1978—1996 年）。

1978 年，《国务院批转教育部、国家劳动总局关于中等教育结构改革的报告》提出，“实行国家办学与业务部门、厂矿企业、人民公社办学并举的方针”。同期，《关于加强和改革农村学校教育若干问题的通知》提出，中央和各级地方政府要逐年增加教育经费，大型国有企业和农村合作组织可以集资办学，为自己企业、合作组织培养技术技能型人才。1981 年，中共中央、国务院又发布了《关于加强职工教育工作的决定》，进一步要求行业企业、劳动部门和教育部门共同兴办职业学校，主要以职工大学、职工中专、技工学校的形式为主。在全国上下形成了职业教育“大家办”“联合办”的格局，期间行业企业成为职业教育最重要的办学主体，由于处于计划经济时期，企业为了储备技术技能人才，有些企业不仅有业余职工大学、成人中专学校，甚至还有技工学校。据相关统计，成人中专学校 4100 多所，技工学校 3765 所。

在计划经济体制下由于有国家的扶持，企业兴办职业学校期初开展得顺风顺水，但由于生源的单一性、教学资源的严重匮乏，能持续办学的并不是很多，再者，随着 1992 年党的十四大“建立社会主义市场经济体制”的宏伟目标的提出，大型企业面临着改制和巨大的市场竞争压力，为了轻装上阵，将原来企业办的职业类学校撤除或合并，形成了行业局办职业教育。如作者所在的杭州职业技术学院就是由杭州市六个行业局办的六所职工大学合并而成的，再如当时的杭州机械职工大学是由原来机械工业局下属的 13 家国有企业办的企业职工大学通过资源整合而兴办的。

无论是企业办的职业学校还是行业办的职业教育，当时培养的技术技能型人才都是根据企业一线岗位的需求设置专业，依据企业相关岗位制定教学课程体系。企业办的职业学校生源大多来自企业内部，招收一定有基础有潜力的年轻职工，教学采用的是半工半读的模式，上午学理论知识，下午进企业岗位实践，真正实现产教一体化的人才培养模式。行业办职业教育时期也非常注重学生的实践环节的教育，1991 年《国务院关于大力发展职业技术教育的决定》提出要“积极推进现有职业大学的改革，努力办好一批培养技艺性强的高级操作人员的高等职业学校”，并提出“积极发展校办产业，办好生产实习基地”。

20世纪90年代初国家提出了“三教统筹”“三改一补”政策，提出“通过现有的职业大学、部分高等专科学校和独立设置的成人高等高校改革办学模式，调整培养目标来发展高等职业教育。仍不满足时，经批准利用少数具备条件的重点中等职业学校改制或举办高职班等方式作为补充”，“三改一补”的高等职业教育发展方针的确立，标志着我国正式开启了高等职业教育，进一步明确了办学主体、发展方向和办学特色[12]。笔者所在的杭州职业技术学院前身的杭州职工大学正是由此背景下，于1996年正式成立的，当时由杭州机械职工大学、杭州化工职工大学、杭州纺织职工大学、杭州丝绸职工大学和杭州轻工职工大学等六所职工大学联合杭州机械工业学校合并成为杭州职工大学。当时又逢国家政府机构改革，简政放权、转变政府职能，原来相关的行业局都重组改制，原来行业办的职业院校由此也转变为政府办职业大学。

1996年我国出台了《中华人民共和国职业教育法》，也是我国教育史上第一部有关职业教育的法律。其中第二十三条明确提出“职业学校、职业培训机构实施职业教育应当实行产教结合，为本地区经济建设服务，与企业密切联系，培养实用人才和熟练劳动者”。该时期总体上来看，高职教育与企业合作紧密，有大量的生源都是由企业委托职业院校培养，而且职业院校在政府和行业部门的指导下开设与专业人才培养相关的校办企业，并且搭建大批行业下属企业的实习平台，全面支撑高等职业教育的实践教学，采用产教一体化的“对口协作”“厂校合作”等单边产教结合的方式。虽然当时的高等职业教育产教融合、校企合作有其天然的优势，但从整体办学规模、办学质量和办学理念上还停留在初探期，如办学主体不稳定、办学理念不明确和高等职业教育标准远未形成。

（2）“产教松散”的高职教育调整期（1997—2005年）。

《中华人民共和国职业教育法》于1996年正式颁布，当时高等职业教育是由教育部高教司分管，在1998年出台的《中华人民共和国高等教育法》中进一步明确高等职业教育为专科层次的法律地位。当时正值高等教育由精英教育到大众化教育的生源扩招阶段，高等职业教育成为了扩招的重点对象，高职院校数量快速增加，到2006年底，独立设置的高职学校达到1147所，院校数量占高等教育的半壁江山，高职院校在校生人数达795.5万人。国家的职业教育政策也开始关注高等职业教育，专科层次的职业教育得到了快速发展，促使我国高等职业教育在 21 世纪初实现了跨越式发展。随着规模的迅速扩张，高职教育最突出的问题是教学基本建设薄弱、课程和教学内容体系学科化倾向严重、不同部门办学水平差异较大，尤其是高等职业教育的职业性极其淡化，俨然成为当时的大专院校，高等职业教育办学特色荡然无存，很大程度上影响了高职教育的改革与发展。同时，这些年高职高专的就业率远远低于本科生，与现在的就业情况刚刚相反。但整体上逐年在持续增长，如 1998 年全国职业类专科毕业生就业率仅为 42.2%，而在高等教育连续扩招后的 2003 年却上升到 55%。2004 年，在全国较 2003 年增加 32 万高职毕业生的情况下，就业率又较上年同期提高了 6 个百分点，达到 61.2%；北京、浙江等地区的高职毕业生就业率达到 80%左右，与本科毕业生就业率基本持平。2002 年时任教育部部长周济曾指出："高等职业教育主要是培养面向生产和社会实践第一线的实用人才，不能办成本科教育的'压缩饼干'，也不要把'专升本'作为主要目标。"[13]

在 21 世纪初国家教育行政部门前后召开了两次全国职业教育工作会议，这一时期也是我国高等职业教育产教融合政策的重要改革调整期。1999 年《中共中央国务院关于深化教育改革全面推进素质教育的决定》提出"大力发展高等职业教育"。国务院于 2002 年 7 月召开第一次"全国职业教育工作会议"，同年也发布了《国务院关于大力推进职业教育改革与发展的决定》，并在决定中明确提出要"推进管理体制和办学体制改革，促进职业教育与经济建设、社会发展紧密结合；要充分依靠企业举办职业教育；职业学校要把教学活动与生产实践、社会服务、技术推广及技术开发紧密结合起来，要加强与相关企事业单位的共建和合作，利用其设施、设备等条件开展实践教学"等。为了进一步解决职业教育发展不平衡，投入不足，办学条件薄弱，办学机制以及人才培养的规模、结构、质量还不能适应经济社会发展的需要，在第一次全国职业教育工作会议后仅 3 年时间，国务院又一次召开了全国职业教育工作会议，并于 2005 年 10 月发布《国务院关于大力发展职业教育的决定》，决定根据特定时空下职业教育发展的现实诉求，提出了"坚持'以服务为宗旨、以就业为导向'的职业教育办学方针"，"满足人民群众终身学习需要，与市场需求和劳动就业紧密结合，校企合作、工学结合，结构合理、形式多样，灵活开放、自主发展，有中国特色的现代职业教育体系；要不断促进职业教育教学与生产实践、技术推广、社会服务紧密结合，根据市场和社会需要，进一步深化教育教学改革”。同时也郑重提出“依靠行业企业发展职业教育，推动职业院校与企业的密切结合，大力推行工学结合、校企合作的培养模式”。在“产教松散”的职业教育改革调整期的背景下，“校企合作、工学结合”的提出，代表着职业教育办学特质的又一次的回归，也为后来高等职业教育的又快又好的发展奠定了思想保障和理论基础。

（3）“工学结合”的高职教育发展期（2006—2016年）。

自2005年印发了《关于大力发展职业教育的决定》以后，教育部2006年又印发了《教育部关于全面提高高等职业教育教学质量的若干意见》（教高〔2006〕16号），首次提出“高等职业教育作为高等教育发展中的一个类型，肩负着培养面向生产、建设、服务和管理第一线需要的高技能人才的使命，在我国加快推进社会主义现代化建设进程中具有不可替代的作用”。还进一步提出“要积极推行与生产劳动和社会实践相结合的学习模式，把工学结合作为高等职业教育人才培养模式改革的重要切入点”，“加强校企合作，实训、实习基地建设是高等职业院校改善办学条件、彰显办学特色、提高教学质量的重点”。自此高等职业教育告别原来本科“压缩饼干”之路，坚持以“以服务为宗旨，就业为导向”的职业教育办学方针，坚信“校企合作、工学结合”是职业教育的必由之路。

同年国家又相继出台了《关于实施国家示范性高等职业院校建设计划加快高等职业教育改革与发展的意见》（教高〔2006〕14号），决定在“十一五”期间实施“国家示范性高等职业院校建设计划”，在全国1400多所高职院校中遴选100所基础较好的高职院校成为示范性的高等职业院校，以项目形式深入开展人才培养模式创新和教育教学改革，提高高等职业院校师资队伍水平和社会服务能力，形成具有高等职业教育明显的办学特色，发挥引领示范作用。结合当时职业教育产教结合较松散、校企合作不紧密，职业教育的类型特征不明显等问题，全国示范性高职院校都将基于“工学结合”的人才培养模式改革创新作为项目建设的主要任务和特色。例如深圳职业技术学院在这阶段紧紧把握“以企业需求为导向，以能力培养为中心，以就业质量为目标”的人才培养规律，与中国广东核电集团有限公司、深圳市机械行业协会等单位深入行企校合作，探索“政校企行四方联动，产学创用立体推进”的办学模式，实施“订单+联合”人才培养新模式，既凸显人才培养的针对性，又体现运作过程的互动性[14]。浙江金融职业学院，会计专业探索“订单式”人才培养模式，构建“岗证单一体化”专业课程体系，实现毕业与上岗紧密衔接。温州职业技术学院借助民营企业机制灵活的优势，通过筑巢引凤、资源共享、互惠双赢、共同发展等方式，与区域民营企业开展全方位、多层次合作，从而创新基于工学结合的人才培养模式[15]。

2006—2008年三年间，前后分三批确立了100所国家示范高职院校建设项目，并于2008—2010年分批进行了终期验收。同年，在国家示范院校建设的基础上，由教育部、财政部联合发出了《关于进一步推进“国家示范性高等职业院校建设计划”实施工作的通知》（教高〔2010〕8号），决定在实施国家示范高职院校建设项目的基础上再新增100所左右骨干高职建设院校。骨干高职建设院校是示范高职院校建设的延续与深化，与示范性高职院校建设一脉相承，始终坚持“校企合作、工学结合”的办学思路，走职业教育类型道路。但也不是简单的复制，而是在原来基础上，创新基于“校企合作”的办学体制机制创新，增强办学活力，深化教育教学改革，提升人才培养质量，深化内部管理运行机制，提升社会服务能力。与示范建设相比，目标更加具体更加有针对性更加可复制和推广。

2010—2012年，共有100所国家骨干高职院校建设项目先后获批，并陆续于2013—2015年先后通过了终期验收。在项目建设中，各骨干高职院校深入研究和借鉴示范院校建设的做法与经验，在此基础上重点创新校企合作体制机制，提升人才培养质量深化内部运行管理机制，进一步强化了校企合作在职业教育办学的改革和发展方向。例如，作者所在的杭州职业技术学院，2010年获批国家骨干高职院校建设单位，2012年正式启动该项目的第三批建设，2015年终期验收。杭州职业技术学院在校企合作实践中提出“校企合作之共赢，必须以他赢为律；对于学校而言，必须以企业赢为原则，想企业所想，急企业所急”，认为“校企合作之院校目的不只是为了学生的实习和毕业生的就业安置，更重要的是要以企业的生产实际引领学校的教学，明确培养目标和人才规格，实行工学结合”。并在此基础上提出了“校企共同体”理念，即指在政府的引导下，高职院校和区域主导产业的主流企业以合作共赢为基础，以协议形式缔约建设的相互联系、相互开放、相互依赖、相互促进的利益实体。学校与友嘉实业集团共建友嘉机电学院，与达利集团建立达利女装学院，与吉利汽车集团建立吉利汽车学院，实行理事会领导下的分院院长负责制，校企共同组建和任命分院领导班子，企业派驻常驻副院长协调校企合作事宜，建立了校企一体化理念下的校企共同体人才培养机制，通过十余年的实践，主要收到如下四方面的成效：

一是提升了学校的人才培养质量。区域主导行业的主流企业对学校教育教学、专业建设、课程改革等工作的直接深度参与，为学校深化教育教学改革提供了新技术、新工艺、新设备等支撑，使学校的人才培养真正对接企业对高素质技能型人才的迫切需求，因而提升了学校人才培养的质量及其对区域经济社会发展的融入度和贡献度。达利女装学院制版专业方向的毕业生市场上供不应求，毕业生月薪达 8000 元。杭州经济技术开发区有的企业表示，杭职院培养的数控专业人才有多少，企业就要多少。吉利汽车学院的汽车制造与试验技术专业与吉利汽车研究院的试制验证中心共同实施“汽车设计验证师”培养计划项目，开展汽车试制拔尖人才个性化培养，探索基于吉利大师班的现代学徒制人才培养创新模式，打造中国汽车制造班组长摇篮。

二是提升了企业的自主创新能力。校企共同体学校方在校企共同体中拥有科研人才、科研能力、科研设备及科研成果等人才资源、知识资源、研发资源及设备资源等优势。通过校企共同体建设，推动了学校人力资源和科研成果向企业的转移，成为提高企业技术创新能力、增强企业核心竞争力的有效途径。如达利公司在达利女装学院成立了达利产品研发中心，师生研发的样式，被企业采用，提高了企业的设计创新能力。与吉利汽车研究院共建新能源汽车协同创新中心，中心下设新能源汽车设计研发中心、新能源汽车技术专业实训中心、枫叶汽车体验中心，其中新能源汽车设计研发中心，以数智赋能汽车技术发展为思路，构建“一中心 X 平台”的社会服务运行机制，为吉利集团及关联企业提供技术研发和成果转化。

三是提升了企业产品拓市场的软实力。友嘉学院的毕业生作为操作维护友嘉企业产品的技能型人才，大部分毕业生随着友嘉产品进入友嘉的客户企业工作，为友嘉企业产品服务延伸和提高市场竞争力提供了有力支撑，大大提高了企业品牌效应和产品附加值，提升了企业的经济效益，符合企业的战略发展需求。

四是提升了学校的社会效益。2010 年 9 月，教育部召开的全国高等职业教育改革发展工作会议，用半天时间参观我校，将我校校企共同体体制机制创新的先进经验推向全国。校企共同体入选全国骨干高职院校建设项目典型案例。2011年至 2013 年国家在天津、山东潍坊、广东顺德等地举办国家高等职业院校示范（骨干）教育教学成果展示会，该成果连续三年在展示会上作为典型范例展出，并被全国众多高职院校借鉴应用。

2013 年 11 月，在党的十八届三中全会上首次明确提出，我国职业教育要“深化产教融合、校企合作”，为我国现代职业教育发展提出了新的更高的要求。2014 年 5 月，国务院印发《关于加快发展现代职业教育的决定》（国发〔2014〕19 号），并于 6 月国务院召开了全国职业教育第三次工作会议。习近平总书记做出重要指示，提出“劳动光荣、技能宝贵、创造伟大”，职业教育要“坚持产教融合、校企合作，坚持工学结合、知行合一，努力建设中国特色职业教育体系”。2015 年 10 月，教育部印发了《高等职业教育创新发展行动计划（2015—2018年）》（教职成〔2015〕9 号），明确提出“以立德树人为根本，以服务发展为宗旨，以促进就业为导向，坚持适应需求、面向人人，坚持产教融合、校企合作，坚持工学结合、知行合一，推动高等职业教育与经济社会同步发展，加强技术技能积累，提升人才培养质量”。文件还提出“建设一批办学定位准确、与地方经济社会发展需要契合度高、行业优势突出的优质专科高等职业院校（简称优质校）”。

总之，在这一时期教育部门内部下发了大量的高等职业教育产教融合政策性的文件，以“示范校”“骨干校”“优质校”等各类项目为载体，以“产教融合、校企合作、工学结合”为依托，先后进行了人才培养模式改革创新，校企合作办学体制机制创新，深化专业内涵建设，增强社会服务能力，深化内部运行管理机制，不断提升人才培养质量。

（4）“产教融合”的高职教育成熟期（2017 年至今）。

《国务院办公厅关于深化产教融合的若干意见》（国办发〔2017〕95 号），文件进一步明确了“总体要求、构建教育和产业统筹融合发展格局、强化企业重要主体作用、推进产教融合人才培养改革、促进产教供需双向对接、完善政策支持体系、组织实施”七个方面[11]，第一次在国家层面制作了关于产教融合的顶层设计，勾勒出了我国产教融合的“四梁八柱”，进一步表明产教融合不再只是教育内部的事。随后国家层面又出台了一系列产教融合相关文件，国家层面打出了关于校企合作、产教融合政策的“组合拳”。2018年2月，教育部、国家发展改革委、工业和信息化部、财政部等六部门印发了《职业学校校企合作促进办法》（教职成〔2018〕1号），对校企合作的内涵、合作形式、促进措施、监督检查等方面作出了具体规定。2019年1月，国务院出台了《国家职业教育改革实施方案》（国发〔2019〕4号），提出“促进产教融合校企‘双元’育人，坚持知行合一、工学结合，推动校企全面加强深度合作等”作为我国职业教育改革与发展的重要举措之一。2019年3月，国家发展改革委、教育部印发的《建设产教融合型企业实施办法（试行）》（发改社会〔2019〕590号），对“产教融合型企业的建设培育条件、建设实施程序以及支持管理措施”等方面进行了说明；2019年3月教育部、财政部印发了《教育部财政部关于实施中国特色高水平高职学校和专业建设计划的意见》（教职成〔2019〕9号），提出“集中力量建设一批引领改革、支撑发展、中国特色、世界水平的高职学校和专业群”（简称双高校），明确指出“坚持产教融合，提升校企合作水平”作为双高校建设的重要举措之一。2019年9月，国家发展改革委、教育部印发《国家产教融合建设试点实施方案》，公布了试点建设首批国家产教融合型城市的省、自治区、直辖市和计划单列市范围；2019年10月，国家发展改革委办公厅、教育部办公厅印发《试点建设培育国家产教融合型企业工作方案》（发改社会〔2019〕964号），从“试点目标任务、试点重点领域、试点工作机制、主要工作任务”等方面作出了具体规定，并明确了“试点建设培育国家产教融合型企业基本条件和经营财务指标参考标准”。从各级地方政府看，为了贯彻《国务院办公厅关于深化产教融合的若干意见》，从2018年开始，各省立足本省省情先后出台了深化产教融合意见。例如浙江省于2018年印发了《浙江省人民政府办公厅关于深化产教融合的实施意见》（浙政办发〔2018〕106号），2020年11月浙江省人民政府印发《浙江省深化产教融合推进职业教育高质量发展实施方案的通知》（浙政发〔2020〕27号），意见主要特点是着眼做深产教融合，坚持把产教融合作为职业教育发展生态，从推动学校积极与行业企业做好人才培养“五个对接”着手，做深做实产教融合。2020年杭州市人民政府印发了《杭州市人民政府办公厅关于深化产教融合的实施意见》（杭政办函〔2020〕4号）。

总之，进入新时代以来，国家层面更加注重产教融合制度体系的构建，不再局限于教育部门内部的实践和推动，而是由国务院办公厅牵头，联合教育部、国家发展改革委、人力资源社会保障部、工业和信息化部等多部门共同施策和推进，形成了教育和产业统筹融合、良性互动的发展格局。产教融合政策在各级政府层面密集发布，产教融合的行动路线日趋稳定和明晰，已形成了基于产教融合的具有中国特色的高等职业教育。

综上所述，我国高职教育发展和变迁受到国家政治、经济和社会的深刻影响，如改革开放初期计划经济的“大家办”，全国没有统一标准各自办好各自的学，全国上下是散兵游勇式小规模小范围的行业企业职工大学，由于办学的规模小，而且办在自己的企业内，自发形成了产教结合、半工半读的教学模式。20 世纪 90 年代开启了社会主义市场经济，加上当时的“三改一补”政策的推出，第一次将高等职业教育正式推上历史的舞台，高等职业教育规模迅速壮大，成为高等教育的半壁江山，但办学条件薄弱、产教分离，职业教育办学特色不明显，人才培养质量可见一斑。到了 21 世纪初，高等职业教育由规模发展之路转型为质量发展之道，提出“校企合作、工学结合”是高等职业教育发展的必由之路，是提升高等职业教育人才培养的重要举措，理念引领、项目驱动，通过十年的实践，具有中国特色的高等职业教育初显成形。党的十九大以来，我国进入了新时代，高等职业教育来到了高质量发展阶段，扎根中国、放眼世界、面向未来，上下整体推进产教融合、校企合作，将会对世界职业教育贡献更多的中国方案和中国智慧[8]。

3.3.2　我国产教融合存在的主要问题

高等职业教育推进“产教融合、校企合作、工学结合”的改革实践不断走向深入，虽然取得了大量的成果和经验，但随着我国经济发展进入提质增效升级的新阶段，产业结构不断改善，高端产业和产业高端所要求的素质和效率不断提升，就业结构、人才培养规格都发生着深刻的变化，对人力资源开发提出新要求。在此背景下，我们需要清醒地认识到，现阶段高职教育深化产教融合仍面临诸多问题和不足。

（1）参与主体间的合力不够。

产教融合需政府、行业、企业、学校等多元主体参与，只有各方主体间建立科学、合理和稳定的关系，形成合力，才能推进产教深度融合。但是，目前从宏观、中观和微观三个层面都存在合力不够的现象。一是在宏观层面，教育和产业统筹融合、良性互动格局尚未形成。产业需求侧和人才培养供给侧在结构、质量、水平上还不能完全适应，“两张皮”问题仍然存在，高等职业教育资源规划布局、人才培养结构、层次、类型与产业规划布局和发展需求不相匹配。二是在中观层面，校企合作、协同育人的运行机制尚未形成，校企合作“学校热、企业冷”的现象较普遍，造成专业设置与企业岗位、教学内容与职业标准、教学过程与生产过程不对接的局面，产教融合形同虚设，还处于自发式、松散型、表层化、低水平的状态。三是在微观层面，高职院校内部有关产教融合的管理、服务、考核和监督的机制尚未形成，有些高职院校对产教融合缺少顶层设计，只是简单把它作为校企合作，而没有把它落到专业建设、日常教学当中去，产教融合的内在功能未能得到发挥。目前还存在这样一个较普遍的现象，就是校企之间合作很热，但学生和家长不认同，学生不愿意去、不愿意留合作企业，这也直接影响企业合作动力。总之，产教融合主体多元、合作模式多样，如何“握指成拳”，形成多方合力，是产教融合成功与否的关键。

（2）行业组织的功能发挥不大。

行业是指从事国民经济中同性质的生产、服务或其他经济社会的经营单位或者个体的组织结构体系。行业组织是明确本组织结构体系规范和制定行业标准的主体，对该行业的发展趋势分析、人才需求预测、岗位职业能力标准制定、职业技能鉴定等方面具有先天优势。在大多西方发达国家法律明确规定，行业协会负有制定职业标准、组织技能鉴定、认定考评成绩以及证书发放等法定职责，而我国法律并没有规定行业协会在职业教育发展中的地位和作用，行业协会没有义务去参与职业教育，加之一些行业组织自身水平有限，既没能力更没有精力去推进校企合作、产教融合。

（3）企业参与的动力不足。

企业是职业教育校企合作、产教融合的主要参与者之一，企业的积极性直接影响产教融合的效果和质量。目前，企业参与校企合作、产教融合的动力不足已成为不争的事实，本人认为主要有如下三个原因：一是企业投入回报失衡，积极性不高，企业的发展宗旨是争取更大的利润，校企合作企业要投入相关的人、财和物，收获的是技术技能型人才，获得人才有多条路径，校企合作获得人才的模式不一定是最佳的选择。二是学生的培养周期较长，企业的短期利益得不到满足，并且通过投入培养的人才不一定留在相应企业或岗位，具有较大的风险性。三是高职教育产教融合政策未向企业倾斜，缺乏对企业参与高职教育产教融合的引导和补偿政策。

（4）学校为企业服务能力不强。

产教融合、校企合作其目的是互惠双赢，如高职院校在校企合作过程中不能为企业带来利益，校企之间合作是不会持续的。目前高职院校在思想上虽然对校企合作非常重视，但在实际专业定位、人才培养、学生就业和培训服务等方面举措不多，与企业所需的人才不相匹配，学校对企业发展贡献度不大，与企业的合作预期还有较大的差距。再者，目前高职院校对外服务能力不强，尤其是为企业技术服务能力还不够，不能立足于企业服务于企业，不能为企业创造更多的价值，这些都直接关系到校企合作的成效。

（5）学生和家长认同度不高。

产教融合不仅是政府、行业企业以及高职院校之间的合作，还有一个重要的因素是社会、学生和家长。社会文化、观念直接影响学生和家长的态度，高等职业院校学生被升学裹挟现象逐年加剧，据相关统计，高职学生和家长选择希望升入本科再深造的占 67%，毕业后愿意结业的毕业生逐年在减少，与其同时真正进入合作企业的学生远远满足不了预期。所以近几年校企合作最大的瓶颈不是校企之间的合作项目问题，而是校企之间合作得轰轰烈烈，却无学生和家长问津。这一现象直接影响了校企合作的效果，同时也影响了企业参与产教融合的积极性和主动性。

（6）产教融合理论研究不深。

当前我国高职教育产教融合重实践轻理论，对产教融合的内涵界定、本质特征、逻辑起点和内在规律等理论基础研究还显不足，研究产学合作的学者还没有统一的标准，由此也造成了参与主体间的合力不够、行业组织的功能发挥不大、企业参与的动力不足、高职院校为企业服务的能力不强等问题出现。另一方面，产教融合理论研究者多借用国外的经验做法和研究理论成果，而产教融合有其独特的地域性，不同国家有其不同的经济、政治和文化背景，我国的国情无法复制国外的做法，因此产教融合的理论研究仍严重不足，理论对实践指导的适切性仍亟待加强[16]。

以上是通过笔者访谈调查、文献分析，总结了当前产教融合面临着的六大困境。但随着国家层面产教融合政策的陆续出台，参与主体间的合力不够、行业组织的功能发挥不大、企业参与动力不足和产教融合理论研究不足等这些问题也正在逐步缓解，要使产教融合真正破冰，不仅需要各项政策落实落地，还需针对新情况要不断改变观念、完善制度和创新模式。如学生和家长的认同度不高问题日益突出，需要更加重视职业教育，尊重高素质技术技能人才、能工巧匠、大国工匠，各级政府要加大制度创新、政策供给、投入力度、弘扬工匠精神，提升技术技能人才社会地位。这六大困境同时也困扰着新能源汽车高技能人才的培养，尤其是新能源汽车作为当今新兴产业，国家构建了“三纵三横”技术体系，横跨机械、电子、信息、材料和化工等多个学科，但对该行业的发展趋势分析、人才需求预测、岗位职业能力标准制定、职业技能鉴定等方面远未形成，这些因素也进一步影响着新能源汽车技术专业产教融合的实施。

3.3.3 原因分析

（1）产教融合的办学理念不清晰。

我国高等职业教育的发展历史不足50年，却经历了“产教一体”的高职教育初探期、“产教松散”的高职教育调整期等四个阶段。特别是我国进入市场经济的时代，加上高职教育“三改一补”政策的出台，许多当年的中专学校及成人大专升格、改设为高职院校，这两类学校都是以学校为主体、学科为特征的办学体制，对职业教育产教融合、校企合作的办学理念相距甚远。另一方面，随着我国高等教育由精英式教育发展为大众式教育，高等职业教育首当其冲，扮演了最重要的角色，几年时间就占住了高等教育的半壁江山。在这样的背景下，高职教育主要重视规模扩张而轻视了教学质量的提升，重视专业教学体系的构建而轻视职业教育办学特质的确立。大多当时高职院校完全脱离了产业，成为本科教育的“压缩饼干”，只将本科四年的人才培养方案压缩到三年。传统的学校教育制度偏重于院校自身发展而忽视面向经济建设的发展，这导致在理念和认识上存在诸多误区，各地各院校对产教融合缺乏共识。有人认为校企合作就是企业为学校的专业学生提供实习岗位，有人主张产教融合就是与企业签订一个合作协议，还有人觉得企业和学校有不同的价值体系，校企之间具有不可调和的矛盾。在 20 世纪 90 年代末，我国经济发展稳定，业态的变化不大，产业人才供不应求，高职院校毕业学生不愁没有就业岗位，作为学校也没有学生就业压力，照搬原来中专学校的教育理念、管理办法和人才培养，在高职教育内部没有产教融合、校企合作的内驱力。高等职业教育虽然实践多年，但树立清晰的产教融合、校企合作的办学理念还有待继续深化。

（2）产教融合的政策激励不到位。

高等职业教育产教融合政策出台以后，关键要看其成效，但实际执行过程中远远没有达到预期设定的目标。究其原因主要有如下几方面：一是学校与企业处于不同领域范畴，为保障校企双方互惠共赢、共同发展，涉及的细节问题亦需考虑周全。如政府出台与职业教育有关的激励政策仍处于宏观的调控阶段，各方职责笼统、操作性不强、针对性不准，激励条件没有量化。二是责任分担机制不健全，在各项制度中政府、行业企业、学校等各主体的责任划分不够清晰，互相之间的运行机制有待创新。如产教融合需教育、工信、财政、人社等多个行政部门协同推进，但目前仍未走出教育行政部门牵头高等职业教育产教融合、校企合作的工作思路。三是合作制度不够精准，2018 年六部委印发了《教育部等六部门关于印发〈职业学校校企合作促进办法〉的通知》（教职成〔2018〕1 号），虽然进一步明确了校企合作形式、促进措施、监督检查等，但仅是各主体间权利、责任和义务的定性描述，多是“应当”“鼓励”和“支持”等形式的委婉措辞，而少见“必须”“达到”等量化可操作精细精准的制度依据。

（3）产教融合的评价体系不健全。

产教融合是一项系统工程，与国外相比，我国职业教育的产教融合工作仍处于初级阶段，既没有法律的保障，也没有对各主体还没有的考核和评价体系。首先对高职院校来说，我国公办的高职院校都属于公益二类事业单位，从 2017 年来各地高职院校年生均财政拨款 1.2 万元，享受国家财政拨款的经费保障，高职院校主要的财政来源来自于国家拨款和学生学费，主要取决于一所学校学生量的多少，与该校的人才培养质量、专业建设、产教融合、基地建设、师资队伍和社会服务等内涵建设无关。当地省级行政教育部门每年对高职院校进行教学工作及业绩考核，以本人所在省份为例，教学工作及业绩考核指标共分值1000分，其中与产教融合有关的考核是“校企合作与专业社会服务能力建设”120分，占总体考核的12%，考核指标主要从企业参与人才培养的程度、学校为企业培训服务和技术服务等三个维度的“校企合作质量评价”。在“双高计划”建设背景下，“产教融合质量评价”的评价指标也必然是在更多维度、更加精准和更高层次上的[17]。

其次对行业企业来说，行业企业对产教融合动力先天不足，鉴于此，近期国家出台了大量的激励政策，最大程度激发行业企业参与产教融合、校企合作的动力。《国务院办公厅关于深化产教融合的若干意见》中明确提出要强化企业在产教融合过程中的重要主体作用，但文件中大多是鼓励、支持和引导等定性的推进举措，没有法律层面的、定量的或硬性的指标进行监控和督促，也更没有相关的完整的评价体系。《国务院办公厅关于深化产教融合的若干意见》中提到：积极支持社会第三方机构开展产教融合效能评价，健全统计评价体系。强化监测评价结果运用，作为绩效考核、投入引导、试点开展、表彰激励的重要依据。

最后对当地政府来说，政府部门在产教融合工作中起到指导、引导和监督等职能，是产教融合能否实现的关键主体之一。但在所有出台的政策中都未提及过地方政府在产教融合方面职能行使的评价标准。因此在我国加强产教融合评价体系的构建势在必行，不断推动产教融合各项政策落地，真正形成高等职业教育产教融合的中国智慧和中国方案。

（4）主体之间利益需求不对焦。

产教融合主体多元，各自有各自的利益诉求。政府部门主要使人才培养供给侧与产业需求侧在结构、质量、水平上相适应，促进教育链、人才链与产业链、创新链有机衔接，实现全面提高教育质量、扩大就业创业、推进地方经济转型升级、培育经济发展新动能。如随着汽车产业电动化、智能化和网联化的发展，政府部门重点关注汽车产业的发展前景和带动辐射关联行业的发展，匹配人才供给侧和行业企业用人的需求。行业企业则是聚焦于企业的经营管理和长远发展，除了希望获得人力资源支持外，还希望在技术攻关、产品开发、职工培训、产品推广等方面获得支持与帮助。高职院校则是在人才培养过程中，谋求企业提供一些职业岗位元素的资源，如实习和就业岗位，实训设备，兼职教师，以及新技术、新工艺、新材料等，助推高职院校人才培养，对接岗位需求，不断提升人才培养质量。作为双高建设期高职院校，校企合作产教融合更重要的是要以企业的生产实际引领学校的教学，明确人才培养目标与人才规格，推进专业建设，实行工学结合。

根据经济学理论，只有以利益为纽带的合作才能构建最稳定最可持续的关系，政行企校四方主体间有共同的利益驱动才能使产教深化融合。但现实情况是，企业与学校在各自的利益诉求上大多是不对焦的，很难找到校企间的共赢点，因此高职院校和企业间绝大部分是基于学生就业的合作，而鲜有技术攻关、产品开发等方面的合作，更谈不上产教融合融通。

3.4　完善新能源汽车产教融合协同机制

《国务院办公厅关于深化产教融合的若干意见》中提出了“将产教融合作为促进经济社会协调发展的重要举措，融入经济转型升级各环节，贯穿人才开发全过程，形成政府企业学校行业社会协同推进的工作格局”的原则，这也使得政府、行业企业和学校之间必须统筹协调、共同推进。因此，从高职教育支撑产业转型升级人力资源开发的重要途径出发，产教融合不能仅限于教育层面，急需政府、行业企业和教育部门共同设定目标。一是要切实落实好高职教育与经济转型升级同步规划、同步发展，融入产业发展各环节，贯穿产业发展全过程。二是把培养高素质技术技能人才作为教育和产业以及经济社会的共同任务、共同责任，学校与行业企业共同制订专业标准、课程体系，共同建设双师队伍、实训基地，共同参与人才培养、考核评价。三是高职教育主动对接产业需求，在人才结构上使得教育供给侧和产业需求侧相匹配，不断提升人才培养质量，与产业转型升级所需的技术技能人才的水平相匹配。三方面目标的实现就必须处理好职业教育和产业之间的协同关系，创新产教融合互动机制、运行机制、保障机制和考核评价机制，推动高等职业教育新能源汽车专业产教融合更为细化、精准和高效地发展。

3.4.1　探索产教融合动力机制

产教融合具有多主体、多层次、多类型的特征，受宏观政策、经济发展、社会文化和科学技术等多方面环境的影响，需要政府、行业企业和学校统筹协调、共同推进，才能实现预期效果和目标，具体来自宏观、中观和微观三个方面的动力。

（1）在宏观层面加快完善产教融合生态系统。要实现教育界与产业界的融合，首先要树立产业发展和转型升级离不开产教融合的观念，充分认识到职业教育和高等教育在经济社会发展中的先导性、基础性作用。其次要加强顶层设计，在制定经济社会发展规划以及产业、行业、区域和城市布局规划时，政府对产教融合要实行同步规划，并出台具有导向性的法律法规以及相关激励政策等，营造产教融合的制度环境，出台产教融合协同的长效机制，真正促进教育链、人才链与产业链、创新链有机衔接，解决好教育和产业“两张皮”的问题。

（2）在中观层面，一方面地方教育主管部门和行业组织要充分发挥应有的作用，出台相关职业教育与区域产业行业对接制度，创新产教不定期的对话机制，教育部门可根据行业组织的需求情况，来进行学校设置和布局、专业结构调整、教学标准制订和人才培养质量评价等各方面的工作，真正实现专业与产业、职业岗位对接。另一方面充分发挥各行业集团化办学的功能，通过行业集团和区域集团把众多的学校、企业、科研院所等组织起来，通过集团优势实现教育供给侧和产业需求侧的有效对接和融合，避免职业院校培养出的学生找不到工作，找到工作的专业不对口，专业对口的技术技能赶不上的局面，也有效地使校企合作从单元合作迈向多元合作。

（3）在微观层面，首先树立校企协同育人观念，校企共同制订人才培养方案，共同参与教学活动，共同实施考核评价，合作企业参与人才培养的全过程，真正实现专业课程内容与职业标准对接，教学过程与生产过程对接，学历证书与职业资格证书对接。其次职业学校师生积极参与企业技术服务和科学研究，一方面将成果转化成有效的教学资源，培养学生创新能力，同时也将技术成果带给企业，共享和优化产学资源配置，助推企业转型升级。

总之，在宏观层面，要将高校的供给侧结构性改革与国家的产业结构需求深度融合；在中观层面，要将高校的转型发展与区域或行业的转型升级需求深度融合；在微观层面，将学校的课程质量提高与企业的岗位能力需求深度融合。在新能源汽车技能人才培养方面不外乎以上三个层面的协力合作。随着我国新能源汽车产业的发展，成立了国家和地方两级的新能源汽车产业联盟，教育部门于2015年新增了高等职业教育的新能源汽车技术专业，目前其产业联盟与教育部门已构建多维度多层次的沟通交流和合作机制，全国高职院校新开设新能源汽车专业数量连续三年排名第一，目前在全国高职院校中已有560所，积极应对汽车产业转型升级紧缺人才的需求。

3.4.2　创新产教融合运行机制

深化产教融合、校企合作，关键是要让行业部门、行业组织及企业能够共同参与职业教育规划、决策和实施，只有形成有效的产教融合运行机制，才能使教育和产业界将发展职业教育成为他们的共同目标、共同任务和共同使命。

（1）建立多主体的职业教育联合工作机制。

《国务院办公厅关于深化产教融合的若干意见》中提到：在国家层面加强组织领导，建立发展改革、教育、人力资源社会保障、财政、工业和信息化等部门密切配合，有关行业主管部门、国有资产监督管理部门积极参与的工作协调机制，相应的各级政府层面应建立由教育部门、人力资源部门以及发展改革委、省经信厅等经济相关部门共同制定职业教育指导政策和意见，并形成长效机制。充分发挥各行业教学指导委员会的功能，积极推进行业的相关产业和职业教育对话，推进行业部门及组织与教育部门共同制定专业标准以及相关政策措施，形成共同推进职业教育工作的长效机制。同时建立完善经济、劳动部门、行业组织以及企业与教育等相关部门共同组成的职业教育决策咨询机构，为职业教育法规、政策、规划的制定、实施提供咨询和建议。

（2）健全需求导向的人才培养结构调整机制。

加快推进职业教育“放管服”改革，注重发挥市场机制配置非基本公共教育资源作用，强化各行业就业市场对人才供给的有效调节。进一步完善相关部门协同行业定期发布产业发展规划和人才需求报告制度，促使高职院校主动对接产业行业发展新趋势，及时掌握产业人才需求，动态调整职业院校专业设置。新增产业人才需求量大的新专业，重构紧密对接产业链的专业群，淘汰产业发展不匹配、技术技能不适用、培养质量不高的专业，形成与产业链有需求、有衔接、有层次的职业教育专业体系。继续推进高职院校毕业生就业质量年度报告发布制度，注重发挥行业组织人才需求预测、用人单位职业能力评价作用，把市场供求比例、就业质量作为职业院校调整专业、培养规模的重要依据。严格实行高等职业教育专业预警和退出机制，引导职业院校对设置雷同、就业质量不高的专业，及时调减或停止招生。作为汽车专业学生培养的高职院校，紧密对接汽车产业链，依据产业需要、生源质量提升、学生体面就业和专业资源优化四个原则适时调整专业结构，加快构建与区域汽车产业相匹配的新能源汽车技术专业群。

（3）完善职业教育专业标准与规范研发机制。

国家教育部门引领行业职业教育教学指导委员会，对接产业和职业岗位，及时将新技术、新工艺、新规范纳入教学标准和教学内容，从而制订相应的专业标准、人才培养标准以及课程标准，推进由教育行政部门牵头，行业组织具体实施，开发新能源汽车职业教育相关标准及规范，形成产教融合专业标准与规范研发机制的常态化、长效化。同时职业教育培训评价组织出台新能源汽车典型工作岗位的职业技能标准，推出新能源汽车的职业技能等级证书，对新能源汽车人才培养起到强化、补充和拓展的功能，从而不断提高产业所需技术技能人才的培养质量。

（4）创新产教融合的校企合作体制机制。

校企合作主要是指学校和企业两个主体之间的合作，目前全国高职院校已有诸多的实践和探索，校企合作的办学模式形形式式、百花齐放。单从校企之间地位的视角看，有以学校为主体、企业为主导的合作办学模式，也有以校企为双主体的合作办学模式，甚至还有以企业为主体、学校为主导的模式。从校企合作的紧密程度视角看，有只限于订单班式人才培养的合作模式，有教学资源共享未涉及资金来往的合作模式，还有资源和资金都有来往的情况，甚者还有采用混合所有制的办学模式。但不管是何种合作模式，校企合作均离不开体制机制、人才培养、课程建设、教学改革、基地建设和队伍建设等六个维度的合作，下面着重介绍作者所在学院新能源汽车专业校企合作的具体做法。

一是校企共谋合作体制机制。校企合作的体制机制是解决校企间“两张皮”

问题的关键所在，只有合作的体制机制健全了、科学了，才能深化产教融合，促进产业链与教育链的有机衔接，才能使校企间沟通更加高效，才能使校企双方发挥更大的动能。根据杭州职业技术学院新能源汽车专业的经验和本人的深入研究，重点建立三个机制。一是建立校企双方互惠双赢的驱动机制，找到共赢点才能使校企双方合作有动力、可持续。如设立以企业冠名的相对稳定的产业学院，构建校企共同规划、共构组织、共同建设、共同管理、共享成果和共担风险的校企利益共同体（见图 3-1），产业学院实行的是理事会领导下的产业学院院长负责制，理事会理事长由企业领导担任。二是建立多层互动的运行机制，理事会负

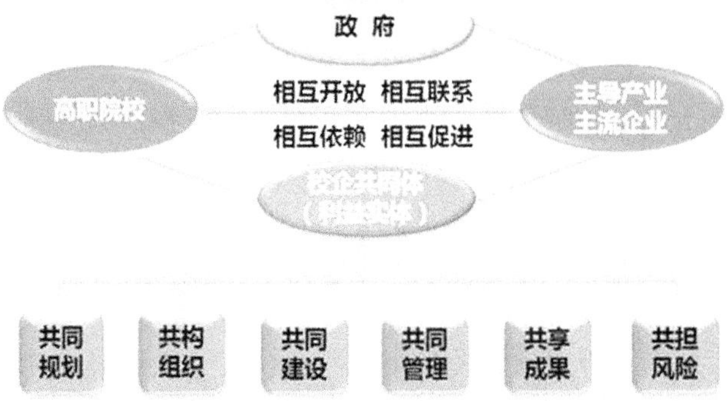

图 3-1　校企利益共同体架构

责产业学院的总体规划、专业建设、校企合作和文化建设，下层建立院长厂长联席会议制度，使学院的工作与企业始终同步，再下层是建立专业负责人车间主任联系制度，包括建立专业教师和企业工程师的课程对接制度等（见图 3-2）。三是建立多方助力的保障机制，如成立新能源汽车专业校企合作专家委员会，每半年召开一次的咨询会，保障校企合作健康发展。杭州职业技术学院与吉利汽车集团共建产业学院，紧紧围绕“人才培养、课程改革、技术研发、培训服务、师资培养和基地建设”六个层面的合作内容，研制贯穿全生命周期的、可复制推广的序列化操作标准，引领全国范围内的吉利产业学院校企合作规范运行。从组织架构、专业建设、资源共享、文化融合、师资培养、社会服务等方面制定共同体领导机制、专业共同体建设机制、资源共同体互助机制、文化共同体交融机制、师资共同体互补机制和产学研共同体融合机制，创新校企共同体体制机制，构建引

领全国吉利产业学院发展的“吉利路径”（见图 3-3）。

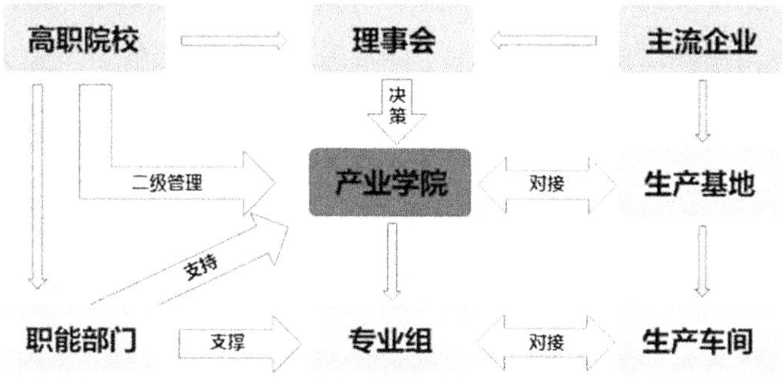

图 3-2　校企共同体下的产业学院运行机制

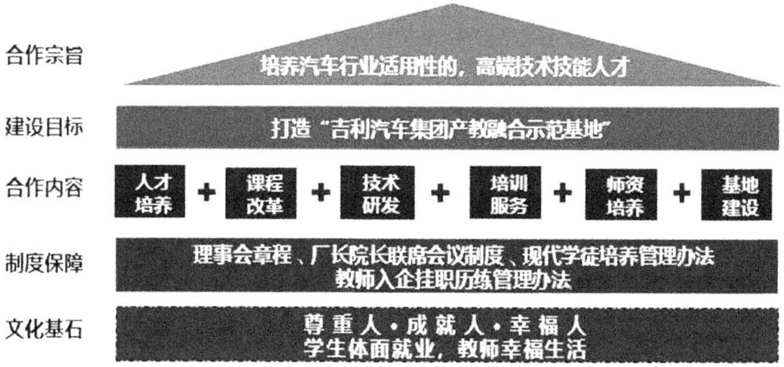

图 3-3　吉利汽车产业学院架构

二是校企共创人才培养模式。现代学徒制的人才培养模式是提升新能源汽车人才质量最有效的途径之一，现代学徒制是建立在产教深度融合基础上的，是借鉴德国“双元制”的教育模式。实施项目驱动、工学交替、半工半读的教育教学模式。实行企业招工与学校招生互相衔接，学生既是学校的学生又是企业的学徒，工作内容既是企业生产任务又是学校的教学内容，车间既是企业的生产基地又是学校的教室，师傅既是企业的职工又是学校的兼职教师，突出校企双主体育人、双师育人。真正做到教学内容项目化、教学实施个性化、教学形态多样化、教学考评弹性化和教学情境真实化，打破原来传统的课堂。同时校企双方一是要探求互惠双赢的利益驱动机制，学校、企业和学生三方设定利益目标，给企业带来优质急需的人才，为学校提升了专业教学质量，打造了专业品牌，从而促进学生体面就业。二是要构建有效的沟通协调机制，校企双方对“哪几个维度需沟通？什么地方沟通？沟通什么内容？”有明确、具体的制度。三是完善教学的课程开发机制，即是针对几门核心课程，形成课程开发的流程、课程内容的标准和课程实施的规定等。四是夯实师徒评价的质量保障机制，即推出师傅准入标准、学徒的标准、过程标准以及学徒出师标准等。作者所在学院与吉利汽车研究院的试制验证中心共同实施新能源汽车设计验证师培养计划，开展新能源汽车试制拔尖人才个性化培养，探索基于吉利大师班的现代学徒制人才培养创新模式，打造中国新能源汽车制造班组长摇篮。组建教师创新团队和工匠导师团队，采用“工匠导师引领、专任教师指导、校企联合培养”的形式，吉利工匠用“师父带徒弟”的方式招收学徒，通过手把手传、帮、带培养造就一批具有高超技艺、精湛技能和工匠精神的新能源汽车装配制造、汽车设计验证的高技能人才。

三是校企共构教学课程体系。人才培养的方向和规格是由课程体系决定的，如何培养出新能源汽车企业所急需的人才，课程体系起着决定性的作用。如课程体系是校企共同完成的，既会有效解决人才供给结构不合理的现象，也会提升学生就业的质量，因为企业培养的是自身最急需的人才，而学校考虑的是学生的体面就业和良好的声誉。校企如何构建课程体系，本人认为主要做好五个环节。一是专业定位，校企双方都要站在各自的立场进行充分的商榷，要平衡双方的诉求，通过博弈找到最佳点。二是岗位描述，专业定位好了，必须找到对应的岗位，明确岗位的工作领域。三是任务分析，对每项的工作领域进行工作任务分析，由几项具体的任务才能完成。四是能力定位，也即每一项任务需要哪些能力来支撑，找到能力点和相关素质点。五是课程固化，每一项专业能力和素质需要哪些课程来转化，根据这些课程构建该专业的课程体系，并形成新能源汽车技术专业人才的培养方案。课程体系开发的五个环节必须以企业岗位需求为导向，以企业为主体，对接岗位任务逐步转化为课程体系的渐进过程。学院邀请职教专家和吉利汽车研究院设计验证大师，联合开展新能源汽车技术专业“专家引领、大师指导”的工作任务分析会，提炼出新能源汽车制造技术专业“3 大工作领域、16 项工作任务和 71 个职业能力”，紧紧围绕 71 个职业能力开设 16 门课程，为后续该专业人才培养方案的制订提供依据，真正实现教学内容与岗位工作任务无缝对接。

四是校企共筑优质教学资源。校企共同收集、积累和开发新能源汽车教学资源，搭建来自新能源汽车企业一线技术技能的教学资源库。企业提供大量的真实生产的实际案例，提供新技术、新工艺和新规范，学校组织专业教师将其转化成线上线下多种形式的优质教学资源，使真实案例走进教材、步入课堂，从而取代原先以学科知识为主的教材，不断提升新能源汽车专业学生的教学质量，同时也增强了学校教师的专业能力。另一方面，企业可以共享优质的教学资源，将优质的教学资源作为员工培训的核心课程，大大提升企业内部自身的人才培养能力，有效的解决企业在转型升级过程中人才需求不足的现状。另外校企强强联合搭建新能源汽车技术专业培训中心，为区域的新能源汽车从业人员提供优质的培训服务，打造学校、企业培训品牌，增强行业的影响力和辐射力。

五是校企共建专业实训基地。实训基地是人才培养的重要保障，新能源汽车实训基地投入大，安全防范运行成本高。如学校只考虑教学建设新能源汽车技术实训基地，必然会遇到设备投入和日常运行成本高，安全隐患多，设备淘汰速度快等特点。因此校企共建、共享、共管新能源汽车实训基地才是应有之举，首先通过校企共享，可以提高实训基地的使用率；其次将提升实训基地先进性和真实性，并且还能得到及时维护和更新；最重要的是还能拓展社会服务功能服务，一是可提供信息服务、职业培训、技能鉴定和行业比赛等服务功能，二是拓展技术研发功能，为区域企业特别是中小微企业的技术研发和产品升级。学院与吉利共建新能源汽车协同创新中心，中心下设新能源汽车设计研发中心、新能源汽车技术专业实训中心、吉利新能源汽车体验中心。其中新能源汽车设计研发中心，以数智赋能汽车技术发展为思路，构建“一中心 X 平台”的中小微企业技术服务运行机制，设立吉利企业博士后科研流动工作站。新能源汽车技术专业实训中心建成国家级生产性的实训中心。将新能源汽车协同创新中心打造成集人才培养、技术研发、成果转化、培训服务、投资孵化于一体，设施设备全国一流的省级协同创新中心。

六是校企共铸双师教学团队。人才资源是第一资源，教师是新能源汽车专业人才培养的第一资源，有一支专业技术强、爱岗敬业的双师教学团队是专业人才培养的必要条件。作为一名新能源汽车技术专业的高校教师，不能从学校到学校，从学科到学科，必须不定期的下企业，了解企业的最先进的技术、工艺和设备，否则很快就被发展迅速的新能源汽车产业淘汰出局。另一方面学校要请合作企业的能工巧匠走上讲台，这是学校最好的师资，不仅能传授给学生鲜活的技术技能，而且还带给学生职业素养和企业文化。我院在建立深度融合的校企共同体的基础上，实现了校企双方的专业技术人员互评互聘机制，出台了《校企共享性专业团队建设与管理办法》《校企岗位互换管理办法》《高校教师下企业经历工程》《企业兼职教师教学能力提升工程》等。学院还依托吉利企业“双百工程”项目，通过 100 名企业讲师进院校，100 名学校教师入企挂职历练，实现师课资源深度融合，共同打造国家级高职院校新能源汽车双师培育基地。在面对新能源汽车产业人才紧缺的情况下，高校的师资更是一师难求，所以要在行动上重视人才、爱护人才，不断改善人才发展环境。只有这样，才能以不变应万变，用人才引领未来，用创新驱动发展。

3.4.3　夯实产教融合保障机制

《教育部等六部门关于印发〈职业学校校企合作促进办法〉的通知》（教职成〔2018〕1 号）提到：国务院相关部门和地方各级人民政府应当建立健全校企合作的促进支持政策、服务平台和保障机制。产教融合校企合作真正要落实政府推动、行业指导、校企主导、学校企业双主体实施的合作机制，没有相应的组织保障、政策保障和服务保障机制是很难落地和可持续发展的。

（1）构建组织保障机制。

《国务院办公厅关于深化产教融合的若干意见》中已提出：加强组织领导，建立发展改革、教育、人力资源社会保障、财政、工业和信息化等部门密切配合，有关行业主管部门、国有资产监督管理部门积极参与的工作协调机制，加强协同联动，推进工作落实。各省级人民政府要结合本地实际制定具体实施办法。在国家、省两级政府的推动下，目前教育行政部门、人社保障部门和各产业有关的经济部门形成合力，共同推出举措、制订政策、下发文件和落地实施，为产教融合、校企合作提供强有力的组织保障。在行业层面，国家、省两级均建立了产业联盟，全国新能源汽车产业联盟和各省的新能源汽车产业联盟，联盟不仅助推产业又好又快的发展，而且也推动了产学研合作，对产教融合、校企合作进行有针对性的指导。在职业院校层面，新增产学合作组织机构，充分发挥学校内部各专业校企合作中的指导、联系、管理、监督和服务等职能，大大的提升高职院校产教融合、校企合作的效能。

（2）出台政策保障机制。

近年来，国家层面陆续出台了诸多的促进产教融合的相关文件，这些文件中均相继推出相关激励和鼓励校企合作的政策。具体主要有以下几个方面：一是积极推进产教融合建设试点项目。国家在“十三五”期间，支持中高职业院校加强校企合作，推出院校内“校中厂”建设，在企业中“厂中校”的建设，加强校企合作实训环境、平台和硬件建设。近期政府支持一部分的城市、行业和企业开展产教融合型城市、行业和企业的试点。特别是国家发改委、教育部联合发文《关于印发建设产教融合型企业实施办法的通知》，最大程度鼓励企业主动参与校企合作，在职业院校办学和深化教学改革中发挥重要的主体作用，进入产教融合型企业认证目录的企业相关的优惠政策。二是落实职业院校放的相关激励政策。2018 年六部委联合发文《职业学校校企合作促进办法》，推出 34 项职业学校校企合作的促进办法，对学校、企业、教师和学生等均提出了相关的激励措施。该办法明确职业院校参与区域企业培训服务和技术服务，明确职业院校科研人员为中小微企业技术服务的横向经费以及依法取得的科技成果转化奖励收入不纳入绩效工资，不纳入单位工资总额基数。明确校企间实行现代学徒制培养的，给予相应招生计划、学籍管理等方面的倾斜和支持。进一步明确参与企业一线工作经历的职业院校的教师在评聘和晋升职务等方面给予倾斜和优先；切实保障实习学生的劳动权益，建立健全学生实习强制保险制度。三是切实激励企业参与校企合作，如列入产教融合型的企业给予“金融+财政+土地+信用”的组合式激励。国家鼓励金融机构按照风险可控、商业可持续原则支持产教融合型企业的建设；各级税务部门、财政要把深化产教融合作为落实结构性减税政策，推进降成本、补短板的重要举措，落实社会力量举办教育有关财税政策，积极支持职业教育发展和企业参与办学。该办法还明确：“试点企业兴办职业教育的投资符合条件的，可按投资额一定比例抵免该企业当年应缴教育费附加和地方教育附加。企业因接收学生实习所实际发生的与取得收入有关的合理支出，以及企业发生的职工教育经费支出，依法在计算应纳税所得额时扣除”等。

（3）搭建平台保障机制。

《职业学校校企合作促进办法》中明确指出国家相关部门和地方政府要建立健全校企合作的保障机制，进一步促进校企合作服务平台的建设。教育、人社等国家部门，牵头搭建产教融合信息服务平台，提供、指导校企双方在产教融合过程中的各项政策相关信息。行业主管部门和行业组织根据行业自身特点，组织和指导企业提出校企合作的愿景和具体需求，提供科学的支持和引导，不断推进校企合作。鼓励相关部门、行业组织和企业推进校企合作信息化平台建设，依托平台一方面采集区域和产业人才需求、技术研发、技能提升和培训服务等各类企业的供需信息，另一方面区域职业院校发布学校的专业设置、毕业生信息、实训基地、研发中心和培训项目等相关资讯。通过信息平台还可以及时发现职业学校校企合作过程中的问题和不足，监督和指导企业开展校企合作，推广效果明显的模式和做法，并对产教融合型企业的评选提供有力的数据支撑。再者全社会要营造重视产教融合的氛围，做好大国工匠的舆论和宣传，让全社会重视职业教育、珍视一线工匠，加快收入分配、企业用人制度以及职业学校的配套改革，引导形成职业学校主动服务区域经济社会发展、企业重视“投资于人”的普遍共识，积极营造全社会充分理解、积极支持、主动参与产教融合的良好氛围。

3.4.4　完善产教融合评价机制

由于产教融合面向的主体广、层级多，将上面提到的相关校企合作激励政策切实落地，如没有相应的考核和评价机制是很难做到的。因此国家层面在出台相关激励政策的同时，也对各级政府、相关部门、行业组织、企业和学校提出了具有针对性的考核和评价措施。作为产教融合直接受益者企业和学校来说，自身内部也应出台基于参与产教融合方面工作的考核和评价，力求取得产教融合带来的最大红利。

首先在《职业学校企业合作促进办法》中明确提到：各级人民政府教育督导委员会负责对职业院校、政府落实校企合作职责的情况进行专项督导，并定期发布督导报告。各级教育部门与相关部门会同行业组织，对区域所属企业进行校企合作的指导、监督以及评价，积极推广好的做法和品牌，并将企业参与校企合作的情况，作为产教融合型企业及服务型制造示范企业评选的重要指标，也作为企业享受“金融+财政+土地+信用”的组合式激励等政策的重要依据。教育和人社部门对职业院校开展校企合作的指导、监督和考核，将校企合作的情况作为职业院校办学业绩、水平、特色和工作目标考核的重要依据，也是当前教育部推荐职业院校双高校建设单位的重要指标之一。

其次在职业院校为顺应产教融合校企合作，深化内部改革，增设产学合作职能部门，专门指导、组织、协调、监督和考核各教学单位以及各专业在校企合作方面的工作。将专业教师深入合作企业的生产一线、聘请企业技术人员为兼职教师作为师资考评的重要内容。注重提升合作企业毕业生留用率和满意度，为企业培训服务、技术服务和成果转化作为教学单位或专业建设的年度目标考核的重要指标。

第 4 章　创新人才培养协同机制

为了满足社会日益增多的岗位需求，我国高等职业院校加大了扩招力度，力求为国家和社会培养一大批高素质技术技能人才，缓解部分岗位人才缺口日益扩大的趋势。特别是近年来，我国职业教育在创新人才培养模式，变革教育发展目标和途径等方面投入了大量精力，取得了一些显著的成效，但是从整体上来看，新时期我国还有许多职业院校没有践行校企协同、科学和合理的人才培养模式。因此，加快探索适应于新时代校企协同的人才培养模式具有重要意义。

4.1　人才培养机制综述

随着社会经济的高速发展及产业结构调整的不断深入，创新型、复合型及应用型人才成为劳动力市场的新宠，且需求日益增加。然而，当前我国高等教育多为精英教育，虽然其发展规模显著提升，甚至位于世界前列，但其人才培养尤其是复合型、应用型人才的培养仍未能满足产业结构调整、升级的要求。国外职业教育人才培养模式，比如：德国的“双元制”模式、澳大利亚的“TAFE”、英国的“学徒制”教学模式、加拿大的“能力为本”模式、美国的“社区学院”等。结合我国国情实际，目前高职院校新能源汽车技术技能人才培养主要有现代学徒制、产学研深度融合、“1+X”证书融入制度等三类人才培养模式。

现代学徒制是经济社会高速发展的产物，是传统现场学习同高职教育融合后的育人模式[19]，我国提出“一带一路”倡议和“中国制造 2025”等国家战略迫切需要大批技术技能型人才支撑，但我国现代学徒制处于起步阶段，还存在很多问题，比如学校在现代学徒制中扮演着“一头热”的角色，学生在企业学习中态度懒散，没有达到预期的效果，现代学徒仅仅停留于形式上，然而西方现代学徒制的成功引发了我们思考。现代学徒制是传统学徒制度与学校教育制度的结合体，它吸收了传统学徒制度“边看、边干、边学”的现场学习优势和学校教育制度“系统、高效”的人才培养优势，有效解决理论与实践分离、学习与就业脱节的问题，其最大好处在于节约了教育培训成本，提升了劳动力技能素质。

产学研合作在我国经历了30多年的发展，在经济发展新常态下，产学研成为高校为地方建设、社会发展提供支持的重要力量。纵观全球，产学研合作是国外科学研究与教育的高度融合，取得了丰硕的成果。产学研合作极大地推动了我国的技术创新，但目前高校、科研院所在与企业进行的产学研合作中仍存在诸多问题，这些问题成为制约校企产学研深度融合的一大瓶颈，严重影响了我国产学研合作的深入开展以及创新能力的提高。科研竞赛活动与地区企业人才需求相结合，并将专业建设改革和振兴区域经济相结合，在新常态经济下毕业生高质量就业与区域经济体系人才供给侧结构性改革相结合，为构建区域产学研合作体系中创新人才培养路径研究提供可靠依据。

2019年国务院印发的《国家职业教育改革实施方案》提出了“1+X”证书制度，鼓励学生除获得学历证书外，积极考取职业技能等级证书。高职汽车类专业针对“1+X”证书制度的人才培养模式尚处摸索阶段，急需院校结合专业实际，为培养多能、多岗、多证的新时代“1+X”工匠人才，构建适合的人才培养模式。为适应当前高职教育的变革和发展，满足“1+X”证书制度的迫切需求，提升人才培养质量，结合师资配置和学情，将课程与岗位、证书、竞赛三者融合，贯穿于人才培养全过程，提出“1+X”证书融入人才培养模式的新机制。

4.2 基于“现代学徒制”的人才培养模式

现代学徒制人才培养模式通过学校与汽车维修企业双元主体的深度合作实现了管理融合和产教融合形成了学校的办学特色。管理融合是指对学生的管理实现学校管理与企业管理的融合，学生在校学习期间按照学生管理制度要求，进行校园规范化管理进行校内考核；在企业实训期间，按照企业员工管理制度要求对学生按学徒身份进行企业规范化管理进行企业考核，突出企业的主体地位，学生能够逐步了解，适应企业的工作环境，适应企业的管理方式和要求，并在毕业顶岗时能够完成从学生至员工的身份转换。

4.2.1　现代学徒制的概述

学徒制是一种在实际工作过程中，以师傅的言传身教为主要形式的职业技能，传授形式即手把手教。现代学徒制人才培养模式下学生同时有企业、学徒身份，其主要特征：一是招工即招生学生即是企业员工，二是校企共同负责培养。

现代学徒制既区别于传统学徒制的单向技能传授，又继承了传统学徒制中师傅对徒弟言传身教的教育方式。[20]现代学徒制能够将学校和企业有效融合，使行业企业参与到人才培养的全过程中，有利于教学内容与职业标准相对接，提高人才培养的针对性、专业性。现代学徒制是采用“学校企业协同育人、学生学徒双重身份、教师师傅联合执教”的一种新型人才培养模式。现代学徒制的核心理念是“做中学，学中做”，让学生在理论教育中掌握实践技能，在实践操作中夯实理论知识，工学交替、训教一体的育人模式保障了学生“职业认知、岗位技能、职业素养”的规范提升，实现了全新的校企合作培养路径，有质量地培养出理论知识扎实、实践技能过硬的高技能型人才。

校企共同制订培养方案、共同实施人才培养、将学校和企业两种不同的教育环境和教育资源优化组合，各司其职、各负其责、各专所长、分工合作，从而共同完成对学生（员工）的培养。这种培养模式不仅能够实现专业设置与产业需求对接，也同时能够实现课程内容与职业标准对接、教学过程与生产过程对接，毕业证书与职业资格证书对接育与终身学习对接真正体现职业教育的就业导向原则，在校企合作中推行现代学徒制能够更好地促进学工结合，学工结合体现为学生学什么 、做什么 、做什么，学什么这就要求学校在专业设置上必须根据企业对人才的需求和学工结合来定位；在课程设置上根据企业岗位对知识和技能的需求来开设课程成岗位技能的知识作为课程内容。在现代学徒制中学校教师重在培养学生的基础素养和基本技能，企业师傅重在培养学生的岗位职业素养和专业技能，教师和企业师傅 合起来就是现代学徒制中师傅对徒弟的完整指导与培养，也就是说学生在教师和企业师傅的完整指导下，不断提高专业理论知识水平、专业技能水平形成岗位职业素养，从而达到企业要求的人才标准，提高就业能力。

4.2.2 现代学徒制人才培养模式要素

（1）“学校+企业”共同联动。

学校与现代学徒制合作企业共同组建由学校领导、教学副院长、专业负责人、企业负责人、师傅等组成的实施小组，成员间分工合作、各司其职，共同完成校企合作项目中人才培养方案制订、教学实施及监督、专业课程建设、教学内容改革、企业师傅考核、学生学业评价等各环节的工作。专业负责人、企业领导在项目实施过程中发挥着重要的监督作用。

（2）签协议、明职责。

校、企、生，三方坚持“服务企业发展，塑造专业品牌，推动学生就业，追求校企生三方满意”的指导思想，恪守“互惠互利、三方共赢、协同发展”的基本原则，签订三方协议，明确界定学校、企业、学生三方的权利和义务。明确企业应参与招生，推进招生招工一体化；企业应积极配合学校共同研制现代学徒制项目的人才培养方案，委派技术骨干担任学生导师，积极参与学生技能教学和学业评价；要遵循教育规律，最大程度地保证教师和学生到企业跟岗学习的时间和效果；根据实际情况按规定给予实习学生一定的劳动报酬等。要求家长配合学校做好学生的思想工作，积极引导并支持学生到企业进行实践，形成正确的就业观。学生要按照学校和企业共同制订的培养方案，积极参加学习和实习；自觉遵守学校和企业的规章制度，履行相应的职责，特别是在企业实习期间要遵守企业的安全生产制度。

（3）建规章、保执行。

要确保项目顺利进行，就一定要做到规章先行、制度先行。为此，校企双方联合制订了现代学徒制项目实施方案，现代学徒制学校、企业、家长三方协议，现代学徒制师傅与学徒协议，企业师傅工作职责，学生实习管理制度，安全措施与违纪处理办法，现代学徒制第三方评价考核办法等多项规章制度。建立监督机制，确保各方严格按照规章制度执行。

（4）“学校+企业+毕业生”构建工学交替的专业课程体系。

学校会同合作企业的领导、师傅及优秀毕业生一起探讨、制订和完善现代学徒制项目人才培养方案。根据“企业用人需求与岗位标准”来设置课程，建成

“文化课+专业课+企业文化课程+核心项目实训课程”为主要特征的适合现代学徒制的课程体系。其中，企业文化课程和核心项目实训课程完全按照企业需求，由企业技术骨干和学校专业教师共同开发并实施教学，保证学生毕业后进入企业就能真正参与生产，为企业带来效益。

（5）“学校+企业”共同开发基于岗位标准的项目教学特色教材。

现代学徒制是以契合企业用人需求与岗位标准为教学目标的，教学内容应充分结合企业生产需要。校企双方联合提炼出企业生产必不可少的人文项目、技能项目，校企联合开发既满足企业需求又符合职业教育规律的项目教学校本教材。

（6）“学习+生产”“学校+企业”工学交替的教学模式。

为充分发挥“前厂后校”的优势，在教学安排中，我校采用的模式是：第 1 学期每周安排 2 个下午的时间由企业师傅进课堂对学生进行专题教学（包括安全生产、职业道德、职业素养、企业文化、企业规章制度等），同时辅以企业见习；第 2、3 学期每周安排 3 个下午由企业师傅进学校实训车间对学生进行专题教学；第 4 学期每天下午组织学生到企业开展“项目实训”和“轮岗实训”的生产实习；到了三年级，安排学生到企业进行“顶岗实习”，企业师傅全程指导。经过实践，这种工学交替的教学模式获得了良好的教学效果。

（7）“学校+企业+学生+社会”四方评价。

企业全程参与现代学徒制项目班级的德育和专业教学，指定企业领导担任副班主任，派遣技术骨干担任兼职教师，共同实施学校教学及企业实践教学。学生在校学习期间，具有学生和企业员工的双重身份，需接受学校和企业的双重管理。我们建立了基于现代学徒制的多方综合评价模式，包括学生自我评价、学校评价、企业评价，以及依托人社部门职业技能鉴定中心对学生技能进行评价，以此来监督校、企、生三方，保证办学质量。学生在毕业时可同时获得学历证书和技能等级证书，成为具有一定技术等级的产业工人。

4.2.3　完善现代学徒制杭职模式人才培养

通过校企合作共同制订人才培养方案，共同建设专业课程，共享教学资源，共同组织教育教学，共同建设师资队伍，共同实现管理与考核评价，进一步深化校企合作的内涵和范畴，有助于学生综合职业能力的培养、“双师型”教师队伍的实践锻炼和人才培养质量的全面提高。结合传统汽车维修专业的人才培养模式，形成“校内技能递进培养、校外顶岗轮动提升”的现代学徒制人才培养模式。在校内分阶段对学生技能进行培养，根据学生认知规律，由易到难，由低到高，由基础到核心，达到技能的递进提升；经过前期校内培养后，利用学制最后一年到校外企业进行跟岗实习和顶岗实习，按照企业标准进行管理，并通过专业领域间的岗位互换实践锻炼来达到学生全面发展、零距离就业的培养目标。

根据企业汽车岗位人才的需求情况，结合高等职业教育层次，合理科学制定人才培养规格。与行业内实力雄厚的汽车制造企业吉利集团合作，以共建新能源汽车协同创新中心为基础，以落实现代学徒制杭职模式“四个机制”为目标，以学生职业兴趣为根本，创新现代学徒制人才培养机制，完善现代学徒制杭职模式“四个机制”。

（1）探求企业、学校和学生三方的利益驱动机制。

最大程度使企业获得优质的人力资源，实现技能替代与传承，增强企业核心竞争力，使学校能提高人才培养质量，获得优质办学资源，使学生能尽快提高技术技能，有较好的工资待遇与良好的生涯发展前景。

（2）完善三方的沟通协调机制。

根据现代学徒培养要求，校企共同搭建决策层、管理层和执行层三层面的沟通协调平台，明确现代学徒人才培养定位，共同制订人才培养方案，确保学校和企业能够及时共同解决学徒培养过程中遇到的问题，学徒的教育和教学采用双班主任和双导师制，做到学生沟通无死角。

（3）夯实校企双方的课程开发机制。

校企联合开发以工作过程为导向的现代学徒制专业课程体系，以培养就业竞争能力和职业发展能力为目标，根据行业领域和职业行动能力的要求，参照相关的职业资格标准，与企业共同开发符合职业能力发展的岗位性课程。

（4）创新学徒质量保障机制。

通过学生评价、教师评价、师傅评价、企业评价四个方面全方位考核学徒的学习情况，并遵循过程考核与结果考核相结合的原则，采取理论考试、实际操作和答辩等多种形式，制定相关岗位学徒出师标准，并对师傅进行等级考核评定。

4.2.4 创新汽车“设计验证师”拔尖人才现代学徒制人才培养模式

依托吉利汽车研究院，以企业为主体，以“成蝶计划”现代学徒制的实践为基础，开展汽车“设计验证师”拔尖人才现代学徒制培养；以岗位需求为导向，职教专家引领、企业大师参与，对研究院试制中心“设计验证师”岗位进行工作任务分析，根据任务分析情况明确汽车“设计验证师”高职教育课程体系，最终形成现代学徒制的人才培养方案（杭职 2021 级汽车制造与实验技术专业人才培养方案（三校生））①；以吉利汽车研究院的智能制造工业 4.0 企业资源，三年内完成汽车“设计验证师”拔尖人才育成的关键步骤；以验证岗位任务为导向，结合岗位实际案例、企业员工培训内容为核心，构建汽车“设计验证师”拔尖人才的核心课程、教学资源库。以吉利汽车智能制造技术、吉利改善案例为亮点，申报培养拔尖人才的新形态教材入选省级以上职业教育规划教材。带领学生参与“互联网+”和“挑战杯”创新创效竞赛项目力争获得突破。

（1）基于吉利汽车“设计验证师”岗位精准互选拔尖人才。

邀请吉利集团研究院人事部和杭州湾基地人事部宣讲吉利汽车研究院和基地的发展现状和职业前景，将要入职岗位吉利汽车“设计验证师”的能力要求，确保有职业认同感的学生能够明晰将来自身的职业方向。通过面试和心理测试环节，签订《浙江吉利控股集团杭州职业技术学院汽车“设计验证师”培养三方协议》，明确学生的后期作为“拔尖人才”培养的责任、权利和义务。

（2）创新汽车“设计验证师”拔尖人才现代学徒制培养模式。

吉利汽车集团是我国汽车自主品牌中的龙头企业，吉利汽车研究院的汽车设计验证师岗位技术要求高、技能要求强，研究生或本科学历毕业生技能方面偏弱，而且也不愿意长期工作在该岗位。因此研究院试制中心与我院共同以师带徒的方式开展“设计验证师”拔尖人才培养项目，招收水平较高的高职学院汽车制造类的大三学生，精准培养研究院紧缺的汽车设计验证岗位。该培养项目大大提升了人才培养规格，由原来的“见习工艺技术员”岗位升级为汽车“设计验证师”岗位。为确保拔尖人才培养质量，教学创新团队积极落实现代学徒制杭职模式“四个机制”，出台和实施 14 项管理办法，创新汽车“设计验证师”拔尖

① 限于篇幅，方案具体内容请扫描章末二维码下载浏览。

人才现代学徒制培养模式。

（3）以吉利工业4.0资源为依托，育成首批汽车“设计验证师”拔尖人才。

已经入选汽车“设计验证师”拔尖人才培养的汽制专业31名学生，将由吉利汽车（杭州湾）研发中心试制中心的25位技能大师带领，学生以吉利汽车集团“准员工”的身份在吉利研究院学习，开展泛在学习方式。重点学习吉利集团工业4.0制造战略下实现汽车设计验证中的“双胞胎”仿真技术和远程工程验证、测试验证技术。企业和学校将按照出台的14项管理办法来对其进行管理和要求，帮助学生尽快融入企业的工作氛围，实施学生、员工的一体化管理，将实现课程与顶岗实习的工学交替培养，构建学生和员工一体化的“岗位型”实习模式。完成三年的师带徒培养，通过教学实训、职业等级考证、技能鉴定、储备人才入库等的吉利研究院考核的关键步骤，结合吉利企业“1+X”技能等级考证模式，按照出师的规范《“汽车设计验证师培养计划”岗位技能评价》和吉利企业的星级员工考核标准的要求，最终成为吉利研究院的合格员工。

（4）以现代信息技术为支撑，建设培养拔尖人才的新形态教材。

首先建立专业“汽车设计验证师”教学指导委员会。在委员会的指导下，针对需要在校完成的教学内容，充分依托吉利在线课程《吉时学》资源、“大师工匠案例”和71项岗位能力分析等资源逐步完成浙江省精品在线开放课程专业核心课程建设和申报。开发基于吉利改善案例培养拔尖人才的新形态教材入选省级以上职业教育规划教材；从而实现教材和教法的改革，保证后期学生学习过程中“泛在学习”模式的实现基础。

（5）以吉利智造技术为亮点，参与浙江省学生创新项目比赛。

结合吉利汽车智能制造技术亮点：汽车设计验证中的“双胞胎”仿真技术和远程工程验证测试实现以及虚拟性能开发验证，利用本岗位改善优秀案例作为依据，带领该项目学员参与“互联网+”创新创效竞赛项目和“挑战杯”创新创效竞赛项目，以赛促学不断提升学员的岗位创新能力。

4.3 基于“产学研”深度融合的人才培养模式

高职教育产学研合作人才培养是我国劳动力素质提高及高职教育可持续发展

的重要条件，产学研合作对高职院校教育质量及发展具有重要意义，高职院校产学研合作人才培养方式具有主体的多元化特点，人才培养主体不同，其培养过程及方式也存在差异，而多元主体的合作则形成了比较完备的体系。

产学研合作在我国经历了 30 多年的发展，在经济发展新常态下，产学研成为高校为地方建设、社会发展提供支持的重要力量。纵观全球，产学研合作是国外科学研究与教育的高度融合，取得了丰硕的成果，国内高职院校、企业也在产学研合作中不断摸索经验，但也透露出许多问题，比如高职院校校企产学研深度融合面临着政府缺位、合作单位认识偏差、院校自身存在局限性等主要困境，这些问题成为制约校企产学研深度融合进行人才培养的一大瓶颈。

4.3.1　"产学研"合作人才培养综述

产学研合作是指企业、政府、知识生产机构、中介机构和用户等多个创新主体，为了实现重大科技创新而开展的大跨度整合的创新组织模式[21]。目前国内外在产学研协同创新方面做了很多研究和实践，如美国斯坦福大学最早提出了产学研技术联盟模式，即"硅谷模式"，使科研创新和成果转化效率得到很大提高。Markus Perkmann 和 Andy Neely 通过显示产学研协同不同阶段过程、输入输出、技术活动因素的成功路线图，分析评估产学研协同成果[22]。吴卫红等提出了"政产学研用资"多元主体协同创新三三螺旋模式[23]。

高职院校、政府、企业、科研单位及非营利性组织等是产学研合作人才培养活动的参与主体，其中科研单位、高职院校、企业等为直接参与性主体，且享用人才培养的成果，而政府、金融机构等为非直接参与主体，其是从资金、政策等方面给予指导和支持。由此可见，高职院校产学研合作人才培养活动中企业、高职院校及科研单位等是参与主体，共同构成了产学研人才培养活动的核心网络，而金融机构及政府等则是其网络的辅助层，并连接核心网络的各个节点，向其提供强有力的支持。政府部门在产学研合作人才培养中发挥导向作用，而金融机构则从资金方面，保障了该合作网络发展的经济活力及动力。

产学研合作人才培养活动参与主体比较多，主体间的关系是互相合作共赢的关系。培养应用型、创新型及复合型人才是其共同目的。然而，具有创新能力及创新精神人才的培养需要重点培养学生的主观能动性，使学生能够在内在动机驱动下进行主动学习，推动学习效果的提高。当然，若要实现这些需要强化各参与主体间的合作，构建人才培养的系统化机制，形成系统化的人才培养理念，充分融合社会、企业、高职院校等资源，构建能够满足学生自我成长、自我实现及归属感需求的学习环境，尊重个体成长差异，从学习的进度、内容、方向和方式上给予其充分自主的空间，并满足其自主需求。《职业教育要义》一书认为，在激发学生内在学习动机的过程中，还应构建满足其个性成长需求的多种资源库，利用学习能力和任务难度匹配的科学性来强化学生的自我效能。同时，还应利用现代信息技术和新媒体平台来构建个性化的实践锻炼及学习辅导平台，充分关注学生的成长并提供辅导支持，以形成更加符合人才培养及成长规律的人才培养机制。

当然，产学研合作人才培养需要高职院校、企业、政府、金融机构及其他非营利性组织等多元主体共同参与，利用科学化的实训实习方案有效联合各种资源，为学生实践提供权威、科学的支持，从心理角度、实践技能评估的权威性上、认证体系的规范性及督导等方面给予全方位的支持。此外，高职院校及企业等直接参与主体应充分利用大数据技术，构建人工辅导+人工智能式的个性化学习辅导机制，关注学生的个性辅导需求。这种辅导应以激发学生学习动力和稳定状态等情感支持为主，利用“人工+智能”的互动方式强化与学生的交流沟通，以有效满足学生的需求。在个性化辅导机制中要确保参与主体的多元化，分层次、市场化地为学生提供丰富的学习指导。

4.3.2 “产学研”深度融合的主要困境

(1) 政府未能发挥对校企产学研深度融合的有效引导作用。[24]

回顾欧美发达国家校企产学研的发展过程，可以看到政府扮演着重要的角色，为校企产学研合作提供资金支持，协调各个组织的工作，完善相关保障制度。然而，在我国大部分高职院校与企业产学研合作中，地方政府没有出台资金、税收等方面优惠政策，也没有完善关于知识产权保护方面的法律法规，双方合作大多依靠协议、合同进行，导致高职院校与企业在产学研合作中出现了不少问题。从现有的法律法规来看，虽然有内容涉及了校企产学研合作，但内容缺乏系统性与一致性，容易产生歧义，不利于校企产学研合作有序进行。[25]从国内的行政体系来看，政府部门的行政体系大多为分割型的，不利于不同类型企业与高职院校之间的沟通，也阻碍了二者与科研机构的交流。从科技体制来看，在经济发展新常态的背景下，大中型企业纷纷向现代企业管理模式转变。然而，现有的科技体制已经不适用于经济体制改革现状，在地方政府的制约下，企业的科研活动仍难以摆脱地方政府的影响，所拥有的自主决策权较少。整体来看，政府在校企产学研合作中没有充分发挥职能作用，缺乏服务意识，未能发挥对校企产学研深度融合的有效引导作用。[8]

(2) 合作单位认识偏差，参与校企产学研深度融合的积极性不高。[24]

企业的合作是在利益的基础上进行的，相比于人才培养，多数企业更看重的是合作项目能否带来可观的收益。因此，企业在选择合作项目时，比较关注投入少、时间短、变现快的科技研发项目，对需要花费较多时间与精力的科研、人才培养项目不够重视。部分企业对高职院校不够了解，认为与高职院校合作不能够提高企业的技术水平，对合作培养创新型技术人才缺乏长远的眼光，合作投资意愿较低。在校企产学研合作过程中，企业更关注技术创新与科研成果转化等内容，对前来企业顶岗实习、技能学习的学生不够重视，工作、人员安排往往具有随意性。不少合作企业为了争取政府的资金支持参与产学研合作，双方合作往往停留于表面，企业与高职院校之间缺乏技术、人才方面的深入合作。

(3) 院校自身存在局限性，难以适应校企产学研深度融合的步伐。[24]

首先，高职院校承担着培养高素质、高质量、专业性、应用型人才的历史使命。但从实际情况来看，不少高职院校没有认清自己的发展定位，对特色专业与重点学科认识不清，盲目地追求本科院校的办学模式，盲目设置专业与课程，专业课程体系“华而不实”，专业教学重理论、轻实践，与特色化、差异化的办学要求相悖，没有形成自己的办学特色。其次，高职院校合作思路不清晰，合作定位不明。部分高职院校仅仅将校企产学研合作视为科研成果转化，将科研活动、人才培养相互割裂，没有认识到产学研合作对创新型人才、应用型人才培养的作用。部分已开展产学研合作教育的高职院校忽视了全面育人，强调单一专业技能的培养，对学生综合能力、创新能力的培养没有具体的目标。再次，高职院校科研成果转化的意识不强，且缺少相关法律保护。目前，高职院校办学质量的评定很大程度上是根据学校的论文数量与质量、高职毕业生的就业率等，教师职称的评定也大多数依靠论文评定、课题研究等。因此，很多高职院校与教师基本不会考虑到科研成果转化，人才培养模式也并未与区域经济发展、产业结构调整紧密结合，普遍缺乏市场经济认识。现阶段，我国法律体系尚未完善，部分市场经济活动缺少法律制度的制约。高职院校校企产学研合作的科研成果在转化过程中容易出现知识产权等法律问题，校企合作过程中技术转让、成果转化缺乏明确的法律规定，比较容易引发道德风险、市场风险与管理风险，例如合作过程中人员权责不清、难以追责等一系列问题，造成企业参与校企产学研合作的意愿较低。最后，高职院校缺乏资金也是影响校企产学研合作的重要因素。高等院校的办学经费主要来自于学费收入、经营收入等，相比于本科院校，高职院校的资金来源、融资渠道比较单一。[9]而产学研在前期需要投入的资金数额较大，科研资金的来源、教师科研经费的保障等都是高职院校必须要解决的问题。高职院校每年获得的财政拨款数额有限，也没有大量的社会捐赠，缺乏雄厚资金的支持，难以适应校企产学研深度融合的步伐。[28]

4.3.3 “产学研”深度融合的人才培养路径

(1) 以三重螺旋理论为指导，积极寻求地方政府的支持。[24]

在三重螺旋理论下，学校、企业、政府以某一需求为纽带，在结构性组织安排的基础上强化信息共享，实现地方资源的高效利用。在产学研合作过程中，以三重螺旋理论为指导，政府不再置身事外，而是积极融入校企产学研合作中，积极协调，企业、学校、政府三者之间相互渗透，可以使参与各方的潜力进一步发挥出来。从政府角度来看，在高职院校积极谋求政府支持时，政府应该认识到高职院校产学研合作面临的风险与问题，发挥政府的职能作用，为高校院校产学研合作提供良好的环境。首先，政府应该合理干预，打通多渠道融资机制。政府部门应该积极寻求多元化的投资主体，多方筹集资金，成立产学研合作专项资金，加强对专项资金流向的跟踪，进一步缓解高职院校产学研合作的资金压力。其次，政府应该通过政策提高企业参与产学研合作的积极性。企业经营管理不可或缺的要素是资金与人才，政府可以出台对应的财税优惠政策，企业通过校企合作引进人才可以享受税收优惠政策，可以极大地调动企业参与产学研合作的积极性，也可以在一定程度上解决高职院校资金紧缺的问题。最后，政府还应该建立健全法律体系，进一步完善关于校企合作过程中技术转让、成果转化、知识产权保护等方面的法律法规，使高职院校、企业 在产学研合作中的合法权益都可以得到保护。在比较完善的法律法规体制下，高职院校与企业以契约形式建立的合作关系可以在一定程度上解决合作过程中人员权责不清、难以追责等一系列问题，有利于高职院校与企业的长远合作。

(2) 瞄准地方经济发展动向，全面引入地方可合作资源。[6]

第一，以院校为中心，充分挖掘学校所在地的区域优势。人才是提升校企产学研合作水平的要素之一，高职院校要以自身办学特色为基础，瞄准区域经济发展动态，提高高职院校人才培养质量，使高职院校人才培养与区域经济发展相适应。高职院校要进一步挖掘所在地的区域特色，建设特色专业与学科，紧紧抓住学科建设这一关键点，以区域特色为标准，构建有实力的学科群。高职院校要增强对企业的吸引力，其人才培养模式必须以满足当地企业发展以及区域经济发展需求为目的。高职院校在设置专业与招生过程中，应该将产业需求纳入考虑范围内，专业设置要以地方经济建设需求为依据，以产业需求为导向。在申请科研项目过程中，高职院校要避免以科研经费为导向、盲目进行课题立项，更要重视立项后的科研活动与成果转化，减少科研经费的浪费。第二，以目标为导向，有效实现校企需求的完美对接。高职院校需要改变传统的课程理念，积极推动单一技能型人才培养向本土综合型、应用型人才培养转变。例如，高职院校可以定期组织学术讨论会议，组织学科带头人、教师讨论最新的学术成果，及时讨论与分享优质资源，进一步了解市场需求。也可以通过与当地其他高职院校进行学术交流，深化合作，沟通探讨适应地方建设需求的人才培养机制。高职院校在办学过程中，要始终以企业需求、市场需求为导向，在教育教学工作中加强学生的创新创业指导，使高职学生能够认清当前市场对各专业、各岗位的需求。高职院校要不断加强实地调研，准确认识企业对人才的需求，进一步深化与企业的“订单式”培养、定向就业等形式的合作，努力实现校企需求完美对接。第三，以合作为契机，实现企业资源配置的最优化。高职院校在校企产学研合作过程中，不仅要积极引入企业，还需要提高自身的影响力，要尽可能地通过产学研合作帮助企业在管理、技术等层面获利，提高企业的市场竞争力，进一步优化企业资源配置。笔者认为，企业通过学校的人才、学术等优势，接受学校学生前来企业参观、实践，积极参与高职院校“双师型”教学队伍建设，积极与学校开展科研项目合作，以合作为契机，能够优势互补，实现利益最大化。

(3) 坚持以市场需求为导向，促进校企产学研深度合作。[24]

第一，以问题为导向，构建起校企联合人才培养体系。目前，国内院校校企合作人才培养模式主要有以下几种形式：一是工作项目合作模式，主要是通过生产实习、社会实践等活动培养应用型专业人才，合作形式较为多样；二是创造性人才培养合作模式，借助与企业、科研机构进行科研项目合作，提高学生的科研能力、管理能力与创新能力，一般在研究型高校与综合型院校中较为常见；三是职业培训合作模式，以学生现有的不足以及未来职业方向所需要的技能为导向，通过职业技能培训提升学生的职业技能水平。笔者认为，职业培训合作模式比较适用于高职院校，高职院校应该在职业培训合作模式的基础上主动寻求企业的合作，构建起校企联合人才培养体系，提升学校人才培养质量。第二，以技术为支撑，探索多渠道校企深度合作模式。高职院校应该开设创业指导课，利用创业指导课程向学生介绍企业的管理、岗位、技术等，积极组织师生前往企业参观学习。高职院校要采取多种方式加强与企业沟通，多途径筹集资金，尝试设立产学研基金项目，为产学研合作提供有力的支持。高职院校要整合资源，利用空置资源与合作单位一同建设校内专业实训室与实训基地，为学生科技研发、创新创业提供足够的空间；以技术为支撑，加强对技术科研成果转化中知识产权的管理，成立管理小组与管理办公室，进一步降低合作过程中的风险，实现学校与企业双赢，积极探索多渠道校企深度合作模式。第三，以专业为基础，实现跨学科、跨领域研究合作。高职院校要以专业为基础，在校企产学研合作中积极开展跨学科合作教学、人才培养模式探索。在“产”这一层面，高职院校要建立技术、培训服务中心，为科研活动、教学活动等提供咨询服务；加强跨学科、跨领域研究成果产业化转化机制的研究力度，积极推动研究成果转化。在“学”这一层面，高职院校要不断加强跨学科建设，优化相应的专业课程体系。在“研”这一层面，尝试建立专业模拟仿真实验室，建立学生科研活动支持机制，实现跨学科、跨领域研究合作。第四，以人为本，加强“双师型”教师队伍建设。高职院校要加强“双师型”队伍建设，一方面，加强对专业教师的培养，以补贴、奖金等方式鼓励教师前往企业学习，在工作实践中不断提高实践教学水平，能够更好地服务于校企产学研合作。另一方面，学校还应该积极与企业协商，邀请企业的技术骨干前来讲学，或者来校担任兼职教师，提高学校实践教学水平，打造一支优秀的教学研发队伍。

综上所述，在经济发展新常态的背景下，高职院校要积极转型，加强与当地企业的合作，从人员、学科体系、专业发展等角度着手，引入地方可合作资源，实现校企需求的完美对接，积极推动高职院校校企产学研深度融合。

4.3.4　创新“产学研”深度融合的新能源汽车技术专业人才培养模式

《中国制造 2025》提出“节能与新能源汽车”作为重点发展领域，依据汽车产业的现有基础、在国家战略性新兴产业与节能减排法规的促进下，经过“十三五”时期期间的扎实推进与重点突破，在“十四五”时期汽车产业将可能形成低碳化、信息化、智能化的节能与新能源汽车优势领域。国务院办公厅印发的《新能源汽车产业发展规划（2021—2035 年）》提出，到 2025 年我国新能源汽车市场竞争力明显增强，新能源汽车新车销售量达到汽车新车销售总量的 20%左右。2020 年 10 月 29 日中国共产党第十九届中央委员会第五次全体会议通过《中共中央关于制定国民经济和社会发展第十四个五年规划和二〇三五年远景目标的建议》，明确指出发展战略性新兴产业，加快壮大新一代信息技术、生物技术、新能源、新材料、高端装备、新能源汽车、绿色环保以及航空航天、海洋装备等产业。中国汽车产业是国民经济主导产业，也是国民经济终端产业，电动化、物联化、智能化成为汽车产业的发展潮流和趋势，要适应技术更新和时代发展趋势，关键在于人才培养。

国外职业教育人才培养模式，比如：德国的“双元制”模式、澳大利亚的“TAFE”、英国的“三明治”教学模式、加拿大的“能力为本”模式、美国的“社区学院”等。结合国情，焦勇[29]认为数字经济赋能智能制造，从规模化生产、个性化定制至适度规模定制革新。互联网、大数据、云计算、人工智能、区块链、5G、物联网、量子科技等八大技术为汽车产业赋能的同时，对学校专业和汽车人才培养也提出了新的挑战。鲍薇薇[30]认为到 2020 年新能源汽车应用型技术服务人才需求将达 10 万人以上，并分析了目前人才培养数量严重短缺、培养质量欠缺、培养层次偏低等急需解决的问题，并有针对性地给出了解决方案。

张红亮[13]认为“一带一路”背景下企业对新能源汽车专业人才大量需求，以构建理想的汽车企业新能源人才培养模式为目的，以关注职业院校新能源汽车专业教育质量为核心，袁军成[14]分析了“十三五”时期新能源汽车发展存在的问题，对“十四五”政策下进一步发展汽车产品的三化（电动化、网联化、智能化），对人才需求也大量增加，国家科学技术部部长王志刚在第七届中国电动汽车百人会论坛上透露，2020 年我国新能源汽车产销量达到 136.6 万辆和 136.7 万辆，连续 6 年位居全球首位，这也代表对新能源汽车人才需求大大增加。据不完全统计，全中国现有中等职业学校 1 万多所，高等职业院校 1000 多所，近 3000 万职业教育在校生，开设新能源汽车技术专业的职业院校也有几百所，但主要人才培养定位在传统的新能源汽车技术的售后维修与检测，距离对高技术技能人才需要还有相当大的差距。从上述背景看，培育具有“产学研”综合能力的新能源汽车技术人才是当今时代的重要使命，具有深远战略意义与现实意义。

学院与吉利汽车研究院进行深度合作，以杭州职业技术学院“产学研”深度融合的新能源汽车技术专业人才培养模式为例，参考杭职 2021 级新能源汽车技术专业人才培养方案，① 分析新能源汽车技术专业人才培养新模式。

（1）“产学研”深度融入人才培养的优势。

产学研适应当前市场发展所提出的需求，一方面学校能根据企业具体的用人需求开展针对性的人才培养，这样可以给企业培养一批具备实际工作能力的高素质人才；另一方面，企业单位能通过和相关科研单位进行资源的共享提高自身的竞争能力，借助高校先进科技设备提高产品创新的能力，从而实现更高层面的市场竞争发展。而校企合作是目前实现产学研高度融合的关键途径，立足产学研一体化教学平台能提高大学生对专业知识的掌握程度，也能通过产学研锻炼学生们的专业操作能力，在给企业输送更多优秀人才的同时也能强化专业教育的影响力，体现出比较强的教学研究价值。

基于校企合作学院可以为学生搭建一个立足产学研结合、通过校企合作实现共赢的教育机制，从而给学生们创造良好的专业成长环境，立足生产实践增加学生们对专业知识的认知程度，这样就能让理论教学和社会实践进行有效的结合，进一步提高学生们的综合素养。通过校企合作，高等学校可以将专业理论教育和

① 限于篇幅，方案具体内容请扫描章末二维码下载浏览。

企业生产中的实践活动进行有效的结合，通过知识学习和具体科研项目的充分结合强化理论和实践操作之间的关联，也能在巩固基础上拓展专业知识的培养空间，在调动大学生参与理论知识学习的内在动力。[33]

同时，通过产学研结合可以给专业学生开展更高层面的理论教育和实践操作的指导。在校企合作的教育背景下，高校教师可以对专业学生开展高水准的知识讲解，基于产学研让大学生在具体岗位操作中锻炼自身的操作能力，激发他们的岗位责任意识和社会责任感，也能在岗位操作中强化他们的创新意识，从而提高学生们对专业知识的掌握程度[34]。此外，通过校企合作的开展，高校教育力量、企业生产力量以及相关研究机构的科研力量实现紧密的结合，在产学研支持下对专业学生开展团队合作、创新探索以及艰苦奋斗等方面的精神品质培养。可以说基于产学研培养出的人才更加具有竞争力，立足合作教育的方式提高专业人才的培养效果，这样更符合现代教育所提出的能力培养要求。

(2)“产学研”深度合作创新新能源汽车技术专业人才培养新模式。

新能源汽车技术专业人才培养定位于测试研发岗，结合学院与吉利研究院进行深度校企合作，将“产学研”深度融入新能源汽车技术专业人才培养。

①重视专业课程体系的创新建设。

一是合理构建专业课程教育体系，对专业学生开展更高层面的教育指导。产学研能进一步密切学院以及合作企业之间的联系，让院校的师资队伍和企业的岗位实践进行有效的结合，学生们在接受专业教师理论教学之后能在企业实习中检验所学的知识，也能在岗位实践中强化学生们的操作能力，体现出比较强的教育价值。基于校企合作的发展需求，要想在产学研结合的教育背景下提高人才培养质量则应该构建专业课程教育体系，对专业学生开展更高层面的教育指导。这样可以更好发挥出高校专业教育所具备的优势力量，立足主专业和辅专业相结合的课程体系开展更优质的人才培养。

例如对新能源汽车技术专业学生进行培养的过程中，将新能源汽车“三电”的研发测试作为主修方向，将新能源汽车的售后维修及销售作为辅修方向，围绕新能源汽车“三电”系统对学生们开展测试研发能力的培养，这样可以满足新能源汽车产业对高素质人才需求。

二是工学结合提高课程建设的质量。在产学研结合下提高专业人才的培养质量则应该通过工学结合的方式提高课程建设的质量。具体应该开展以下几方面的建设：第一，将新能源汽车测试研发作为课程教育的载体，立足任务驱动式教学提高专业教育的整体质量[35]。高校应该改变之前理论教学和实践指导相互独立的教学理念与状态，关注到实训作品对课程教育质量起到的影响，通过对教学内容进行划分并指导学生们进行独立解决的教学方式，这样可以提高学生们对专业知识的掌握程度。专业教师应该精讲，然后给专业学生提供实践探究的平台，在给学生提供相关技术资料的同时鼓励学生通过工作任务的方式开展知识学习以调动他们的探索动力。在这样的教学情况下，高校学生完成一门专业课程知识的学习就掌握相关的生产工艺或者是流程，强化专业人才的培养质量。第二，高校重视开展一体化和生产过程式的专业教学。前者是指高校教师在进行专业知识教育的过程中有专门的教室，通过精心设计教学内容的方式指导学生们更好的探究专业知识，将理论教学、试验操作以及实训教学三者进行有效的融合，给学生们开展更高层面的教育指导。同时，专业教师也应该重视进行课堂考核与单元知识学习的测试，通过项目实践等方式进行技能考核，从 而提高专业教育的实效性。后者能指导专业学生开展顶岗实习，在企业生产岗位上进行实践学习，这样可以让理论教学和实际生产过程进行有效的融合，从而让学生们在掌握专业技能的同时也能接触到相关的生产管理以及工艺生产的常识，这样利于学生全面掌握所学的专业知识。第三，立足双证书改革提高课程构建的质量，重视运用现代化教学手段开展虚拟实验教学。在产学研结合这一背景下，高校应该探索职业资格证书考试课程化的道路，将职业证书考试和课程教育进行有效的整合。这样可以让专业教学和岗位技能进行有效的对接，通过以证代考的方式提高专业人才的培养效果[36]。同时，学院应该在以往教学基础上运用现代教学手段开展虚拟教学，重点进行虚拟实验教学以提高专业教育的效率，提高学生对专业知识的认知程度。

②提高双师型教育队伍建设的质量。

一是开展专业教师的轮岗实习制度，提高专业知识教育的整体质量通过校企合作，高等学校可以让专业理论教育和企业生产中的实践活动进行有效的结合，通过知识学习和具体科研项目的充分结合强化理论和实践操作之间的关联，从而提高专业教学的实效性。基于当前校企合作的发展趋势，在产学研结合的背景下开展更高层面的人才培养则应该开展专业教师的轮岗实习制度，提高专业知识教育的整体质量。首先，学院应该要求专业教师每隔三年时间都需要到合作企业进行为期半年的交流学习，提高教师的实践经验和实践技能，这样可以给专业学生开展更高层面的教育指导。其次学院需要定期开展校园教师队伍的实践技能培训，可以聘请合作企业工程师开展单项技能的培训，强化教师对专业教育的认知程度。还有学校也应该鼓励教师参与到专业技能鉴定中，将职业技能资格证书考取情况纳入教学年度考中，这样利于提高教师专业教育的能力。学校还可定期组织专业教师到合作企业进行岗位认知和生产调研，从而掌握行业生产与发展的动态。这样可以在不影响专业教学的情况下有利于教师更新自身的专业知识，提高其课堂教学水平。

二是对双师队伍结构进行合理的优化，强化实训教学的最终质量。在校企合作的教育背景下，高校教师可以对专业学生开展高水准的知识讲解，基于产学研让大学生在具体岗位操作中锻炼自身的操作能力，激发他们的岗位责任意识和社会责任感，同时也能在岗位操作中强化他们的创新意识，从而提高学生们对专业知识的掌握程度。职业院校要想提高专业人才的培养质量则应该对双师队伍结构进行合理的优化，强化实训教学的最终质量。高校需要每年从合作企业聘请一些具备比较高理论水平和丰富实践操作经验的技术人员前来任教，以兼职教师身份对专业学生开展教育指导工作，围绕生产实践给专业学生开展更高层面的知识教育与操作能力培养。通过保障兼职教师比例的合理性，高校可以将这些兼职教师分配到实验教学、实训指导等教学岗位上，这样提高实验与实训教学的整体质量[37]。在聘请企业技术人员的过程中，原则上高校不应该接收应届毕业生到学校开展兼职教育，主要是引进那些拥有五年以上工作经验且年龄在45周岁以下的中青年技术人员以充实双师队伍结构。

③重视建设产学研一体化的校内实训基地建设。

高校教育力量、企业生产力量以及相关研究机构的科研力量实现紧密的结合，在产学研支持下对专业学生开展团队合作、创新探索以及艰苦奋斗等方面的精神品质培养。基于产学研培养出的人才更加具有竞争力，立足合作教育的方式提高专业人才的培养效果，这样更符合现代教育所提出的能力培养要求。

因为在对专业学生开展实践指导的过程中，仅是依靠校外实训基地是不能有效达到当前高素质人才培养的目标，所以高校应该重视建设产学研一体化的校内实训基地建设，这样可以提高专业学生的实践技能。高校需要掌握到不同专业所提出的实践教学需求，根据实际情况建立不同类型的加工车间或者是训练基地，重视给专业学生开展更高层面的技能指导。同时，高校应该利用现有的教育资源和企业进行更加密切的合作，通过校企合作的方式接收企业相关的产品加工订单，给学生们进行实践操作提供更好的支持[38]。专业学生可以在车间中根据具体的生产流程与工艺标准开展操作，在具体操作中锻炼他们的合作意识和职业修养，从而提高专业人才的实际培养质量。

校企合作是目前实现产学研高度融合的关键途径，立足产学研一体化教学平台能提高大学生对专业知识的掌握程度，也能通过产学研锻炼学生们的专业操作能力，呈现出比较强的教学研究价值。基于校企合作的发展需求，在产学研结合的教育背景下提高人才培养质量则应该重视专业教育课程体系的创新建设。同时，高校需提高双师型教育队伍建设的质量，重视开展更高层面的专业教学与技能培养。此外，高校应该重视建设产学研一体化的校内实训基地建设，这样可以提高专业学生的实践技能。

4.4 基于“课证融通”的人才培养模式

“1+X”证书制度是职教20条中重要改革部署和重大创新，落实职业院校学历教育和培训并举并重，坚持学历教育与职业培训相结合，促进书证融通，严把证书标准和人才质量两个关口，规范培养培训过程。秉承以学生为中心，依据职业教育高质量稳步发展要求，深化复合型技能人才培养模式、评价模式改革，提升就业创业本领。

4.4.1 “1+X”证书制度概述

1993年4月颁布的《中共中央关于建设社会市场经济体制若干问题的决议》正式提出“要制定各种职业的资格标准和录用标准，实行学历文凭和职业资格两种证书制度”，这是我国第一次以政府文件形式提出职业教育“双证书”制度。

1996年5月颁布的《中华人民共和国职业教育法》第八条明确规定：“实施职业教育应根据实际需要，同国家制定的职业分类和职业等级标准相适应，实行学历证书、培训证书和职业资格证书”，这是我国第一次以法律的形式对“学历证书+职业资格证书”制度做出规定，将“学历证书+职业资格证书+培训证书”制度纳入法制的轨道，具有划时代的意义。

1999年6月，中共中央国务院印发的《关于深化就业改革全面推进素质教育的决定》提出要“在全社会实行学业证书、职业资格证书并重的制度”。

2004年9月，《教育部等七部门关于进一步加强职业教育工作的若干意见》明确提出："完善就业准入制度和职业资格证书制度，加快开发国家职业标准。"

2005年10月，国务院印发的《关于大力发展职业教育的决定》提出“全面推进和规范职业资格证书制度，要尽快建立能够反映经济发展和劳动力市场需要的职业资格标准体系”。这一时期的学历证书和职业资格证书在很大程度上属于“双证书”制度，尚不能等同于“1+ X”证书制度，两者在教育内容的范围不一样，“双证制度”是在学历证书范围内，以学科课程为框架，在专业学科基础之上强化职业资格证书内容；“1+ X”证书制度是对学历证书内容的延伸，以能力本位课程为框架，新增加或强化职业技能的内容。“双证书”在促进教育教学改革、培养学习者职业素质和职业技能、提高学习者就业能力等方面发挥了重要作用，也为“1+X”证书制度构建积累了宝贵的实践经验。

随着移动互联网、大数据、人工智能等新理论新技术的飞速发展，涌现了大批新兴产业，对技能技术型、复合型人才产生了较大需求。为了深化人才发展体制机制改革，降低创业就业门槛。2016年3月，中共中央印发了《关于深化人才发展体制机制改革的意见》，提出：“清理减少准入类职业资格并严格管理，推进水平类职业资格评价市场化、社会化。放宽继续紧缺人才职业资格准入。”同年12月，国务院发布了《关于取消一批职业资格许可和认定事项的决定》，取消了114项职业资格许可和认定事项，较大范围减少了职业资格许可和认定事项，进一步深化了人才供给侧结构性改革，降低了人才负担和制度成本，激发了市场和社会活力，促进了就业创业。

2019年1月，国务院印发《国家职业教育改革实施方案》（以下称《方案》），对“1+ X”证书制度试点工作做了明确部署，鼓励职业院校学生在获得学历证书的同时积极取得多类职业技能等级证书。4月，教育部等四部门印发《关于在院校实施“学历证书 + 若干职业技能等级证书”制度试点方案》（以下称《试点方案》），对“1+X”证书制度试点工作开展目标和内容做了具体安排。同时，人力资源社会保障部和教育部联合印发《职业技能等级证书监督管理办法（试行）》，对职业技能等级标准和证书制定监督管理做了详细部署，支持《方案》的实施。《方案》和《试点方案》首次以政府文件形式正式提出“1+X”证书制度，标志着我国职业教育证书制度体系建设已经纳入政府的政策视野，并采取切实措施保障职业教育制体系建设，将完善职业教育体系作为现代制造业、现代服务业、现代农业发展的重要制度保障与人才支持。

国务院关于《国家职业教育改革实施方案》（简称“职教20条”）提出：“推进资历框架建设，探索实现学历证书和职业技能等级证书互通衔接。”“从2019年开始，在职业院校、应用型本科高校启动‘学历证书+若干职业技能等级证书（“1+X”）’证书制度试点工作。”该方案明确指出职业教育是类型教育，它具有跨界、跨行、跨域等特点。教育活动特点往往归纳为一对矛盾要素的对立统一，譬如“产—教”“校—企”“工—学”“理—实”“双元”等，“1+X”就是学校学历教育和社会用人需求两个方面要素的对立统一，反映出职业教育活动的内在规律。学历证书+若干职业技能等级证书（简称“1+X”证书），“1”是指学历教育证书，“X”是指若干职业技能等级证书。职业技能等级证书全面涵盖专业知识、职业素养和技能操作，一般分为初、中、高三个等级，结合自己对知识的掌握情况，可自主选择参加相应的职业技能等级证书培训与考核，成绩达到职业技能等级证书要求标准可获得相应等级的职业技能资格证书。

“1+X”证书的考评要求专业化程度强、实用性强，有利于提升学生的就业质量和养成良好的职业生涯，真正培养出产业急需的高素质技术技能人才。“1+X”证书制度将相关的职业教育体现为一种教育的重要特征，是贯彻立德树人的基本任务、完善职业教育的相关培训体系、深化产学结合的重要体系。

随着经济社会与教育教学的创新发展，职业院校汽车专业教育正朝着生源多样化、技能培训多样化方向发展，基于“1+X”证书制度培养汽车专业人才已经成为必然趋势。首先，新时代背景下的汽车专业教学要求创新技能证书认证体系。现代科技革命潜移默化地影响着社会分工，这一趋势下新业态迅速普及，已有证书已经难以顺应时代发展需求。国家保留了部分职业资格证书并将考核规范要求与权限下放于汽车行业，但当前的职业资格证书存在更新速度较慢等问题，影响了证书应用效果。其次，职业院校汽车专业人才培养模式创新离不开“1+X”证书制度的支撑。职业院校汽车专业人才培养是一个循序渐进的过程，具有系统性与规范性，需凸显社会责任。职业院校汽车专业教育不受行业和专业领域的约束，这就说明其人才培养强调矛盾要素的融合与统一，而“1+X”证书制度就是强调学校学历教育与市场用人需要的融合与统一，以展现人才培养活动的一般性规律。“1+X”证书制度是职业院校汽车专业人才培养模式的重要支撑与关键制度，从现实层面来说就是借助校外力量推行多元协同人才培养。

职业院校汽车类专业生源多样化要求人才培养多元化。职业院校招生制度也不再局限于高考模式，而是涉及单招等自主性模式。这些变化扩大了职业院校汽车专业的生源。对此，职业院校教育应尊重学生个体差异，开发差异化人才培养模式。

4.4.2　“1+X”证书制度的本质及其内在要求

（1）“1+X”证书制度的本质。

职业技能证书是“职业技能达到某种层次的证明证书，指的是学习者通过职业教育和职业培训，获取某个职业技能等级的认可，并以此作为提升社会地位和经济收入的依据”。“1+X”证书制度的核心是建立与若干专业对应的职业技能等级证书体系，“鼓励职业院校学生在获得学历证书的同时，积极取得多类职业技能等级证书，拓展就业创业本领”。透析职业教育技能等级证书的功能发现，“职业技能等级证书能促进学校与企业、学校与学校、学生与企业以及学历教育与非学历教育的沟通，在校企合作办学、学生自我导向学习、民众参与职业教育发展过程中具有引导作用；在人才培养质量、职业人才待遇等方面具有保障作用；在职教生态发展、职教自身完整、职教质量提升上具有约束功能。”职业技能等级证书不是一个新事物，是“借鉴国际职业教育培训普遍做法”和结合国家国情进行的制度创新，是中国职业资格证书制度的迭代，是具有中国特色的职业教育改革方案。

①职业技能等级证书更多地接入国际性。部分国家通过资格认证和资历框架建设，实现了学历教育与非学历教育成果等效，极大地提升了民众参与终身学习的积极性，为职业教育的健康发展奠定了基础。

②职业技能等级证书具有传承性。“1+X”证书制度并不是完全的新生制度，而是建立在我国传统的职业资格证书之上的制度改革。从发源来看，我国职业技能等级证书制度起源于20世纪50年代实施的工人技术等级考核。1994年，当时的劳动部、人事部联合发布了《职业资格证书规定》，将企业工人技术等级证书改造为社会化管理的国家资格证书体系。由于采取非竞争性集中管理，其制度设计的弊端逐渐凸显，如题库长期不更新、培训机构介入评价的程度过深、职业资格证书内容与行业需求不配套等，大量资格证书被取消，仅仅保留了涉及重要行业、重要职业和重要岗位的140个资格证书。职业技能等级证书是在职业资格证书基础上的传承，需要在总结职业资格证书体系运行经验的基础上，通过职业等级证书建设，形成覆盖学历教育与非学历教育的职业技能评价体系，实现学历教育和非学历教育沟通与并举的终身学习体系，对职业教育内部和外部形成规制和有效梳理。

③职业技能等级证书具有创新性。职业技能等级证书显然不是职业资格证书，后者强调职业技能的门槛准入性，前者强调职业技能的等级性；也不同于国外的资历证书，更加强化“1”这个学历教育的基础性作用，强调“X”社会化评价，真正实现教育体系与企业岗位的需求匹配。

（2）“1+X”证书对职业教育的内在要求。

在教育部等四部门印发的《关于在院校实施“学历证书+若干职业技能等级证书”》制度试点方案中，对院校提出的要求是“将‘1+X’证书制度试点与专业建设、课程建设、教师队伍建设等紧密结合，推进‘1’和‘X’的有机衔接，提升职业教育质量和学生就业能力。通过‘1+X’证书制度试点，深化教师、教材、教法‘三教’改革，促进校企合作，建好用好实训基地”。分析整个“1+X”证书制度，结合专家对“1+X”证书制度的解读，可以挖掘出“1+X”证书制度对职业教育的内在要求：第一，通过“1+X”证书制度提升职业教育质量。职业教育通过长时间的外延式发展，取得了一些进步，但整体质量不高。通过“1+X”证书制度蕴含的“强化学历教育，在学历教育基础上进一步延伸技能等级证书的学习”，可以解决职业教育质量建设迟迟不能满足企业行业需求的问题。“1+X”证书制度运行的逻辑是通过课程模块的延伸，实现从课程到技能的转换，满足行业对职业教育人才的知识、技能和能力的要求。第二，通过“1+

X”证书制度破解职业教育专业建设、课程建设和教师培养与社会脱节的问题，通过“X”实现沟通和衔接。职业教育经过“示范”“骨干”“优质校”等项目的培育，使专业建设、课程建设和教师培养取得积极发展。但是，人才培养与社会脱节的问题始终存在，表现为专业建设不强调校企合作、课程建设沿用学科思维、教师培养强调学历等。“1+X”证书制度回应了行业能力需求，为更贴近职业教育本质的发展奠定了基础。第三，“1+X”证书制度蕴含了职业教育“三教”改革的要求，体现了加强校企合作、促进实训室建设等系列举措，是职业教育的实质性变革。“三教”指教材、教法和教师。在教材上“1+X”证书强化新工艺、新技术等在职业技能等级标准中的体现，需要在教材建设上形成新的机制，支持“1+X”证书制度的运行；在教法上，强调职业真实任务的训练，可以引导职业教育从知识灌输转向技能锻炼，通过校企合作、实训室建设等加以落实；在教师层面，更强调教师的实训教学能力，这就对职业教育教师的培养过程、工作能力等方面提出了新的要求。

4.4.3 “1+X”证书制度下职业院校人才培养改革

“1+X”证书制度给职业教育变革指明了方向，阐明了职业教育改革的意义，是解决职业教育瓶颈的“良药”。国家层面职业技能等级证书标准的开发目前正在快速推进，各地也开始组织力量，为院校加入“X”试点提供支持、为“X”标准建设提供保障。但是，教育育人的主体是院校，需要帮助院校理解“1+X”制度下人才培养改革的逻辑。

（1）正当性逻辑：围绕职业教育人才培养质量提升的终极目标。

“1+X”证书制度要在职业教育体系中得到充分的发展，最根本的价值体现为提升职业教育人才培养质量，这是“1+X”证书制度正当性的根源。“1+X”证书制度在职业院校的落地，也是围绕职业教育人才培养质量提升的终极目标而产生的逻辑关系，也就是从国家视角、学校视角、学生视角、社会视角思考“1+X”证书制度如何有效提升职业教育教学质量的问题。

从国家层面来看，职业教育需要通过“1+X”证书制度，实现“立德树人”的目标。由于“一切教育都是个人参与和分享人类的社会意识而进行的”，国家推动“1+X”证书制度建设，就是希望通过调动社会意识，关注职业教育办学质量、学习者职业技能的掌握程度，拓展职业人才的发展空间。要通过构建评价体系，提高职业教育参与者的社会待遇，实现自身的社会诉求；通过提升人才培养质量，促进人力资本的增值，进而为经济发展和社会稳定服务，实现“立德树人”的目标。从学校视角来看，通过“1+X”证书制度，可以实现自身的价值追求。学校和教师按照同样的实践逻辑开展教育教学工作。

从职业教育内部来看，当前的职业教育陷入“学历教育与社会需求脱节”的泥潭，导致这一问题的直接原因是教师自带浓厚的“学科属性”，不熟悉行业任务。“1+X”证书制度帮助教师关注职业技能形成的特殊性并认识自身的能力缺陷，推动学校围绕实践能力提升来提供制度保障和物质保障，如实行灵活的学分制度、建设实训室等，从而支持学习者通过“1+X”证书制度，实现与社会需求的对接。

从学生视角来看，“1+X”证书制度能帮助其实现自身的价值。按照经济学的视角，“职业教育是一种投资行为，通过发展专业能力、社会能力、行动能力进而实现自身价值的提升”，但“职业教育的阶层流动促进功能受到质疑”。通过“1+X”证书制度实现自身能力的进阶，完成阶层的向上流动，是学习者参与职业教育的根本动因。“1+X”证书制度展现的是合理的技能进阶通道，是学习者通过努力可以达到的层次，具有导向的意义。

从社会视角看，“1+X”证书制度可以降低企业聘用人才的成本。职业教育人才的最终流向是企业，一方面，有了证书的职业者被认为具备企业所需要的技能，企业招聘人才后无需进行技能培训即可使用，降低了培训成本；另一方面，通过是否拥有证书来区分有技能者和无技能者，降低了招聘成本和招聘人才的不良比例。“1+X”证书制度通过证书的介入，使企业参与校企合作的方式得以丰富，人才施展的空间得以拓展，能实现“学校与社会”的双赢互动。

（2）合法性逻辑：提升职业教育校企合作育人的根本途径。

传统的校企合作模式，本质上没有解决校企合作育人的合法性问题，没有让校企合作的参与主体得到合理的回报，无法激发多元主体参与的积极性。当前职业教育发展危机的本质是校企合作质量问题。“1+X”证书制度的构建，试图从教育外部向教育内部输送标准，通过企业决定标准，实现校企协同育人。

①“1+X”证书制度体现了校企共同建构人才培养体系的需求。当前职业教

育在机器换人的大背景下，操作性职业与专业性职业走向融合，职业阶层性削弱而呈现扁平化发展趋势，需要通过校企合作培养符合现代智能社会需求的复合型人才，这就要求打破传统校企关系中学校处于弱势地位的局面，校企共同建构人才培养体系。分析职业教育人才培养过程可以发现，职业教育需要对已有的课程和教学时间进行优化，这就激发了企业参与人才培养的动力。

②“1+X”证书制度体现了校企双方参与人才培养的需要。让企业参与职业教育人才培养，需要正视其利益诉求。企业的利益诉求体现为高质量人才输出和培养过程中可能的回报，后者在传统校企合作中往往被忽视。由于职业技能证书的介入，学校明确了通过自身无法获得“X”证书所需要的“面向真实任务的复杂能力”，必须将学习者推向企业行业。学校通过“1+X”制度也获得了利益重新分配的空间，企业参与人才培养过程将成为常态。

③“1+X”证书制度强化了校企共同治理职业教育的机制。职业教育治理的目标是为了“质量更高的职业教育”，从而实现“复合性、合作性、包容性”的治理运行模式。在校企共同治理职业教育的过程中，学校尝试在制订人才培养方案时融入企业参与者这一主体，在课程建设过程中与企业共建培训课程，采用“校中厂”等实训方式，尝试促进企业在人才培养过程中的话语表达，但效果都不明显。“1+X”证书制度提出了将证书标准融入人才培养过程的明确方向，其建设过程更是将企业作为证书标准建设的当然主体，强化了企业的话语表达通道。同时，“1+X”证书制度引入竞争机制，不同培训主体可以设置相同或相似证书。证书的生存基础是参与者基数，如果证书得不到企业认可，学习者参与证书考核的人数就会减少，培训主体自身也就失去了发展所需要的“效益”，这就要求培训评价组织不断听取企业真实的人才需求，跟踪企业工作内容的新变化，从而使企业和学习者的话语“分权”得到体现，这都为建立一个更加有效的治理体系提供了基础。

（3）程序性逻辑：“1+X”证书制度的落实需要各个环节的协调推进。

“1+X”证书制度落实到教育领域中的速度越快，职业教育及整个社会的受益越大，但是，在我国庞大的国家职业教育体系中接入这样一个覆盖面广、涉及面宽、影响程度深的制度体系，不仅需要有坚定的信念，更重要的是要梳理其程序性逻辑。从先后顺序来讲，组织架构、师资队伍建设、人才培养方案优化、课程建设、实训保证都呈现出明显的先后逻辑。

①落实“1+X”证书制度，需要在学校组织架构上回应制度体系的要求。在我国，国家的办学主体地位使职业教育机构主体本质上属于政府职能的延伸，职业教育机构的组织架构接受政府的有效调控，可以快速做出反应，适应“1+X”证书制度的要求。从“1+X”证书的业务逻辑来看，需要学分银行承担证书与课程的转换，需要弹性学制实现“1+X”证书制度所带来的学习者自由选择等实质性新内容，这就要求在教学管理体系中率先改变组织架构，通过调整业务、改变管理方式、增加机构等多种形式的配合，积极推进“1+X”证书制度。

②职业教育融入“1+X”证书体系，要加强教师培养。在职业教育“1+X”证书制度试点过程中，各证书建设企业实施的首要策略是培养“教师”。这个“教师”不是单纯一线的教师，而是培训教师的教师。通过培养教师，使他们掌握“1+X”证书的理念，获取落实“1+X”证书的能力，进而影响所有教师。

③“1+X”证书制度需要真正面向学习者和企业需求，优化人才培养方案。“1+X”证书制度的试点方案指出，学校要将证书标准融入人才培养方案，这不仅明确了“1+X”证书制度落地的途径问题，也是“1+X”证书制度的核心价值。进一步来说，职业院校需要通过能力标准重塑人才培养方案的课程模块、学习方式、考核方式以及学历证书获取方式，进而形成指导人才培养的文本。

④课程要承接人才培养方案变革的实质内容，需要在人才培养方案优化后得到调整。在职业教育内部课程是培养学习者的细胞，是体现“1+X”证书制度所涉及的标准是否真正落地的关键，因此课程变化会在人才培养方案调整后发生。

⑤教学实施是落实“1+X”证书体系的核心。在教育体系中，任何有价值的内容都需要在教学实施中落实。教学实施的关键是依托 X 标准所建设的课程，充分利用现代信息技术，面向复合能力开展淬炼，打造学习者的能力体系。

⑥在“1+X”证书实施过程中，逐渐完善实训条件建设等与“1+X”证书制度相关的保障体系。“1+X”证书制度蕴含多种保障体系的要求，如对实训条件的改善、对学生管理体系等后勤保障的改变、对创新创业场所的改变等，需要在建设过程中逐渐完善。

当然，这样的程序性逻辑并不是一个生硬的环环相扣的体系，而是按照一定的先后逻辑，但不排除个别院校在某些环节或多个过程中由于条件成熟而进展较快的情况。例如已开展学分银行建设的高职院校，在推进“1+X”证书标准进课程方面有明显的先发优势，其可以将学分银行标准下的课程建设经验迁移到“1+X”证书标准下的课程建设中，使课程建设先于其他环节加以真正落实。

4.4.4 “1+X”证书制度的职业院校推进策略

透析“1+X”证书制度的教育内部逻辑，最核心的目的是将“1+X”证书制度转化为职业教育实践领域，实现正当、合法、合程序逻辑体系的整体构建，解决实践推进的“价值理解”问题，也就是形成系统化策略，从根本上确定“1+X”证书制度的实践体系中“谁”“做什么”两个核心内容，将理论的话语逻辑转化为实践的行动空间。

（1）推进组织：学校主导、院系主体、企业参与、专业推进、部门保障。

落实“1+X”证书制度，首要事项是落实推进组织的问题，通过组织安排落实责任主体。

①明确学校的主导地位。学校是职业教育的办学组织机构、职业教育人才培养的主阵地。“1+X”证书制度的落实，需要相关学校深刻认识“1+X”证书的本质和改革要求，从战略高度认识“1+X”证书对自身发展的作用，梳理“1+X”证书落实到学校的思路，结合现有基础、外部条件和未来资源的获取情况，分析学校落实“1+X”证书制度的着力点和着力方式，完善顶层设计，做好工作安排，提供足额的资金和人力物力保障。

②明确二级学院和教学系的主体地位。二级学院和教学系要根据人才培养方案的要求，落实教材、教师等支持性条件，并通过“1+X”证书制度落实到教育教学过程中来。院校领导要明确这种主体责任，主动承担。

③明确企业参与的关键地位。在职业人才培养方面，企业当仁不让地具有主体地位。从学校推进的角度讲，企业是主要参与者，主要通过校企合作，发挥其在人才培养方案制订、课程组织建设、实训教学支持、技能实效达成等方面的作用。

④明确专业团队的推进地位。专业团队是落实“1+X”证书制度进专业、进课程、进课堂、进学生的关键，是主要的推进团队。专业负责人需要仔细研读“1+X”证书蕴含的标准要求，与校企合作伙伴研讨将证书标准融入专业人才培

养计划、课程建设、教学实施和评价标准，进而进行全方位的改造。

⑤明确需要多部门协同合作的支持。“1+X”证书制度需要各个职能部门的支持。教务部门要为“1+X”证书制度中的灵活学制提供便利，后勤部门要解决因灵活学制而给学习者带来的住宿和饮食问题，基建部门要为实训条件的改善提供支持，信息技术部门要为各类数据的处理提供平台。总之，“1+X”证书制度涉及学校的方方面面，需要各部门明确责任，激发参与动力，这是推进“1+X”证书制度建设的前提。

（2）推进前提：理念认同、制度支持。

“理念是人对事物和现象的理性认识、理想追求及其所形成的观念体系。”在教育领域，需要构建一种“远见卓知”的理念，指明教育前进的方向，实现引导和鼓舞人民改变教育现状的理想。从实现角度来看，“1+X”证书制度意味着人将以新的眼光来审视和认识职业教育，并按照“1+X”的要求重构职业教育活动的内容、结构和评价体系。由于“1+X”证书制度落实过程的复杂性，如果没有理念上的认同，目标必然是片面的，行动必然是短期的，发展必然是被动的。因此，需要从世界动能转换、国家战略高度和组织命运转折高度来理解“1+X”证书制度的战略意义，通过参与基于“1+X”证书制度的人才培养方案建设、课程建设等，理解“1+X”证书制度对职业教育质量提升的价值和操作要义，规避职业教育行动的随意性、主观性和片面性。制度建设是支持“1+X”证书制度持续性发展的基础，它是围绕“1+X”制度落实形成的一系列相关制度，以保障相关工作的顺利进行。

①制定“1+X”证书制度组织机构的相关规范。要从全校层面落实“1+X”证书制度，需要落实学校的组织架构、参与措施和物质投入等要素，使实践有章可循。

②解决相应制度变更的问题。落实“1+X”证书制度，要形成系统性的支持方案，确保每个环节形成相关的支撑，如对学籍制度进行相应的调整。

③围绕“1+X”证书制度的实施形成特定的功能制度。功能制度包括激励制度、制约制度、保障制度，使学校整个体系围绕“1+X”证书制度形成保障。激励制度指的是采用激励的措施，对参与“1+X”证书制度形成正面的支持；制约制度指的是通过设计制约条款的方式，支持个人或组织参与“1+X”证书制度建

设，如将参与“1+X”证书制度作为职称晋升的前置条件或予以增拨教学用款的条件，对个人或者学院进行制约；保障制度指的是通过提供保障，促使个体与组织参与“1+X”证书制度，如为“1+X”证书对接的课程建设提供建设经费等，保障“1+X”证书制度的顺利推进。

（3）推进内容：围绕人才培养方案的制订与落实为核心。

在学校层面落实“1+X”证书制度，既要在学历证书所涵盖的课程体系中融入“1+X”证书标准，实现人才培养方案的优化；又要在途径上支持学习者通过其他方式，参与学习者自身感兴趣的技能培训与证书考核，实现“1+X”证书制度培养复合型人才的根本目的。

①推进“1+X”证书标准融入人才培养方案。人才培养方案是学校开展人才培养的依据，是具有章程性质的文本，包括专业基本信息、培养目标、知识能力结构、修业年限、课程与时间分配、教学进程、实施保障、质量保证、毕业说明以及相关的说明。“1+X”证书标准融入人才培养方案的方式是全方位的，包括培养目标、实施过程、课程材料等都会在标准的指引下发生改变。

②围绕“1+X”证书制度进行系统性变革。要在师资队伍、教学实施、教学资源、教学方法、教学评价、质量管理等方面进行系统性变革。在师资队伍方面，要按照胜任新课程体系和新教学运行制度的要求重塑师资队伍结构。在教学实施方面，要强化以技能养成、基础能力培养为核心的体系，支持混合式学习、工学交替学习、操作性学习等与职业技能等级证书相关的学习方式。在教学资源方面，要按照“1+X”证书制度进行拓展和变更，强化教学资源的功能定位，并在确定的功能定位基础上进行改造。在教学方法方面，要强化真实任务的淬炼，强调合作解决复杂问题的能力以及不同技能模块的迁移引导。在教学评价方面，要摆脱传统教学中的“纸笔考试”方式，引入“成效为本”的评价模式，注重技能考试。在质量管理方面，要强化对接职业技能等级证书标准的评价标准，按照现有的“8”字螺旋质量保证机制进行重新设计，使整个保证体系围绕“1+X”证书制度标准进行迁移。

（4）推进路径：围绕学习者的学习发生逻辑开展教与学并改革评价体系。

设计科学路径是减少阻力、提升成效的有效手段。学校落实“1+X”证书制度，核心是要围绕学习者的学习发生逻辑开展教与学并改革评价体系。职业教育教与学的发生逻辑是推进路径建设的主要依据。从教学讲，需要按照“证书标准—人才培养标准—课程标准—课程内容—教学设计—教学实施—教学评价”的逻辑，按照证书所蕴含的复合型人才培养逻辑开展教学。对现有教学体系来讲，需要设计各类真实任务，强化学习者面向真实职场环境的能力锻炼，核心是加强企业、实训室、网上虚拟实训平台等多个学习空间的支持与联动。从学习来讲，需要按照“学习资源—学习空间—学习过程—学习支持服务—学习评价”的逻辑，支持学习者按照自身的学习风格和学习需求开展学习。从职业教育生源结构来讲，学习者来源多样化对学习方式形成了冲击，学习者本身的能力结构也对资源、空间和学习过程以及学习支持服务方式等有所需求。为学习者提供多样化的途径，承认其工作场等非传统学习空间的学习经历，与非学历教育实施基于成效的成果兑换，是建设符合自身学校的推进路径的有效办法。

①按照学习者的学习发生逻辑提供支持保障。学习者的学习发生不是孤立的事件，需要提供相应的支持保障，既包括学习的直接支持如计划、教材、教辅和在线学习资源，也包括学习的间接支持如学习策略、学习路径规划，还包括学习相关的情感支持如消解学习困惑、理解价值、帮助学习者找到情感共同体等。

②按照学习者的学习途径，设计以“成效”为评价标准的评价体系。评价是教与学的指引，也是推进路径设计的关键。在“1+X”证书的评价中，需要按照“成效文本”的理念进行评价，以支持学习者通过多种途径参与学习。“成效为本”指的是围绕课程目标，按照“应该知道什么、理解什么以及运用所学知识能够做什么”的逻辑开展评价，评价依据的关键在于“产出的证明”，也就是学习的结果或某一目标上取得的成果。“成效为本”与“1+X”证书制度考核注重技能相关，也是学校落实新时代职业教育理念的关键。

（5）推进保障：围绕“专业—教学—支持—评价”的思路构建清晰的质量保证体系。

“1+X”证书制度正当性的基础是提升了职业教育的人才培养质量，人才培养质量保证是“1+X”证书制度持续推进的基础。质量形成于人才培养全过程，质量保证也要贯彻人才培养全过程。要围绕专业、教学、学习支持服务、评价，形成完善的质量保证制度，为高质量实现“1+X”证书制度所蕴含的质量提升目标创造条件，以事实和数据为基础、以体系化的制度为保证，对“1+X”证书制度体系进行常态化的诊断，帮助参与者落实主体责任身份、激发参与动力、保持持续投入。在专业层面，要实现与动态化的职业技能等级标准的互动。职业技能等级证书对接的是行业“新技术、新工艺、新规范、新要求”，这就决定了职业技能等级证书的动态性，也是对现行职业教育陈旧教学内容的具体回应。在教学层面，要借鉴“零缺陷制造理论”，形成恰当的质量计划，借助大数据、人工智能和云计算等多种方式，对教学过程进行全面质量管理。在学习支持服务上，由于学习者通过在线学习、工作场学习、创新创业体验学习等多种方式开展学习，学习支持服务成为职业教育新的内容，因此，需要按照个性化、及时化、精准化等支持服务途径，制定学习支持服务规则，强调教师参与学习支持服务的程度，落实学习支持服务的目标管理。在评价方面，要将“1+X”证书的整体目标转化为学习者、教师、专业建设者、学院的具体目标，并通过协商的方式，共同确定完成目标的方式，开展以“诊断性评价”为主的评价方式，支持“1+X”证书制度在学校的落实。

4.4.5　创新“1+X”证书制度下汽车检测与维修技术专业人才培养模式

“1+X”证书制度是由我国教育部、国家发改委等联合发布的《关于在院校实施“学历证书+若干职业技能等级证书”制度试点方案》精神实施的，并开始在 部分高职院校中试点。其制度能够更好地满足社会的需求以及国家的需要，同时也能够在较高的程度上提高学生的就业能力与专业技能水平，掌握更加全面的知识与技能。

现今我国社会的发展速度不断提高，对于人才的需求也在不断增加，尤其对于职业技术型人才的需求最高，各大企业都需要职业技术型人才。另外新的产业随着高科技的不断发展也在逐渐衍生，所以对于职业技术型人才也有了新的 要求，需要其能掌握更多的知识与技能，只有这样才能够适应技术的不断发展与变革，并且能够有效地保证技术人才对产业带来更大贡献。

大多数的高职院校中教学过度地注重专业技能的对口培养，缺乏全面化技术教学。这样的现象就导致部分学生对单一技术能够充分掌握，但是面临多种技术组合无法有效开展工作，这样就极大程度地影响了学生的就业质量。另外在高职院校教学中，尤其民办高职院校中有些教师的水平不高，导致学生对于先进的技能无法及时掌握，甚至存在着部分学生仅仅为拿到学历证书，对专业技能的学习完全不够重视。

开展“1+X”证书制度能促进学生更好地掌握技能，通过各类的专业技能等级考试提高自身，以此更好地参与就业与创业，并且此制度下能更好地为社会培养全面的技术技能型人才，满足社会对于职业技术技能型人才培养的需求。“1+X”证书制度，将标准化建设作为统领职业教育发展的突破口，完善职业教育体系深化复合型技术技能人才培养培训模式改革，在相关领域形成一套完整国家职业技能等级标准与专业建设、课程建设、教师队伍建设等紧密结合，推进学历证书与职业技能等级证书的有机衔接，提升高职教育质量和学生就业能力。学校与汽车相关企业共建新能源汽车协同创新中心，在进一步发挥好学历证书作用的同时，融入职业技能等级证书培训教学，鼓励学生积极获取职业技能等级证书，以提高就业创业本领。积极应对现代化产业体系建设以及现代经济发展对复合型技术技能人才的需要，深化人才培养模式改革与创新，创新融入“1+X”证书制度的人才培养模式，拓展学生就业创业本领，提升汽车类专业人才培养质量，学校实施“1+X”证书制度，推进建设一套完整标准，规范实训条件，按能力本位思想融合课程、教学计划与实训项目，为新能源汽车技术专业的人才培养奠定基础。

为积极应对现代化产业体系建设以及现代经济发展对复合型技术技能人才的需要，深化人才培养模式改革与创新，创新基于“1+X”证书制度的人才培养，拓展学生就业创业本领，提升人才培养综合水平，同时依托协同创新中心，以企业为主体，开展基于“1+X”证书制度下的汽车检测与维修技术专业人才培养优化设计，依托杭职 2019 级汽车检测与维修技术专业人才培养方案,① 实现学生精英教育培养。

（1）深化“1+X”证书制度融合，实现教学内容项目化。

基于“1+X”证书制度要求，将职业技能等级证书考核标准与专业课程的教学标准进行对接，将技能培训内容与课程具体教学项目内容进行对接，实现“1+X”证书体系与专业人才培养课程体系的全方位融合。统筹人才培养方案执行过程中的教学组织与实施，深化教学方式、方法改革，提高人才培养的灵活

① 限于篇幅，方案具体内容请扫描章末二维码下载浏览。

性、适应性、针对性。通过常规性专业学习，获取学历证书外，亦可获取多个相应等级的职业技能等级证书。教师通过企业经历工程、与企业深度合作，从企业拿项目，再将企业研究项目分解转化为课程项目，与“1+X”职业技能等级证书考核要求相结合，实现教学内容项目化，将大量的教科研成果、证书考核内容转化为教学内容，将理论知识真正灵活运用于企业实际岗位需求。

（2）实行“1+X”证书教育，实现教学实施个性化。

通过“1+X”证书、研究型项目与课程建设融合的实施，以证书与课程结合，以若干职业等级证书为基础，结合学生的兴趣爱好分方向分证书类别进行个性化培养，同时从专业中精选出一批适合做立地研究的学生，开展技术技能精英人才培养。精英教育机制在于对专业感兴趣的同学进行全方位教育，具备个性发展空间，如为兴趣学生提供足够的时间进入实验室、开展课外科技活动或比较早地接触科研，参与科研项目，真正实现教学实施个性化。

（3）推行“1+X”证书学期项目课程，实现教学形态多样化。

依据“1+X”证书制度中职业技能等级证书要求，专业人才培养方案将专业基础课程、专业核心课程、专业拓展课程与汽车检测与维修职业技能等级证书实现课证对接，具体如图 4-1 所示。专业课程与学期其他课程同步进行、分步实施，强化学生的应用技能，再与平行课程配合，在 X 证书项目中应用相关知识。通过推行 X 证书对接课程，教学过程采用信息化教学、小班化教学、传统教学、企业等多种教学方式，进而实现教学形态多样化。

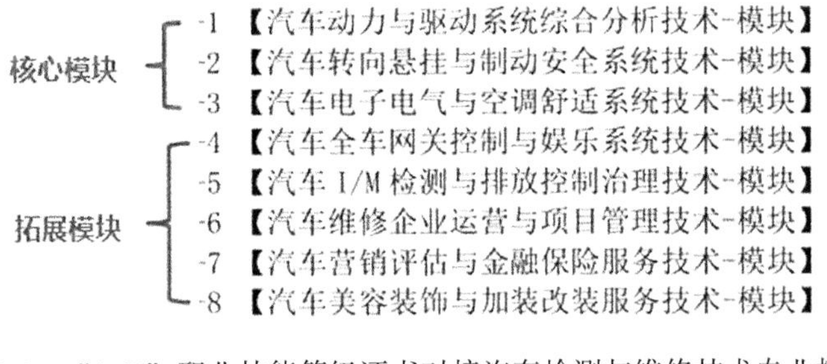

图 4-1　“1+X”职业技能等级证书对接汽车检测与维修技术专业模块

（4）注重“1+X”证书项目成果绩效，实现教学考评弹性化。

人才培养方案中课程教学内容与职业证书考试大纲吻合，培养学生实操能力，注重学生学习的过程，实施产教融合、工学结合，并且认定职业技能等级证书的相关课程可以证抵学分，从制度上完善课证融合。基于“1+X”证书制度的项目课程需要建立相应的课程标准、课时要求、授课进程、明确的考核评价制度与方法，根据证书等级、要求等不同，建立项目答辩、成果展示、应用成效、产业化等多形式多元化的考核与评价，比如考核基于信息化教学平台分为线上和线下进行综合考核，校内教师与企业研发人员对学生学习效果共同评价，注重项目成果绩效，实现教学考核与评价弹性化。

（5）“1+X”证书对接企业技术需求，实现教学情境真实化。

通过对校企合作企业人才需求调研，基于“1+X”证书制度下项目教学内容以企业实际工作岗位技术需求进行设计，依托杭州市公共实训基地、汽车研究院、汽车培训中心、工程创新中心及我院高职名校建设之一新能源汽车电池研究所，为新能源汽车技术专业的实际教学、研发实训提供了真实的实训场地，切实做到职业等级证书融入人才培养方案中，实现教学情境的真实化和企业化，切实做到企业与学校的无缝衔接。

（6）推行“三元融通、分类分级”人才培养模式。

①以解构与重构促“三元融通”。解构原有汽车专业教学内容，重构以能力培养为主要目标的内容，探索新的人才培养模式，集课程、资源与师资于一体，促学历证书与职业技能证书的融合。

②以学生解析促“分类分级”人才培养。每位学生都是独立个体，有着不同的职业岗位与专业领域，职业技能等级也有所不同，应与汽车品牌企业建立交流合作，共同开发职业技能，落实分级培养，针对差异化群体制订多元化人才培养思路，提升人才培养质量。

（7）发挥书证通融人才培养资源作用。

汽车专业课程建设书证通融模块化课程，构建与“1+X”证书制度相适应的培训内容与课程规范，建设开发共享课程，优化课程资源，提升人才培养资源的质量。这里所提及的课程规范就是集动力、车身、电气、安全与底盘体系于一体的“1+X”证书课程规范。同时构建“1+X”思维人才培养培训共享资源库。“1+X”证书强调人才培养应综合考虑各方面因素，尤其是知识、技能、态度与实证因素。基于上述因素引进新的课程资源，建设学历教育培训模块与职业培训模块，以更好地满足学生学习需要。

①遵循指导意见中的四个坚持原则。即坚持育人为本，促进全面发展；坚持标准引领，确保科学规范；坚持遵循规律，体现培养特色；坚持完善机制，推动持续改进等原则。以解决当前存在的专业人才培养方案概念不够清晰、制订程序不够规范、内容更新不够及时、监督机制不够健全，以及有的职业院校专业人才培养方案总学时缩水、文件要求的必修课程未按规定开足开齐等问题。

②遵循成果导向原则。成果导向是职业教育综合改革的重要成果和业界共识，其主要思想是以学生预期能力获得为导向进行反向设计和正向实施教学，将教学的重点聚焦于“学习成果”，注重学生创新、实践等能力的培养。“1+X”课证融通有利于整体提高专业教育教学质量，培养复合型技术技能人才；X 证书的多样性、可选择性及与专业的相关性有利于促进学生的个性化发展；以 X 证书的学习成果为导向有利于师生教与学观念的转变；以 X 证书的学习成果为导向进行课程开发有利于教师专业能力的提高。

③遵循专业与 X 证书契合原则。职业技能等级证书内容反映了学习者完成某一职业岗位主要工作领域的典型工作任务和职业生涯发展所需要的特定相关职业素养、知识和技能。“1+X”证书制度当前主要解决的是增强职业教育的针对性、适应性和灵活性，提高职业教育促进经济社会发展的能力等问题。因此，某一专业所选择的职业技能等级证书应该是聚焦专业对接的毕业生工作岗位，能准确反映专业领域的新技术、新工艺、新规范和新要求，经学习培训后毕业生具有胜任岗位工作任务的能力，有利于缩短毕业生适应工作岗位的时间，适应企业转型升级对职工任职能力的新要求。

（8）借助信息化推动课堂改革。

①改革“1+X”教材。以“1+X”证书试点为载体，结合岗位职业技能与汽车行业规范进行教学模块建设、教材结构改革及信息化教材开发等。其中教学模块建设应与国家规范、行业规范相联系，信息化教材开发应集项目与活页于一体。同时应根据行业特色开发双语教材，丰富课程内容。

②创新“1+X”教法。传统的汽车专业人才培养多集中于任务培养，对能力培养有所忽视，这样不利于学生全面发展。“1+X”证书制度下的汽车专业教法创新，应在了解与把握岗位需要的基础上结合典型任务创新课程项目，将与岗位

技能相适应的知识融入项目，从岗位实际工作出发，探索汽车人才发展普遍规律与“1+X”证书模块教学体系，缓解教师压力的同时激发学生学习兴趣。

（9）建设高素质“1+X”师资融合队伍。

从市场需要角度出发，职业院校汽车专业应校企合作共同建设“1+X”师资融合队伍，以师资培训系统化项目促教师教学水平提升与专业模块化水平增强。校企双方除了实施师资互通，还需进行技术互通。汽车企业应组织技术人员来职业学校开展讲座，落实专业指导，开阔教师视野，丰富教师专业知识，提升教师专业技能与服务水平。职业学校应为在校教师争取到汽车企业实习的机会。教师与汽车企业人员共同建设培训系统，开发专业资源，推广专业产品。同时搭建汽车技术开发与推广平台，借助该平台开展多样化实践活动，如汽车产品研发活动、汽车科技开发活动等。另外，探寻技术创新，总结现有问题，增强师资队伍创新意识和创造能力，为职业院校汽车专业教育发展提供良好的条件与环境。

（10）落实创新创业教育。

职业院校汽车专业教育应在挖掘资源并加以整合的基础上结合汽车市场发展趋势开设可操作的灵活性创新创业课程，全方位落实创新创业教育。同时，建立符合现实需求的课程管理体制与政策，鼓励学生自主创业，学生可根据自身爱好与需求自由选择项目创业，锻炼学生综合能力的同时培养学生的综合素养。

（11）体现汽车专业人才培养的国际化水平。

①以优质资源促规范内化。基于国际互动塑造汽车专业人才培养项目品牌，与西方国家建立密切交流合作，引进与汽车专业相符合的先进规范，促进西方国家职业规范元素与汽车专业人才培养规范的结合，以补充“1+X”证书人才培养标准，引领职业院校汽车专业教育朝着国际化方向发展。

②以鲁班工坊促人才培养。基于“一带一路”倡议选择合适的教学方式和人才培养模式，并不断总结经验和成果，将这些内容推向国际职教舞台。明确中高职汽车专业教育国际化品牌，保障汽车专业人才培养的专业性与科学性。

③拓展国际影响。开发新领域国际规范，通过国际交流、协作办学等渠道输出人才培养标准，吸引其他学生来校学习，其他汽车技术人员来校培训，同时诚邀相关专业技术专家来校开展讲座，传播传统文化，促进汽车专业人才交流发展。

总而言之，“1+X”证书制度的推行为职业院校汽车专业人才培养创造了新的机遇。作为合格的职教者，除了需借助汽车技术优势成立人才培训考核办公室，还需基于汽车专业教育规范要求进行证书培训内容与汽车专业人才培养模式的结合，进一步拓展教学内容、优化实训环境、丰富教学资源，提升汽车专业人才培养的科学性、时代性与灵活性，从而为社会输送更多高素质的汽车人才。

4.5 人才培养协同机制总结

新能源汽车技术专业群包括新能源汽车技术专业、智能网联汽车技术专业、汽车制造与试验技术专业、汽车检测与维修技术专业、汽车技术服务与营销专业等，基于区域产业需求构建特色鲜明的汽车专业人才培养体系，即打造新能源汽车技术和智能网联汽车技术专业“产学研”人才培养模式，打造汽车制造与试验技术专业为创新型汽车“设计验证师”拔尖人才“现代学徒制”人才培养模式，打造汽车检测与维修技术和汽车技术服务与营销专业“1+X”证书制度人才培养模式，以特色鲜明的人才培养协同机制培养学生成为复合型高素质技术技能人才。

人才培养协同机制的建立既体现在人才培养体系内部专业集群的协同，更体现在人才培养外部优势资源的协同，新能源汽车技术专业群人才培养协同机制的有效实施需要从内部基于产业链和技术链完善专业布局，从外部深耕区域典型大企业的校企合作，整合内外资源优势，以国家“1+X”证书制度试点为推手，将“中国特色学徒制”人才培养模式和“产学研协同”人才培养模式有效落实在高等职业教育链上，架构起新时代中国新能源汽车技术复合型高素质技术技能人才培养的立交桥，深入推进专业数智化改造和课程信息化改革，创新人才培养模式，加强师资队伍建设，促进学生全面发展，实现校企互利共赢，为提升人才培养质量和区域产业转型升级搭建更加稳固的平台，创造更加广阔的空间。

第 5 章　构建师资团队培养机制

习近平 2021 年 4 月 19 日在清华大学考察时强调，教师是教育工作的中坚力量，没有高水平的师资队伍，就很难培养出高水平的创新人才，也很难产生高水平的创新成果。大学教师对学生承担着传授知识、培养能力、塑造正确人生观的职责。教师要成为大先生，做学生为学、为事、为人的示范，促进学生成长为全面发展的人。2021 年 4 月 13 日在北京召开的全国职业教育大会指出，职业教育是国民教育体系和人力资源开发的重要组成部分，是广大青年打开通往成功成才大门的重要途径。召开全国职业教育工作会议、全国职业教育大会，党和国家对职业教育发展的重视程度不言而喻。

2019 年 12 月 18 日，教育部、财政部公布中国特色高水平高职院校和专业建设计划建设名单，56 所高职院校入选高水平院校建设，141 所高职院校入选高水平专业群建设。教育部职业教育与成人教育司相关负责人表示，“双高计划”实行国家、地方、院校三级推进。国家有关部门负责宏观布局、统筹协调等顶层设计，组建项目建设咨询专家委员会，为项目遴选和建设提供咨询服务。地方加强政策支持和经费保障，协调各方力量支持项目建设，对接区域经济社会发展需求，构建以“双高计划”院校为引领，区域内高职院校协调发展的格局。院校深化改革创新，聚焦建设任务，科学编制建设方案和任务书，健全责任机制，确保建设成效。通过政府行业企业院校多方协同建设，集中力量建设一批引领改革、支撑发展、中国特色、世界水平的高职院校和专业群，打造一批高素质技术技能人才培养培训高地和技术技能创新服务平台，带动职业教育持续深化改革，支撑国家重点产业、区域支柱产业发展。[40]

中国特色高水平高职业院校建设对目前高职院校的教师队伍建设提出了新的要求，根据我国高职院校教师队伍建设存在的现实问题，分析我国近年来汽车相关专业教师队伍发展数据和建设困难，总结部分院校实践探索的特色，基于高职教育类型化发展道路，构建完善优化的高职教育师资团队培养体制机制，提升高职教育教师队伍水平，激发院校发展的内生动力，对我国高职教育发展具有十分重要的战略意义和现实意义。

2017 年 4 月，工业和信息化部、国家发展和改革委员会、科技部联合发布的《汽车产业中长期发展规划》指出：我国将力争经过十年持续努力，迈入世界汽车强国行列。实现这一目标包括：关键技术取得重大突破；全产业链实现安全可控；中国品牌汽车全面发展；新型产业生态基本形成；国际发展能力明显提升；绿色发展水平大幅提高；新兴需求和商业模式加速涌现；产业格局和生态体系深刻调整。这些目标的实现，需要中国汽车人才培养体系和继续教育体系的强力支撑，更需要各高职院校构建能力优化、结构合理、持续发展的师资团队及其培养机制，确保职业教育能够在持续、稳定、创新的良性轨道上高质量发展。

5.1　新能源汽车技术专业师资发展现状

我国现有汽车人才培养体系，包括学历教育和继续教育，为汽车产业“十二五”时期以来的发展提供了有力支撑，基本满足了企业用人需求。然而基于国家“十四五”规划和汽车产业未来发展趋势，我国在高层次复合型汽车产业创新型人才和技术技能型人才储备和需求方面仍然存在一些亟待解决的问题，尤其是面临国家工信部装备工业司 2019 年发布的《新能源汽车产业发展规划（2021—2035 年）》有关数据要求，现阶段我国高职院校新能源汽车技术专业师资团队建设现状堪忧、发展滞后。

5.1.1　专业教师团队不强

根据百度百科释义，团队（team）是由基层和管理层人员组成的一个共同体，它合理利用每一个成员的知识和技能协同工作，解决问题，达到共同的目标。团队的构成要素总结为 5P，分别为目标、人、定位、权限、计划。团队和群体有着根本性的一些区别，群体可以向团队过渡。一般根据团队存在的目的和拥有自主权的大小将团队分为五种类型：问题解决型团队、自我管理型团队、多功能型团队、共同目标型团队、正面默契型团队。

顾名思义，“新能源汽车技术专业教师团队”即是由一定数量的具有新能源汽车技术专业知识、技术研发与实践能力的基层和管理人员组成的高素质教师共同体。它应该偏向于共同目标型团队，能始终深入学习贯彻习近平新时代中国特色社会主义思想和党的十九大精神，全面贯彻落实全国职业教育大会精神，根据《国家职业教育改革实施方案》决策部署，共同打造高水平专业教师教学创新团队，示范引领高素质“双师型”教师队伍建设，深化职业院校教师、教材、教法“三教”改革与实践，从而致力于培养我国新能源汽车产业发展所需的复合型高素质技术技能型人才。

目前，我国新能源汽车产业发展起步较晚，复合型高技能人才不仅相对短缺，后续培养也有些滞后，导致新能源汽车行业的专业人才缺口巨大。近年来，新能源汽车产业发展迅速，国内一些大型新能源车企和造车新势力与院校抢人，相对而言院校在人才引进方面受到体制机制的限制，政策力度和薪资待遇等方面吸引力不够，大多数新能源汽车技术人才不愿进入院校工作，使得院校外引进人才计划落空。因此，高职院校在新能源汽车技术专业师资建设方面主要还是要靠自己培养，不少院校的新能源汽车专业师资队伍甚至直接让传统汽车专业师资临时接受一些新能源汽车相关专业知识的培训和学习后进行教学，导致目前新能源汽车技术专业在教师团队建设过程中缺乏既深谙行业技术标准又掌握职教办学理念的领军性人才的引领和指导，因此该专业的师资团队建设质量和水平比较落后，无法在高职人才培养过程中有效对接企业实际生产需要，更无法直接参与更深层次的校企合作产教融合项目，教师团队也就没有能力带领学生跟企业协同开展技术服务和技术研发工作，这已成为新能源汽车技术专业当前和今后一段时间高质量可持续发展的关键障碍。

5.1.2 专业教师结构不优

《中国汽车产业中长期人才发展研究》相关数据显示，中国高等职业院校师资从职称和年龄结构来看，“70后”和“80后”已经成为支撑教学活动的主力军，但其中近60%只具有初级和中级职称。从学历情况看，高职院校的教师目前仍以本科学历为主，具有硕士学位的教师开始占到一定比例，但拥有博士学位的教师很少。从教师来源看，高职院校的应届毕业生是主要来源，但从企业引进的教师数量也已经超过 1/3，但具备完整的新能源汽车技术专业知识和科研实践能力的双师型教师十分稀缺。从教师发展来看，目前高职院校汽车专业教师绝大多数还是偏向教学实践型，科研和技术服务型教师相对短缺，而且教师团队的专业背景相对单一，尚无法全面掌握新能源汽车产业未来发展所需要的关键知识体系，也很难具备复合型技术研发能力。[39]

5.1.3　专业教师培训不力

当前高职院校汽车专业专任教师企业实践经历不足仍然是困扰高职院校发展的一个重要问题，而解决这一问题的方案不外乎两个：一是积极聘请企业兼职教师；二是加强对校内专任教师的企业挂职培训，使其达到“双师”要求。各校师资培训工作重点主要放在了两个方面，一是为满足校内专任教师取得专业技术资格而进行的培训，二是为满足企业兼职教师掌握高职教育教学方法、信息化教学手段和教学设计等开展的培训，而对教师综合素质与人文修养的培育关注度不高，不少高职院校仅仅从校本培训的角度进行了尝试和实践，尤其是在专兼结合的“素质型双师”团队建设方面还存在制度不给力、条件不成熟、政策不到位、管理没跟上等诸多问题。恰恰是这些方面，直接影响到教师的职业素养，进而影响到学生职业素养的培养，需要引起各方的高度重视。

《中国汽车产业中长期人才发展研究》同时指出，目前高职院校对专业师资培训的途径多样，其中最主要的是参加行业组织举办的培训班和通过校企合作项目培训。显然，这些途径提供的培训主要集中在对新技术的了解和工程经验的积累方面，这也对行业组织更有效地整合和协调各方资源为教师提供更加多样化的培训渠道、校企之间不断创新合作模式以建立更稳固的合作平台提出了更高要求。

5.1.4　专业教师动力不足

专业教师团队合力的形成关键在于团队中每一个成员自身的专业发展动力，即教师的自我发展力。自我发展力于教师专业成长是不容小觑的动力源，由信仰力、学习力、转换力三大驱动力构成。其中信仰力是教师专业成长的内在基因，它折射了教师对教育教学事业的尊崇；学习力是教师专业成长的持续动能，是应对信息时代知识碎片化危机的锦囊；转换力是教师专业成长的适应法门，也是顺应教育改革浪潮的题中之义。

打造高水平的新能源汽车技术专业教师团队，首先需要团队所有成员对专业建设和规划形成统一认识，达成共识，形成信仰力；其次需要团队成员锚定目标，明确任务，分工合作，提升学习力；最后是需要团队成员以持续不断的努力，发掘彼此共生共长的适应法门，共同围绕新能源汽车技术专业未来发展的应有之义躬身实践、开拓进取。

根据《中国汽车产业中长期人才发展研究》有关数据显示，目前我国大多数高职院校新能源汽车技术专业教师的动力不足，有的甚至存在望而却步的念头，缺乏探索精神和敢闯敢干的劲头。当然，这也跟目前各高职院校发展现状有关，主要体现在教学研究条件不成熟、信息化建设水平落后、师资队伍数量不足、办学经费、教学设施设备不足和相应的激励机制不完善等因素进而影响到专业教师难以跟企业合作开发优质教学资源、合作实施教学改革、合作开展技术研发等内容。具体如下：[39]

对于高职院校目前的专业教学条件，参与调查的高职院校均较为满意（图5-1），其中对设施设备条件、企业实习条件的满意度相对较高，对教学研究条件和信息化建设水平的满意度相对较低，这是高职院校未来发展必须重视的问题。

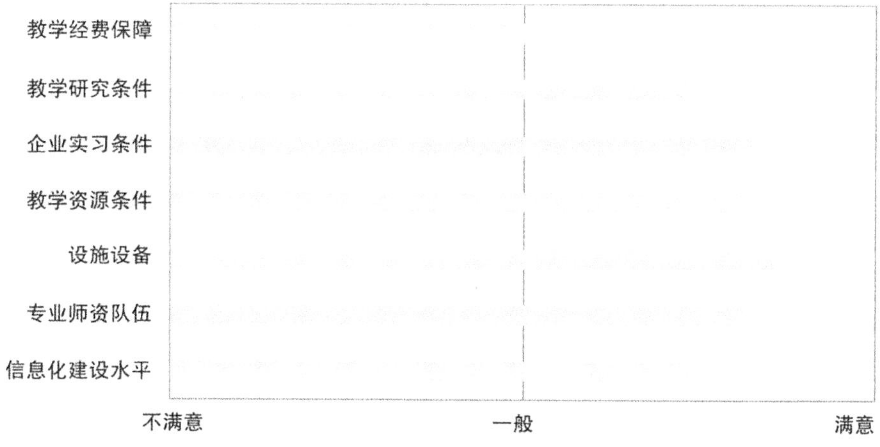

图 5-1　参与调查的高职院校对专业教学条件的评价

资料来源：《中国汽车产业中长期人才发展研究》。

参与调查的高职院校对汽车专业教师现状的总体评价较好，其中满意度最高的是师资专业能力与师资教学能力，相对较差的是师资队伍数量（图 5-2）。

图 5-2　参与调查的高职院校对专业教师现状的评价

资料来源：《中国汽车产业中长期人才发展研究》。

对于制约专业改革与发展的主要因素，参与调研的院校认为最突出的是教学资源不足、办学经费不足和设施设备不足，同时专业师资不足和场地不足问题也应引起高度关注（见图 5-3）。这些问题的解决，首先需要政府在相关制度和政策方面的突破，其次需要加强行业组织、企业和院校间的合作，以共建共享的思路进行大胆尝试实践。值得注意的是，随着国家对高技能人才发展关注度的提升和汽车就业市场的良好表现，生源数量已经不再是院校关心的重点，但提高生源质量仍然是急需解决的问题。

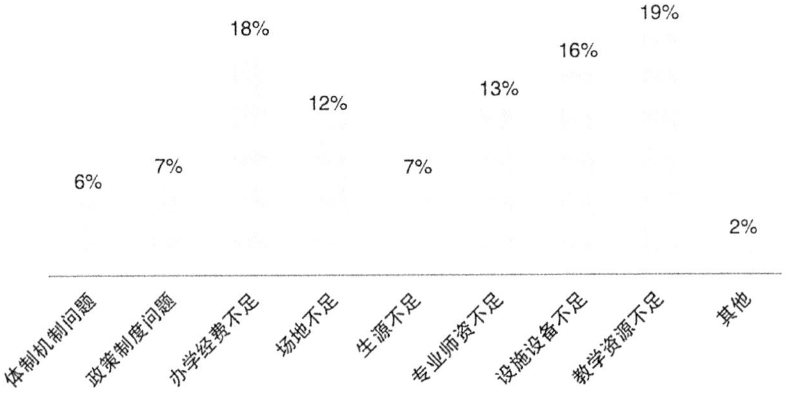

图 5-3　参与调查的高职院校对制约专业改革与发展的主要因素的评价

资料来源：《中国汽车产业中长期人才发展研究》。

对今后一个时期高职院校最急需开办的新专业的调查结果表明，汽车改装技术专业首当其冲，占参与调查的院校数量的16%；之后依次是新能源汽车技术专业（占15%）、汽车电子技术专业（占14%）、汽车整形技术（占12%）、汽车制造与装配技术（占11%）、汽车营销与服务（占10%），选择汽车检测与维修技术专业的只占6%；同时有11%的院校选择了汽车应用技术，5%的院校选择了其他专业。院校做出这样的选择，既考虑到当前就业形势，也关注到了汽车新技术发展浪潮对汽车消费新模式的影响而导致的汽车后市场用人需求变化，并开始着手新专业建设和传统专业的转型发展。值得关注的是，对于新能源专业，计划开设的院校为35%，而认为急需开设的仅为15%，表明高职院校对产业发展热点的关注，但同时也反映出在专业建设方面存在一定的盲目性和试探性。对于如何办好新专业，参与调查的高职院校认为，首先要解决的是师资问题，其次是场地和资金问题。

关于校企合作，参与调查的高职院校对其效果总体认可，尤其在合作定向班/订单班方面满意度较高，但同时希望能够与企业在院校课程开发、利用院校资源为企业提供在岗职工培训方面进一步加强合作（见图5-4），希望有更多的企业能够为学生提供适合的实习岗位，希望已经为学生提供实习岗位的企业能够在学生实习内容与专业的符合性方面做进一步改善。

图5-4　参与调查的高职院校对校企合作效果的评价

资料来源：《中国汽车产业中长期人才发展研究》。

5.2　新能源汽车技术专业师资团队建设困境

根据上述汽车产业发展需求和师资发展现状，新能源汽车技术专业师资团队建设存在诸多困难。一方面，国家目前对新能源汽车产业发展的总体规划和政策措施进一步完善和优化，在行业标准、节能减排和污染防控等方面的要求更高。2019 年，工信部装备工业司发布《新能源汽车产业发展规划（2021—2035 年）》。业内分析人士认为，该规划为未来十五年中国新能源汽车的发展指明了方向，堪称今后一个时期内新能源汽车发展的纲领性文件。其中明确提出，到 2030 年，新能源汽车销量占当年汽车总销量的 40%，有条件自动驾驶智能网联汽车销量占比 70%。由此可见，在未来很长一段时间里，随着我国新能源汽车产业的蓬勃发展，新能源汽车市场的人才需求量日益增长，尤其是复合型高素质新能源汽车技术技能人才的需求会急剧攀升。为培养符合市场需求的专业人才队伍，职业院校纷纷设置新能源汽车类专业，而承载这一重任的高职院校正面临诸多发展困境，最为关注的问题就是高质量师资团队的建设问题。新能源汽车技术专业高质量师资团队建设属于技术密集型和知识复合型人才建设工程，必定需要汽车新技术拔尖人才的引进和培养，而高质量新能源汽车技术人才目前也是新能源汽车企业急需的技术研发人员，加上企业不仅能给予高端人才更加优厚的薪资待遇，更能为高端人才提供良好的个人发展平台与环境，而高职院校由于受到各方因素的制约很难成功引进高端人才。因此，高职院校在新能源汽车技术专业师资团队建设方面存在诸多困境。

5.2.1　经费投入不足

当前大多数高职院校的新能源汽车技术专业建设都是从零开始，师资团队建设是其核心环节，各高职院校在经费方面的短缺严重阻碍了专业师资团队建设的进度和效度。由于新能源汽车技术专业是最近几年开设起来的新专业，建设基础薄弱，成果不明显，导致在“双高”建设背景下各高职院校很难集中人力、财力和物力重点建设这一新兴专业，从而专业师资团队也难以有效搭建。以杭职院最近几年在新能源汽车技术专业建设的投入为例，由于目前学校主要经费都重点投入到了国家双高专业群，而其他普通专业建设经费只能保障其基本的专业建设经费，二级分院在新专业建设方面更是捉襟见肘，至于在师资团队建设和教学资源开发方面投入的经费就更少。相反，同样需要大量新能源汽车专业复合型人才的汽车企业会发挥其体制优势，为拔尖人才提供优厚的薪资待遇和发展平台，吸引更多的专业技术人员乃至科研能力强的高职院校教师前往企业。

5.2.2 制度优势不明

当前各高职院校教师队伍建设制度设计难以适应高水平职院校教师多样化发展的需求。高职院校教师的工作内容一般包括教学、科研、管理和服务社会等多个方面，在实际工作中，由于教师工作岗位不同，或个人工作兴趣和工作能力的优势不同，存在着在某一方面特别突出、其他方面相对薄弱的情况。目前多数高职院校尚未建立起引导和支撑教师分类发展的制度体系，部分高职院校将教师专业发展制度简单地等同于考核制度，且考核指标多是一个体系考核全体教师，无法满足教师多样化、差异化发展需求。其次，教师专业发展的支撑和帮扶制度不健全，未能将考核与促进教师成长结合起来。部分高职院校教师专业发展还停留在集体培训层面，缺少对教师教学、科研和服务能力的针对性支撑和帮扶制度。部分高职院校尚未建立起完善的反馈及帮扶系统，未能将考核与帮助教师成长结合起来，考核促进教师成长的作用还未得到应有的发挥。最后，促进教师提升国际能力的制度几近空白。随着“一带一路”倡议的深入推进，伴随企业“走出去”、推进国际化办学将是高职教育发展的必然趋势，高职院校必须完善相关制度设计，鼓励教师提升国际能力。但目前多数高职院校尚缺少鼓励教师参加国际化项目、服务企业“走出去”的制度。

5.2.3 团队结构单一

专业教师团队建设难以匹配高水平高职院校要求。首先，团队成员来源单一，以高职院校教师为主，企业优秀的技术技能人才参与团队建设较少，专业团队的跨界属性亟须加强。随着产业的转型升级和知识生产的交叉融合，跨界合作、跨学科合作是专业化团队发展的必然趋势。但目前高职院校教师团队建设存在着学科单一的问题，不同高职院校内部不同系别、不同专业间的教师团队整合较少；跨界整合不足的问题尤其突出，将企业优秀技术技能人才纳入教师团队建设的院校少之又少。其次，高职院校教师团队以教学型团队为主，科研与社会服务型团队偏少。随着高职院校内涵的发展和与产业的结合越来越紧密，急需建设应用研发能力和科技服务能力强的教师团队。最后，教师团队文化建设需要加强，需要进一步强化“专业共同体”建设。高职院校教师团队成员间的专业领域互补、学术发展兴趣互补、专业能力互补需要进一步加强，具有共同愿景和价值追求的团队文化需要进一步凝练。

5.2.4　个体能力不强

教师个体专业能力与高水平高职院校要求尚有较大差距。首先，适应产业转型升级需求，教师的技术研发能力还亟待提升。随着工业 4.0 时代的到来，产业技术革新加快，行业企业的生产技术日新月异，高职院校教师需要不断提升技术研发能力以适应服务企业发展的需求。其次，教师国际化能力需要进一步加强。服务“一带一路”建设、助力企业“走出去”是高职教育国际化发展的必然趋势。但当前多数专业教师不具备“双语”授课能力，服务境外企业发展的能力也亟待提升。再次，教师信息技术应用能力需要不断强化。随着信息化水平的不断提升，“互联网+”教学必将成为高职院校课堂教学的常态。部分教师的信息化应用能力尚不足以满足教学需求，信息技术使用能力、信息资源开发能力、教育教学信息资源筛选与应用能力需要进一步提升。

5.2.5　“双师”标准不清

面对当前新能源汽车人才需求数量逐年递增，高职院校虽然也在逐渐增设新专业并扩大招生规模，从数量上解决当前产业结构调整数字转型升级所带来的人才需求瓶颈问题。然而，只有数量没有可持续性“双师型”“结构化”师资建设是无法确保高职教育未来发展质量，也更无法满足未来新能源汽车产业发展对高素质技术技能人才的需求。据教育部、人力资源和社会保障部、工业和信息化部联合印发的《制造业人才发展规划指南》，对我国制造业十大重点领域人才需求进行了预测，其中我国节能与新能源汽车领域，2020 年人才需求总量将达到 85 万，人才缺口达到 68 万；2025 年人才需求总量将达到 120 万，人才缺口达到

103万。另外，我国各大汽车企业和各地方政府都在出台政策，吸收引进国内外高层次新能源汽车人才。由此可见，新能源汽车人才需求量是非常大的。从新能源汽车企业特点及人才需求点分析来看，从新能源汽车产业链来看，新能源汽车企业主要包括售后服务企业、生产制造企业与研发企业。经查阅相关网站招聘信息发现，目前我国新能源汽车行业人才招聘岗位，主要集中在维修保障服务、销售等技能型人才方面，而招聘新能源汽车设计、三电系统集成与功能开发、整车信息安全开发等研发型人才的较少。杭州西湖比亚迪新能源汽车有限公司等3家新能源汽车企业2020年人才需求部分信息，如表5-1所示。

表5-1　**3家新能源汽车企业2020年人才需求部分信息**

人才需求信息	杭州西湖比亚迪新能源汽车有限公司	云南交投比亚迪新能源车旗舰店	北京新能源汽车股份有限公司
岗位/学历/人数	销售业务员/大专/若干人	销售业务员/大专/若干人	车身系统集成岗/硕士/1人
	试车员/中专/若干人	机修工/大专/20人	转向系统开发岗/硕士/1人
	售后专员/大专/若干人	汽车美容工/中专/5人	电池系统试验岗/硕士/1人
	装配工/高中/若干人	维修电工/大专/10人	系统集成设计岗/硕士/1人
	品质工程师/本科/1人	前台接待/大专及以上/2人	工艺设备岗/本科/1人
	设计工程师/本科/1人	售后专员/大专及以上/2人	涂装工艺开发岗/硕士/1人

由表5-1可以看出，新能源汽车人才类型需求可归结为技术与研发型人才、生产与检测型人才、市场服务型人才3类。

(1) 技术与研发型人才具备的能力要求。该类型人才要求具有新能源汽车研发、设计和试验的能力，以电动汽车及云轨核心零部件（电机、电控、电源）的研发为主，同时具备新燃料、混合动力等新能源汽车研发能力，具备良好的电路基础、CAD、CATIA电子绘图基础和较强的理论分析能力，能进行零部件成本优化与质量提升，掌握质量管理5大工具。技术与研发型人才学历一般为本科以上学历。

(2) 生产与检测型人才具备的能力要求。该类型人才应具备新能源汽车相关技术的实际应用能力，熟悉新能源汽车生产工艺，能按要求进行生产操作，掌握新能源汽车零配件及整车的生产、测试和检测的流程，掌握汽车的基本构造、标准参数等基础知识，熟悉机动车检验业务操作流程。生产检测型人才的学历要求是高职及以上学历。

(3) 市场服务型人才具备的能力要求。该类型人才主要是指围绕汽车展开的一系列服务活动，包括维修、美容、保养、营销、保险等。市场服务型人才应具备熟悉的新能源汽车结构和工作原理的基础知识，具备新能源汽车维护、维修和故障诊断排除技能，具有良好的沟通能力和销售技能。市场服务型人才的学历要求是高职或者中职。职业院校应重点培养生产与检测型人才和市场服务型人才。

5.3 教师团队建设的理论依据

5.3.1 高职院校教师劳动的特点

高职院校人力资源是高职院校教育资源中的第一资源，是高职院校从事教学、科研与管理等方面工作的教职工总体所具有的劳动能力的总和，而其中的主体是教师的学术活动。它是做好高职院校人力资源的开发与管理、做好高职院校师资队伍建设的关键，已成为高职院校师资队伍建设中的一个重要课题。[41]

学术劳动的以下特点凸显出高职院校人力资源管理的特殊性：

(1) 劳动时间的模糊性。高职院校的学术劳动力（教学和科研群体）本身有很强的独立性和自我意识，在时间和意志等方面很大程度上享受自由，对高职院校的学术劳动力很难像 8 小时工作时间的机关或企业那样有序地按照指令行动来进行管理。

(2) 成果鉴定的复杂性。有的学校在教学评价时，根据教学工作量、学生平均成绩给教师排队，然后直接和津贴奖金挂钩，这不失为一种尝试。但对科研成果而言，通过晋升职称所反映出的标准既有数量要求，也有质量要求。虽然如此，也很难有客观准确的标准及时鉴定一个教师或教研人员的业绩比另一个教师或教研人员的业绩要高。

(3) 价值实现的间接性。企业高薪聘用人才，是经过成本计算，根据效益给予加薪优酬待遇，其直接价值可以反映企业聘用人才的能力。但高职院校教师的劳动价值转化成经济价值和人的发展价值的实现周期很长，而且不直接。

（4）个人需求的多样性。高职院校人力资源和企业有所不同，和机关也不大一样。有调查表明，新经济时代高职院校教师的工资有所增长，但增长速度低于受同等教育的其他行业人员。尽管高职院校教师工资比较低，仍还有大批人愿意留在高职院校，这说明高职院校人力资源在精神上的需求在一定程度上超过物质上的需求。

5.3.2 激励的概述

激励是指组织通过设计适当的外部奖酬形式和工作环境，以一定的行为规范和惩罚性措施，借助信息沟通，来激发、引导、保持和规划组织成员的行为，以有效地实现组织及其成员个人目标的系统活动。

激励实质上就是动机的激发过程，而动机是引起某种行为、维持该行为、并将其引向一定目标的过程。动机是需要驱使、刺激强化和目标诱导三种因素互相作用的一种合力。动机与实践活动有密切关系，人的一切活动、行为都是由某种动机支配的。动机不但能激起行为，而且能使行为朝着特定的方向、预期的目标进行。动机是一种内在的心理倾向，其变化过程是看不见的，通常只能从动机表现出来的行为来逆向分析动机本身的内涵和特征。激励就是要把内驱力、需要、目标三个相互影响、相互依存的要素衔接起来，构成动机激发的整个过程。

激励由以下 5 个要素组成，即：①激励主体，指施加激励的组织和个人。②激励客体，指激励的对象。③目标，指激励主体希望激励客体的行为所实现的成果。④激励因素，又称激励手段，或激励诱导物，指那些能导致激励客体去进行工作的东西，可以是物质的，也可以是精神的。⑤激励环境，指激励过程所处的环境因素，它会影响激励的效果。

20 世纪以来，管理学家、社会学家和心理学家从不同角度研究了怎样激励人的问题，并提出了许多激励理论。按照研究激励问题的侧重面的不同以及其与行为的关系的不同，可以把各种激励理论归纳和划分为内容型激励理论、过程型激励理论和行为矫正型激励理论三大类。

5.3.3 内容型激励理论

内容型激励理论是从激发行为动机的因素这个角度来研究激励问题的。这类激励理论认为，人的积极性和受激励的程度主要取决于需要的满足程度。[41]

（1）需求层次理论。

马斯洛（A. H. Maslow）认为人类的需要是多种多样的，不同的个人其需求模式和结构也不尽相同。他认为人类有五种最基本的需要，即：生理的需要、安全或保障的需要、归属和获取别人认可的需要、尊重的需要、自我实现的需要。这些需要相互联系，并按重要性和先后次序排列成一个需要层级。马斯洛设计了需求层次模型，他认为在低层次需要得到满足之后，人才能产生更高一级的需要，即：人按上述五个层次从低到高逐步追求需要的满足；人的行为是由其当时的主导需要决定的。

研究表明，马斯洛的需求层次理论，在一定程度上反映了人类行为和心理活动的共同规律，但是，马斯洛离开社会条件、离开人的历史发展以及人的社会实践来考察人的需要及其结构。马斯洛的需求层次理论存在不足：其对需要的五个层次划分过于机械，而且需要并不一定依循等级递增。许多行为的后果可能与满足一种以上的需要有关；一个人的自我感观会影响需要层次体系对个人动机的激励力。

（2）赫兹伯格（Herzberg）的双因素理论。

赫茨伯格于 20 世纪 50 年代后期提出了双因素理论，即激励和保健因素理论。激励因素是使员工感到满意的因素，指与工作本身的性质有关，多与工作内容联系在一起的因素，激励因素的改善，往往能给员工以很大程度的激励。保健因素是指防止人们产生不满的因素，多与工作环境和工作条件有关，这类因素若不改善，就会导教员工不满。但是若满足了员工这方面的需要，就会消除不满。

（3）阿尔德弗（C. P. Alderfer）的 ERG 理论。

ERG 理论是阿尔德弗于 1969 年提出的一种与马斯洛需求层次理论密切相关但有些不同的理论。他把人的需要分为三类，即存在需要（existence）、关系需要（relatedness）和成长需要（growth）。

①存在需要，这类需要关系到机体的存在和生存。它包括衣、食、住以及工作组织为使其得到这种因素而提供的手段，如报酬、福利和安全条件等。

②关系需要，这是指发展人际关系的需要。这种需要通过工作中或工作以外与其他人的接触和交往得到满足。

③成长需要，这是个人自我发展和自我完善的需要。这种需要通过发展个人的潜力和才能得到满足。

ERG 理论的特点有：首先，ERG 理论并不强调需求层次的顺序，认为某种需要在一定时间内对行为起作用，而当这种需要得到满足后，人们可能去追求更高层次的需要，也可能没有这种上升趋势。其次，ERG 理论认为，当较高级需要受到挫折时，人们可能会降而求其次。另外，ERG 理论还认为，某种需要（特别是成长需要）在得到基本满足以后，其强烈程度不仅不会减弱，还可能会增强，这就与马斯洛的观点不一样。

5.3.4 过程型激励理论

过程型激励理论是从连接需要和行为结果的中间心理过程这个角度来研究激励问题的。这类理论试图弄清楚员工面对奖酬怎样决定付出努力的程度。它涉及员工如何对奖酬进行评估、如何选择自己的行为、如何决定自己的行为方向等。过程型激励理论包括弗洛姆（V. Vroom）的期望理论、亚当斯（J. S. Adams）的公平理论、洛克（E. A. Locke）目标设置理论、凯利（Kelley）和魏纳（Weiner）的归因理论等。[41]

（1）弗洛姆（V. Vroom）的期望理论。

期望理论是弗洛姆于 1964 年在《工作与激励》一书中提出的。弗洛姆认为，人们能够决定自己所喜爱的成果，并能现实地估计取得成果的机会。期望理论的用意是要解释人们的激励力量和个人的目标选择以及达到目标的期望之间的关系。

（2）亚当斯（J. S. Adams）的公平理论。

亚当斯于 20 世纪 60 年代提出公平理论，公平理论又叫等价理论，其奠基人是美国心理学家费斯廷格。20 世纪 60 年代亚当斯把它作为工作激励理论提了出来。

公平理论主要讨论报酬的公平性对人们工作积极性的影响。人们将通过两个方面的比较来判断其所获得报酬的公平性，即横向比较和纵向比较。

（3）归因理论。

归因理论最早是由美国心理学家海德（Heider）发展起来的，归因就是对某种行为的结果找出原因。美国心理学家凯利（Kelley）在其归因模型中提出，人的行为可以归结为三方面的因素；知觉者（观察者）本人的特点、知觉对象（被观察者）的特点和知觉者与知觉对象进行交往时所处的情景。

魏纳（Weiner）提出成功和失败的归因模型，他认为：人们的行为获得成功或遭到失败主要归因于四个方面的因素：努力、能力、任务难度和机遇。这四个因素可以按内外因、稳定性和可控制性三个维度来划分。从内外原因方面来看，努力和能力属于内部因素，而任务难度和机遇属于外部因素；从稳定性来看，能力和任务难度属于稳定因素，努力和机遇属于不稳定因素；从可控性来看，努力是可控制的因素，任务难度和机遇则不以人的意志为转移。魏纳的研究表明：人们把成功和失败归因于何种因素，对以后工作积极性有很大影响。

5.3.5　行为矫正型激励理论

行为矫正型激励理论是从当前的行为结果出发来研究行为是否受到激励，认为受到激励的行为倾向于反复出现。这种类型的激励理论主要包括斯金纳（B. F. Skinner）的强化理论和心理学中的挫折理论等。[41]

（1）强化理论。

斯金纳倡导的强化理论是以学习的强化原则为基础，强化理论认为人类的行为可以用过去的经验来解释，人们过去的行为结果对其行为有反作用。当行为的结果有利于个体时，行为就可能重复出现，反之则会消退并终止。这种情形在心理学中被称为“强化”。该理论也因此被称为强化理论。

强化激励模型从一个新的角度揭示了激励的过程。起点从刺激开始，这种激励可以理解为激发行为的需要或动机。个人对刺激产生反应，这反应将使个人经历各种后果，那些结果的价值又会影响未来的反应，如果结果是愉快的或是所希望的，个人下次遇到同样的刺激就会选择相同的反应，但是，如果原先的结果是愉快的，或是不想得到的，则很可能会产生一种不同的反应。

（2）挫折理论。

心理学上将挫折解释为个人从事某项活动时遇到障碍或干扰，使其动机不能获得满足的情绪状态。挫折的结果有利也有弊，从有利的方面讲，它引导个人的认识产生创造性的变迁，增长解决问题的能力。但挫折太大，则可能使人们心理痛苦，产生行为偏差。

挫折的产生，有外在和内在两大方面的原因，不同的人有不同的挫折容忍力，人们受到挫折会产生各种行为。

5.3.6　三类理论的实践应用

基于高职院校师资建设的基本属性和类型属性，新能源汽车技术专业教师团队建设应该结合内容型激励理论、过程型激励理论和行为矫正型激励理论各自的优势，从而提升师资团队的整体质量和水平。作为人类灵魂的工程师，教师在满足基本生存需要的基础上更重要的是满足其精神层面的需要，运用 ERG 理论应该能够更好地发挥高职院校教师的主观能动性；同时，运用魏纳提出的成功和失败的归因模型，学校在政策制定和制度构想层面帮助教师明确自己的行为获得成功或遭到失败的因素：努力、能力、任务难度和机遇，从而更好发挥教师自我反思的价值；而行为矫正型理论的应用可以对师资团队建设从制度层面发挥良好的补充辅助作用。[41]

5.4　构建教师团队激励约束机制

基于以上三类关于教师团队建设的理论综述和应用分析，结合当前新能源汽车专业发展的现状和困境，就整个师资队伍建设而言，有必要结合高职院校实际出台政策，完善优化制度，从而建立一支专业理论教学教师与实践教学教师有机配合、专职教师与兼职教师有效协同、不同专业特长教师分类发展的复合型高素质双师团队。就教师个人发展而言，理论素养与实践能力协调发展、教学能力与技术服务能力协调发展、基本教学能力与个人专业特长协调发展将是专业成长的必然趋势。但当前高职院校的教师队伍制度建设团队建设需要进一步加强，教师个人专业能力需要进一步提升，以适应国家实施特色高水平高职院校和专业建设的要求。实践证明，没有专业师资，就没有专业特色，一支数量适当、结构合理、素质精良的“双师素质型”教师队伍的组建是非常重要的。根据无锡职院顾甲的研究结果[42]，构建“双师四能”素质型队伍可分为三个层次进行设计：

根据职业院校校企合作的深入程度、人才培养结合程度以及办学体制多元化程度等可将其大致划分三个层次，伴随不同发展层次各自呈现的特点，校企合作的形式与内容也会有所不同，采取的合作与发展策略也将随之发生改变。在高职院校教师队伍建设过程中，院校需明确自身定位，依据校企合作的不同深入程度，制订合理化与最优化的“双师型”教师发展策略。第一层次：满足企业用人需求，着眼于解决企业用工与学生就业，多数高职院校办学的最初目的都在于此。整个合作环节偏重于解决学生的技能培养、顶岗实习等诸多现实问题。第二层次：校企合作进一步深入，合作内容进一步丰富，企业逐渐参与院校的专业教学环节。具体体现在企业联合院校共建校外实践基地、共同开发相关课程教学资源，以及开展定期的企业管理人员专题讲座、授课等。第三层次：校企协同技术创新。第三个层次涵盖了前两个层次的合作内容，院校与企业深度融合，全面开启协同育人和技术创新。相比前两个层次，院校充分借力行业龙头企业的引领作用，掌握企业新产品、新技术和新工艺，推进产教深度融合，致力于快速培养行业企业急需的应用型人才；企业则在更早的环节介入教学过程，根据自身用人计划与院校共同开设合作专业、安排招生计划、制定课程教学标准、合作开发教材等。基于顾甲上述三个层次理念，我们需要在完善优化校内体制机制的基础上，通过合规途径争取有关政策支持，制定“双师素质型”教师队伍建设标准和制度，确保人才质量工程建设的规范性和有效性。

5.4.1 优化校企合作机制，创新人才交流共享模式

结合目前杭州职业技术学院和吉利汽车集团共建吉利汽车学院的整体设计，开发国家级和省级产教融合实践项目、校企协同创新平台、拔尖人才校企合作培养项目、1+X 职业技能等级证书标准开发等多种载体，组建校企师资团队，明确双方责权利，明确双方工作目标，实行任务驱动、成果共享、风险共担的体制机制。校方可以在国家级和省级纵向教学科研项目建设过程中，积极邀请企业技术专家以第二作者身份参与研讨研究，提升和促进专业人才培养的针对性和有效性；校内专任教师以第二作者身份积极参与企业订单式横向技术开发和研究课题，提升专任教师服务企业技术更新迭代的水平和能力。由此，校企双方以项目建设为基础，打造基于共同愿景和人才培养目标的“双师素质型”结构优化的

师资团队，强化能力，提升质量，形成合力，共同进步和发展。

5.4.2 明确“双师”认定标准，优化高职院校师资管理

《方案》中提到了“发挥标准在职业教育质量提升中的基础性作用”，标准是高水平师资队伍建设的基础，建立明确的“双师四能型”教师认定标准是新时期师资建设任务的重中之重。当前职业院校急需打造一支能掌握职业技能等级标准和专业教学标准，并将两个标准有机融合，满足新技术、新技能培养培训需求的专兼结合教师队伍。此外，为进一步丰富“双师四能型”教师的内涵[42]，结合当前“1 + X”制度热潮，职业院校可通过加强与培训评价组织的沟通与合作，更深一步了解职业技能等级标准和职业技能等级证书，并参照职业技能等级证书培训师的资质要求，丰富职业教育“双师”标准，将之作为职业院校“双师四能型”教师的重要评判标准。

5.4.3 拓宽高职院校引才渠道，优化引才用人政策体系

现阶段全国职业院校共有 132 万专职教师，其中“双师型”仅 45 万，占比不到 40%。高职院校在招聘新教师的过程中，应认真落实《方案》的要求，在面试专任教师的过程中，除了必需的教育教学能力，还应考核其专业实践能力。各院校针对自身校企合作的不同层次，以满足区域经济产业人才需求为出发点，采取挂职锻炼、校企合作研发等多种柔性人才引进方式，扩充教师队伍，促进专任教师与企业技术人员的流动，从而真正达到校企协同技术创新，实现资源共享。职业院校应鼓励本校各专业与对应行业企业形成紧密的合作关系，依托各类平台和项目，在培养创新型卓越技术技能人才方面进行有效的探索，全面推行校企协同育人，同时积极引进行业专家、技能大师等人员，打造“数量充足、结构合理、专兼结合”的双师队伍。[42]

5.4.4 构建校企合作培训体系，提升教师实践教学能力

教师的职业成长和专业发展离不开院校的引导与支持。高职院校应根据教师在不同发展阶段的不同发展需求，基于教师专业发展中的共性问题，系统梳理教师培训项目及其内容，构建层级递进的校本培训项目体系。院校应积极组织教师

开展各项培训，包括职业技能等级标准培训、专业教学标准培训、课程开发培训、教学法培训、最新技术工艺培训等，全面提升教师教育教学能力。校企合作是教师培训的基石，行业企业的深度参与对于“双师四能型”教师队伍培养培训体系的构建必不可少，尤其是特色专业和新兴专业，院校应定期派教师到企业实践，提升教师生产实践能力和技术研发能力，并鼓励跨学科和专业组建校级科创团队，打造技术技能服务平台，整合各项资源，集聚专业研究方向，真正融入企业生产过程，提升社会服务能力。通过各项专项培训，打磨专任教师知识结构与能力结构，真正做到对接市场需求，保证院校教学团队既具备丰富教学经验，又兼具丰富的企业工作实践经验。[42]

5.4.5　建立多元评价机制，完善高职院校教师评价体系

高职院校应建立更加完善的分类培养和多元动态评价机制，对表现优异的教师给予适度奖励，由内而外提高教师的工作积极性和主动性，建立院校与教师的共同发展愿景，促进双方共同成长。现代信息技术的发展，尤其是大数据技术的应用，可以使得“双师四能型”教师的教学评价过程变得更加动态化、可视化，院校可以快速精准定位教师在教科研活动不同阶段、不同方面产生的细微变化，及时予以相应措施，进行整改、纠偏，促进教师全面发展。此外，院校需要针对教师分类发展的需求，制订相关的师资队伍建设规划和职务评聘规划，将“双师四能型”教师的企业实践经历及教科研能力同时纳入考核标准，从顶层设计架构院校师资队伍建设的整体框架。

5.4.6　全方位推进教师队伍“双师多能”建设

（1）开展专业技术技能培训，提升教师教育教学能力。院校可以通过开展系列培训课程，如现代教育技术应用、信息技术应用、项目式教学等相关内容的培训，主动吸收、发挥现代教育技术在提高院校教学质量中的重要作用，以增强高职院校教师对教学环节的设计与掌控能力。定期的岗位培训，能够持续强化教师服务意识和创新意识，完善教师知识结构，促进交流与分享，进而提高综合素质和教学能力。

（2）重视企业实践培养，强化教师技术研发能力。高职院校需要将企业实践

作为教师职称评审、岗位聘任的重要条件之一，并依据《方案》的要求，建立教师到企业实践常态化机制，逐步落实五年一周期的全员轮训制。院校可以选派专业课教师与相关行业企业建立联系，全方位学习前沿技术；对新引进的青年教师亦可在原有的校内导师制基础上，建立校外“企业导师制度”，提升青年教师在实践教学和技术研发方面的能力。

（3）对接全球领先技术，培养教师国际合作能力。这其中包括了教师的外语应用能力和对国外前沿技术的敏感度的综合提升。院校可通过选派留学、短期进修访学、与国外科研院所开展学术交流和合作、邀请海外知名专家讲学等多种途径来提高师资队伍的国际合作能力和双语教学能力。此外，也可以定期邀请国际知名专家学者来院校举办讲座、开展研讨，提高教师的国际学术交流能力。

（4）聚焦团队平台建设，提高教师资源整合能力。高职院校应鼓励跨学科和专业组建校级科技创新团队，整合资源并集聚专业研究方向持续攻关。同时，积极与省市科技归口部门合作申请研发中心，开发技术应用及推广平台，提高教师跨专业、跨学科、跨领域的多维资源整合能力。[43]

总之，高等职业教育的可持续高质量发展离不开人才资源的积累和培育，教师团队建设是专业建设和人才培养的第一资源，一支师德师风好、学术水平高、技术技能强的双师教学团队是复合型高素质技术技能型人才培养的必要条件。[44]作为高职院校新能源汽车技术专业教师，不能简单地从大学引进到高职院校，更不能单一地考虑学科体系的匹配度，学校层面必须要完善和优化师资队伍建设方案，从体制机制和制度建设方面长远规划，确保让来自高校的新教师有至少一年的时间到企业挂职工作，同时建立专任教师不定期下企业挂职锻炼的考核制度，让所有专任教师积极投身区域内有影响力的典型行业企业了解最先进的技术标准、工艺流程和设备用途，形成校企融通、大师引领、协同育人、资源共享的良性发展模式。否则，单打独斗的专业教师队伍势必很快就被发展迅速的新能源汽车产业淘汰出局。另外，高职院校要积极邀请合作企业的能工巧匠以多种形式参与专业教育教学活动，走上高职课堂的讲台，经过相互交流和学习，他们也必定成为院校相关专业最优质的专业师资力量，不仅能帮助学生更好地掌握专业技术和实践技能，还能带给学生生动的职业素养和企业文化体验。多年来，杭职院在建立深度融合的校企共同体基础上，实现了校企双方的专业技术人员互聘互评机制，出台了《校企共享性专业团队建设与管理办法》《校企岗位互换管理办法》《高职院校教师下企业经历工程》《企业兼职教师教学能力提升工程》以及《企业兼职外聘教师管理办法》等政策，目前还依托吉利企业“双百工程”项目，通过 100 名企业讲师进院校，100 名院校教师入企挂职历练，实现“师·课”资源深度融合，共同打造国家级高职院校新能源汽车双师培育基地。在面对新能源汽车产业人才紧缺的情况下，高职院校优质师资更是一师难求，所以要在资金上加大投入，在行动上更加重视人才、爱护人才，不断改善人才发展环境。只有这样，才能以不变应万变，用人才引领师资团队建设，用创新驱动专业发展。

第6章 实施实训基地共建机制

打造资源共享，集实践教学、社会培训、企业真实生产和社会技术服务于一体的高水平职业教育实训基地是新时期职业教育提升人才培养质量的重要抓手。目前，我国职业教育实训基地共建共享还存在重复建设、共享不均衡、共建共享机制未建立、筹资方式单一、共享成本较高等问题。其原因主要在于，职业教育实训基地共享关键相关政策与保障不完善，产权归属的管理机制边界不清，成本管理机制与教学激励机制不健全。建议建立第三方平台推进信息共享、完善管理机制、健全运营与资金筹措体制、建立教学激励机制等，以解决实训基地共建共享方面存在的问题。实训基地是人才培养的重要保障。新能源汽车实训基地投入大，安全防范运行成本高。如学校只考虑教学建设新能源汽车技术实训基地，必然会遇到设备投入和日常运行成本高，安全隐患多，设备淘汰速度快等特点。

6.1 职业教育实训基地建设

实训基地建设是职业教育实践教学的基础，是职业教育的重要组成部分，完善实训基地建设是深化产教融合、推动职业教育发展的重要因素。多年来，我国政府一直高度重视实训基地建设，通过政策引领不断推进职业院校实训基地建设。早在2002年，《关于大力推进职业教育改革与发展的决定》中就要求强化高职学校与企事业单位合作共建，并在高职学校集中的地方创建共享实践基地。十八大以来，我国职业教育实训基地建设不断深入推进。2019年2月，国务院印发《国家职业教育深化改革实施方案》，其中，第十一条明确提出要“打造一批高水平实训基地。带动各级政府、企业和职业院校建设一批资源共享，集实践教学、社会培训、企业真实生产和社会技术服务于一体的高水平职业教育实训基地”。2019 年 10 月，教育部办公厅等十四部门关于印发《职业院校全面开展职业培训，促进就业创业行动计划》的通知中提出“到 2022 年，职业院校面向社会广泛开展职业培训，培训理念更加先进，培训层次更加完善，培训课程资源更加丰富，重点培育一批校企深度合作共建的高水平实训基地、创业孵化器和企业大学”。

实践上，我国开展职业教育实训基地建设近 20 年，构建了职业教育实训基地良性运行机制，扩大了实训基地的辐射作用，提升了职业教育社会与区域经济服务功能。我国公共教育的实训基地，历经服务学生实践能力养成、服务技能型人才培养以及服务社会劳动者素质提升的递进式发展，功能定位不断精进。按照投资主体不同，职业教育公共实训基地的类型主要包括政府主导型、学校主导型与企业主导型等三种模式。一是政府投入为主的实训基地。实训基地由政府投资，基地建在公共区域或学校，主要满足多数学校实习实训需要。二是学校投入为主的实训基地。基地建在校内，由学校主体投入，合作企业参与技术指导，主要以教育教学为主要目的。三是企业投入为主的实训基地。基地一般建在企业，合作学校参与建设，以生产和培训为主要目的。

职业教育实训基地共享共建既可以使职业院校的人才培养方案贴合区域经济与行业发展，又可以增强企业凝聚力，提高参与职业教育的积极性，为校企合作提供平台，推动职业院校与企业以及职业院校之间的交流合作。从趋势上看，党的十八大以来，职业教育实训基地越来越强调产教融合、多元共建，促进职业教育实训基地共享共建，提升社会服务能力，成为职业教育研究的重要方向之一。

6.1.1　职业教育实训基地共建共享问题分析

职业教育实训基地共建共享机制可以让符合条件的高职院校参与职业技能等级证书的开发与授予，这将在一定程度上盘活职业院校的教育与培训资源，实现职业教育与市场需求、劳动就业的衔接，同时也为深化教学改革奠定基础，为学生终身学习搭建技术技能人才成长的立交桥。但目前我国实训基地共建共享程度比较低，主要表现在实训基地共建方面。一是建设重复，建立实训基地的初衷是为了节省资源，实现更好的资源配置，但实践中存在重复建设；二是共建机制不畅，不同类型的共建实训基地运行中关系松散，实训基地共建没有形成常态，在建立的过程中一直处于比较被动的地位。实训基地共享方面，存在共享不均衡，共享成本呈上升趋势、筹资方式单一等问题。

另外，缺乏激励教师参与实训基地共享共建工作的劳动报酬及绩效奖励政策，这也影响了实训基地共享共建的实施效果。造成职业教育实训基地共享共建存在问题的原因主要包括三个方面。

一是职业教育实训基地共享共建相关政策与保障不完善。职业教育实训基地共享共建工作缺乏法律保障，相关政策和文件支持行业协会深度参与的力度不够。实训基地共享共建工作自发性的局限较大，没有强有力的制度作为保证，导致不能有效发挥作用，真正服务区域经济建设。政府拨款资金不足也在一定程度上影响了职业教育实训基地的建设，人员的培训、科研项目的顺利开展，设备的更新维修和折旧报废，相关的薪酬福利等各项开支都需要资金来保证正常运营。政府在资金上支持力度小，也是职业教育实训基地共享共建难以取得突破的因素之一。

二是产权归属与管理机制边界不清。职业教育实训基地的共享共建，各主体对职业教育实训基地共享共建既存在共同的出发点，又存在各自的利益差异，如果产权归属问题不清晰，实训基地共享共建很难取得长远的发展。缺乏清晰的产权归属机制，建成后的收益或者一系列必要支出，无法落实具体的承担者。相应地，作为职业教育实训基地的产权归属人，也将掌握职业教育实训基地的主动权，主体间的基地共享共建无法实现常态化，依旧比较松散，依靠自发性进行基地的共享共建。

三是成本管理机制与教学激励机制不健全。一方面，由于职业教育实训基地由国家财政供给，因此，会造成管理人员的管理意识淡薄。对于机器设备的损坏和折旧加速等问题采取的态度不够积极，内部竞争机制逐步退化，不利于提升成本管理和控制效率。另一方面，职业教育实训基地担当培训教师的额外补助、薪酬福利以及评先晋职没有相应的激励机制与保障措施，致使教师参与职业教育实训基地共享共建的积极性不高。有效的激励机制有利于教师建设的规范化与科学化。提高双师型教师的薪酬和福利待遇，对于提高教师教学的主动性和积极性起到关键作用。

6.1.2 职业教育实训基地共享共建的路径选择

建设职业教育实训基地有利于提升人才培养质量，为社会输送以职业需求为导向，服务区域发展的复合型创新型的技术技能人才，为提高国家竞争力提供人才支持，对建设人力资源强国具有重要的推动作用。职业教育实训基地共享共建是促进校企广泛合作、产教深度融合的重要抓手，针对目前共享共建中存在的薄弱环节，应通过以服务为宗旨、以就业为导向，校政企行多方有效联动，挖掘职业教育实训基地的发展潜力与动能，创新职业教育社会服务能力，提升职业教育系统化培养人才质量。

（1）建立完善的管理机制。

健全职业教育实训基地共享共建运作的法律法规，转变政府职能，发挥政府主导作用，健全社会参与机制，在充分发挥国务院职业教育工作部际联席会综合协调作用基础上，地方政府应在国家宏观政策支持下制定契合地方区域发展实际的普惠性政策，构建实训基地共享共建保障机制，进一步优化制度结构，加快制度化进程，顺利推进职业教育实训基地共享共建进程。树立服务理念，实行人性化的管理，协调人力资源社会保障行政部门与教育行政部门之间的关系，进一步促进企业树立长远意识达到合作共赢效果。政府部门应当实时掌握区域内职业教育实训基地共享共建的状况，将有建立职业教育实训基地需求的单位和有能力供给资金或者技术支持的单位进行统一管理。对职业教育实训基地的固定资产定期进行考核考量，应当建立专门的固定资产折旧维护管理中心，记录管理固定资产的损坏以及折旧问题，明晰实训基地的权利与责任。

（2）健全运营和资金筹措体制。

职业教育实训基地共享共建的主体是政府、企业、学校以及各类社会团体。职业教育实训基地建设资金合理分摊到各受益主体，积极支持社会资本参与实训基地建设和运营，吸引社会投资进入职业培训领域，制定实施细则，建立多元培训机制，健全培训监管体系。除职业教育实训基地应适当地对使用职业教育实训基地的各个单位和个人收取场地使用费用之外，对于不按照规范使用仪器设备，或者蓄意毁坏基地设施等一系列不良作为都应该通过收取罚款的强硬制度来杜绝，以降低折旧费和设备维护更新费用，从而降低职业教育实训基地的运营成本。

(3) 搭建平台推进信息共享。

互联网可以将行业、企业与职业院校三方紧密融合，形成三方融合发展的新模式，通过利用“互联网+”的发展特点与优势，促进产业转型升级，推动企业的变革，切实解决职业教育实训基地共享共建推行中遇到的难题。职业教育实训基地共享共建的建设主体是学校、政府与企业，如何让这三方做到信息共享是解决问题的根本。通过第三方平台实现信息资源共享，例如，通过 App 或者公众号等建立检索平台，公开实训基地信息，进行线上预约时间，通过检索平台知道职业教育实训基地的具体信息，包括规模和管理人员等，同时，还需要加强第三方的监督与评价，协同社会组织进行动态管理与监督实现合作共赢，构建政府、行业企业以及高职院校共同参与的职业教育实训基地，加强公共实训基地管理系统建设，提升职业教育实训基地智能化与信息化水平。

(4) 建立教师激励机制。

职业教育实训基地共享共建是一项综合改革工程，需要政府、职业院校、教师和企业各主体间共同协作，加强沟通对接。企业的生产资源与职业学校的教育资源两种资源相互渗透、相互依存，两种资源相互利用、相互发展，有利于实现职业院校与企业之间的融合发展。聘任行业专家与企业技术骨干参与培训，建设并及时提供高质量培训资源，在培训内容上与实际项目、教学内容有效衔接，优化培训项目管理，使培训时间和地点灵活，教师之间的交流和互动随时进行，实现资源共享。职业院校应建设并及时提供高质量培训资源，规范培训评价组织的师资培训行为。改革人事管理制度，加大绩效导向，提高双师型教师待遇，优化双师型教师评价体系，构建有竞争力的薪酬激励机制。

6.1.3 “1+X”证书实训基地

实训基地是“1+X”证书制度的基础条件保障。“1”与“X”的衔接、“X”培训质量和信誉的保障、承担“X”培训功能部门的选择是实施“1+X”证书制度的主要难点，而实训基地在克服这些难点中起着关键性作用。实训基地建设要遵循产教融合、相对独立、育训结合的原则，进行混合所有制运营机制构建、模块化实训项目体系构建、专兼结合师资队伍建设、质量保障体系多方共建、社会培训工作推进等环节，以确保“1+X”证书制度的顺利实施。

（1）基于混合所有制构建产教融合运营机制。

混合所有制是深化产教融合、强化企业参与教育、推进院校参与社会公共服务的一个主要手段。“1+X”证书制度下混合所有制实训基地的运营机制构建可以从以下几个方面进行：一是吸引“1+X”试点工作相关参与方以多种资本投入方式共同建设实训平台。由教育培训评价组织、证书标准制定参与企业或政府相关部门等以资金、生产设备、知识产权、企业人员等多种资源形式参与实训平台建设；试点院校则投入场地、教学设备、教师等资源，形成多方投入的产权结构。二是建设股份制模式下的现代企业管理模式。根据各方产权比例，建立董事会、监事会等管理机构，由参与各方共同组建“1+X”证书试点专业建设指导委员会，建立现代企业制度下的激励约束机制、选聘与解聘机制、绩效评价机制、监督机制、利益分配机制、信息披露机制、投入方退出机制等，实现实训基地的高效率、高效益运行。

（2）基于模块化方法构建“1+X”实训项目体系。

根据“试点方案”对学历证书和职业技能等级证书所体现的学习成果进行认证、积累与转换，探索“学分银行”的要求，分析企业工作岗位群和技能标准，确定“X”证书所对应的专业核心能力模块。以岗位胜任能力为依据，在纵向上将专业核心能力模块细分为若干等级，在横向上每个等级再细分为若干子模块，以对应不同等级的技能证书。子模块与学历教育相关的理论教学模块融入专业核心课程中，实践教学模块则进入实训基地项目体系；“X”证书所要求的拓展知识、技能和素质，完全以各种模块化实训项目在实训基地进行教学；同时，依照“知识、技能、素质”三个维度，与培训评价组织共同开发每个模块教材和学习资源、制定教学标准和考核标准、确定各模块学分。

在模块化的基础上，建立相应“X”证书专业选择体系，包含功能模块索引与逻辑、适应岗位、学分计算等内容，学生可以根据专业人才培养的要求、职业兴趣等选择专业课程和实训基地的技能培训模块，获得相应学分和证书，实现“1”与“X”的衔接；社会人员同样可根据职业需求、个人兴趣选择衔接课程和技能培训模块，获得学分或证书。在校学生或社会人员获得“X”培训学分或证书，可以进入职业教育国家学分银行个人账户，通过兑换学分，免修相应课程或模块，实现学历证书与职业技能等级证书互换互通。

（3）基于专兼结合思路建设实训基地师资队伍。

实施“1+X”证书制度需要一个能够准确把握“1+X”证书制度核心理念、充分理解职业等级证书标准、满足新技术和新技能培训要求的教学创新团队。实训基地专职教师队伍要通过多种途径组建结构化的专兼结合师资队伍：一是采用引入或培养方法，建设能够进行专业整体设计且能承担“X”证书培训和衔接课程教学的专任教师队伍；二是引入或聘用培训评价组织、“X”证书标准制定参与企业或行业专家和技术骨干，建设能够承担“X”证书技能培训、考评的兼职教师队伍。

在师资队伍建设过程中，要着重加强团队带头人培养。带头人通过加强“1+X”证书制度理念的研究和学习，准确把握试点工作的背景与意义、职业技能等级证书及标准的内涵与要求，能够带领实训基地教学团队做好“1”与“X”衔接、“X”证书实训项目体系的顶层设计。专兼职教师要参加职业技能等级证书有关师资培训并获得相应资格认证，定期参加相关素质提升培训项目，积极开展教师、教材、教法“三教”改革研究，不断提高教学、培训和考评能力。

（4）基于多方参与机制构建“X”培训质量保障体系。

为保证“X”证书培训质量，实训基地（学校）应与培训评价组织、证书标准制订参与企业一起，参照国家有关政策、法规，多方共同合作建设实训基地的“X”培训质量保障体系：一是实训教学标准体系，包括标准体例结构、教学目标、教学内容、教学方法、教学步骤、教师角色、过程考核等内容。二是实训教学质量评价与改进体系，包括评价方、评价方法、评价指标、计算方法、改进措施等。三是教师绩效考核体系，包括培训资格认证、工作量计算、教学事故认定、奖励惩罚、聘用方法等。四是技能等级考核体系，包括学分设置、考试标准、考点设置、考场安全、考核纪律、保密制度等。五是证书质量跟踪反馈体系，包括在校生、社会培训人员、企业、培训评价组织、教师等对“X”证书在社会上应用情况的反映。

在质量保障体系运行过程中，实训基地共建各方及时将人才培养过程和学生、社会反映的问题及时反馈给培训评价组织，促进培训评价组织改进、更新证书标准、教学标准，不断提高证书含金量和证书培训质量。

（5）加强社会培训推进“1+X”制度与时俱进。

社会成员对“X”培训的参与度是检验“1+X”证书制度成效的最关键指标。实训基地除了为在校学生提供“X”证书培训外，应重点推进为社会成员提供培训的工作：一是抓住“百万扩招”这一契机，在面向社会招生的专业中全面融入“1+X”证书制度，由实训基地为此类学生提供技能培训，满足社会对技能型人才的需求。二是加大对社会失业人员、进城务工人员等的宣传力度，为其提供技能培训和考证服务。三是为企业员工提供培训服务，提升企业员工素质、增强企业竞争力。

实训基地根据社会人员培训数量、社会人员所反映的培训内容合理性、证书社会适用度等情况和数据，协助培训评价组织调整培训内容、考核标准等，将社会人员所反映的适应产业需求、就业需求的新技术、新工艺、新规范、新要求纳入培训内容中，及时改进和更新“X”培训内容，使之符合社会和产业发展的需求。

6.2　新能源汽车高技术技能人才培养基地建设

6.2.1　建设思路

新能源汽车高水平实训基地建设应根据学校实际情况，遵循整体规划、重点突出、特色鲜明、适度超前，紧跟新能源汽车发展步伐适当动态调整建设内容的原则，打造“五位一体”的新能源汽车高水平职业实训教育实训基地。

（1）实训教学是高水平实训基地的基本内容和核心功能，实训基地建设可联合校企合作企业统筹学校现有汽车专业群实训室，按照功能与技能等级划分，完善基础技能、专项技能实训设施，改进综合技能实训设备，新增拓展技能功能中心，突出新能源汽车实训教学功能和技能提升功能，满足高水平教学要求。

（2）职业技能竞赛是高水平实训基地的重要功能，通过实训基地资源建设，打造优质平台，承办汽车专业群各级各类专业技能竞赛，以实训基地资源为依托，积极组建师生参赛团队，参与各级各类竞赛，培养学生能力，提升教师技能水平。

（3）职业技能培训与鉴定是高水平基地的服务功能，结合实训基地的优质实训资源，积极开展校内外的各类职业技能培训，组织职业技能等级培训及考证、1+X 证书制度的职业能力提升培训及考核认证等，服务在校学生和企业技术人员。

（4）学生创新创业是高水平实训基地的拓展功能，旨在为学生的职业技能与实践相结合，培养学生将理论知识和实训技能的实际应用能力，引导和培育学生创新创业，打造优质创新创业团队。

（5）技术技能创新与推广是高水平基地的创新功能，以实训基地推广中心为平台，开展技术技能创新和推广，服务当地产业经济，提升专业群在行业企业中的影响力。

6.2.2 校企共建新能源汽车高水平实训基地

校企共建、共享、共管新能源汽车实训基地才是应有之举，首先通过校企共享，可以提高实训基地的使用率；其次是与企业共用共享，将提升实训基地先进性和真实性，并且还能得到及时维护和更新；最重要的是还能拓展社会服务功能服务，一是可提供信息服务、职业培训、技能鉴定和行业比赛等服务功能，二是拓展技术研发功能，为区域企业特别是中小微企业的技术研发和产品升级。

（1）协同创新中心。

为了破解制约行业企业尤其是中小微企业发展的关键技术、核心工艺和共性问题，为企业发展创造新的效益增长点，依据核心课程标准，结合企业需求和学院实际，基于新能源汽车技术专业群优势，与吉利集团、广州汽车集团乘用车（杭州）有限公司、威睿电动汽车有限公司共建新能源汽车协同发展中心，建成具有实践教学、社会培训和技术服务综合功能的智能网联汽车创新中心。

①建设五大区块。依托新能源汽车协同创新中心，根据新能源汽车“三纵三横”的布局要求，整合汽车、电子、电控、电机四大教学内容，一是建设以电机为主的动力装置区；二是以电动汽车电池为载体的能源装置区；三是集成新能源汽车内部的电子控制元件，将元件组建电控装置区；五是以总装试制线为平台，打造整车的总装、试制和测试区。

②实现四大功能。校企共同建成新能源汽车培训中心，对接区域新能源汽车

制造主流企业、汽车销售企业、汽车网销企业和品牌连锁综合修理企业，整合学校资源，搭建集企业员工培训、学生教学实训、职业资格技能鉴定和为区域企业技术服务等四大功能，夯实新能源汽车技术浙江省“十三五”示范实训基地。

（2）工程教学中心。

围绕模块化课程建设需要，打破二级分院资源壁垒，高效整合各个专业群的教学科研资源，为学生开展基础理论实验、规范性操作、项目实施、综合性科研创新提供一体化、全流程的实践教学平台，提升学生系统性、综合性分析问题和解决问题的能力，建设工程教学中心为区域内中小微企业的创新发展培育输送工程技术型实用人才，促进中小微企业工艺优化、产品提质和技术升级。

（3）学生创新中心。

为承载师生创意孵化和转化应用，向区域内中小微企业提供小批量、创意性、多品种的创意设计和产品，建设汽车创意中心学生创新中心，为师生的创新设计、反哺基础教育、实践作业、技能大赛、劳动教育、挑战杯竞赛等提供支持，通过课程培训、实验指导、制作产品、分享过程，帮助有创意的师生实现创意，制作创意产品并对接中小微企业需求，开展成果应用，积极促进师生作品向产品转化。

6.2.3 依托市公共实训基地建设新能源汽车技术实训基地

依托杭州市公共实训基地汽车维修实训中心、新能源汽车研究院和新能源汽车培训中心，建成融教学实训、职业培训、技能鉴定、技术服务于“四位一体”的新能源汽车国家级高技能人才实训基地。高技能人才实训基地建成后，可同时容纳500名学生进行新能源汽车研发、检测、维修、装配、营销实训，完全满足专业教学要求。

对区域共享型实训基地的运作模式，采取了“资源共享、成本分摊”的共建共享运行机制资源共享是协作各方在设备、师资、技术上实行共享，采取开放式办学模式，既对协作各方开放，也对其他职业院校、企业和社会个人开放，满足多种形式职业教育和培训的需要，提高实训基地的利用率，利用各方资源，完成相应的实训、技术开发、培训等工作。在实训基地建成以后，作为一个公共服务平台向全社会开放，提供技术服务和员工培训，基地利用区域相应配套资源实行共享：一是与已建立的产学合作单位实行资源共享，利用基地先进的仪器设备和管理手段与企事业单位进行产品开发，新技术、新工艺的传授，不断增强其资源效应和辐射效应；二是与相关院校组成资源联合体，共享师资、设备、考证等优势资源；三是与项目相关行业、企业组成合作伙伴，将企业作为实训基地的延伸，不断吸收企业的新技术和新工艺，同时为企业提供职业技能培训服务。

新能源汽车技术专业传统职业教育分为两个阶段，首先是学生在校学习专业理论知识，掌握新能源汽车技术的整个过程，后期去企业实习锻炼、顶岗实习，接受企业的岗位技能培训，这种培养方式造成理论知识与技能实操环节脱节，难以培养出高技术技能人才。早在 2014 年 6 月 23 日至 24 日，国务院召开全国职业教育工作会议，特别强调在办学模式上要坚持产教融合、校企合作，坚持工学结合、知行合一，鉴于国家教育大背景的支持，汽车制造装配专业要统筹学校和企业在人力、生产、实训等方面的资源优势，形成校企共建共享机制。现代学徒制人才培养要求学做一体，边做边学，摆脱理论知识学习与技能实操脱节，根据真实的生产过程组织教学，实践内容依托岗位需求，而不再是理论知识验证需求。高职院校采用企业真实的生产实训基地教学，高职院校协助企业建立培训中心、技能鉴定中心，搭建贴近生产实际的共建共享学习平台，把实践教学、职业技能训练、鉴定考核、职业资格认定、科研开发等用途集于一体；互通互融企业同职业院校文化，探索企业文化同校园文化有效结合的多种形式。

整合政府、学校、行业企业三方优质资源：市政府投入 3 亿元建设资金，学校投入 30 亩建设用地，行业企业投入技术和设备资源，其中汽车类实训基地达 $7000m^2$，至今累计投入和更新实训设备近 5000 万元，在校内集约建成设备先进、管理科学、国内一流的公共实训基地。在市财政每年投入 1200 万元运行经费的基础上，深化产教融合，通过服务换取企业支持，通过校企合作吸引企业投入，不断更新基地实训设备和新建专业实训室，有效满足了产业升级和技术更新的需要，持续保持基地的先进性。强化共建共管共享机制，打造了“维管成本低、设备更新快、使用效率高”的公共实训基地建设典范，育人成效显著。

为保证实训基地的正常运转，在资源共享时对共享单位和个人收取适当费用，收费标准以基地使用成本计算。在严格教学管理、设备管理、工具管理、材料管理以及学生管理，确保实训教学优质高效的前提下，按市场价格收费，用于保证实训基地的可持续发展。区域共享型实训基地所具有的功能与效用，受到了在实训基地工作和培训过的广大教师、学生、企业员工的好评。

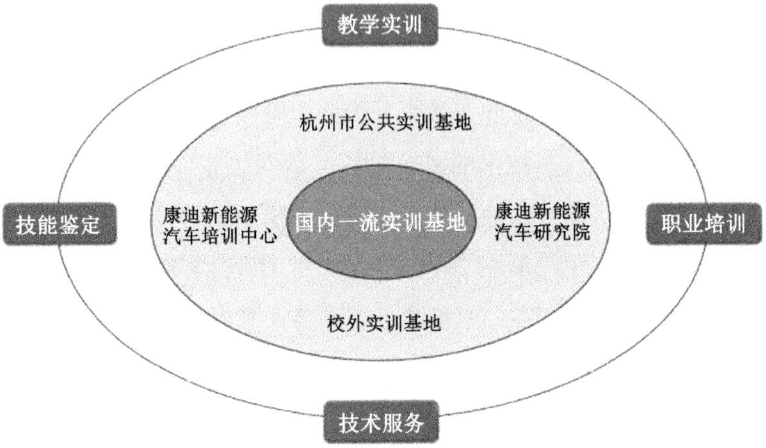

图 6-1　市公共实训基地——新能源汽车技术实训基地

6.2.4　校外生产性实训基地建设

校外实训基地，则是以与职业学校有合作关系的企业或社会资源为依托，由企业提供实习和见习场所，通过定岗实习等方式培养学生的职业技能和综合素质。因此，为了满足实践教学的需求，对实训基地的建设也提出了严格的要求，即实训基地要具备真实的生产环境、良好的开放性与通用性、先进的技术理念等。新能源汽车技术专业在万向一二三股份有限公司开展校外电池生产性实训基地建设，在威睿电动汽车有限公司开始电机生产性实训基地建设，在吉智新能源汽车科技有限公司开展电控生产性实训基地建设，与吉利集团开展新能源汽车装调生产性实训基地建设。学生可以接触到实训所需的各种软、硬件要素，即技术、人员与设备。

校外生产性实训基地是中职教育实践教学的一个有效载体，它通过真实的工业环境，培养学生的职业意识、责任感，以及生产相关的质量、安全理念意识，将真实的生产环境融入教学过程。因此，新能源汽车技术专业校外生产性实训基地具有以下功能：

(1) 教学实训功能。

新能源汽车技术专业目的是培养适应企业发展需要的技能型人才，因此专业实践教学功能作为实训基地的基本功能，能使学生在学习课本知识的同时，接触到新能源汽车行业的先进技术、技能。实训基地为学生提供真实的生产现场，学生可以通过实际动手操作，掌握先进的生产技术、熟练设备的操作和使用、了解现代化的生产流程、生产工艺等相关知识。同时，在生产实践过程中，还培养了学生良好的责任感、团队合作意识、企业文化等方面职业素养，为学生毕业后走向工作岗位打下了良好的基础，是学生完成了由“有所知”到“有所为”的转变的重要环节。

(2) 生产服务功能。

校外生产性实训基地的建设是通过企业与学校合作，由企业出资，建设实训场所，并提供先进的生产设备。既满足了学生走入企业的实习需要，同时也给企业带来了新生的力量。在生产实训的过程中，学生作为企业的一员，完成企业下达的生产需要，对企业的产值收益也创造了不菲的经济效益，在一定程度上也减轻了企业的人力成本压力。同时，学生在实习过程中，熟悉了企业的生产流程、生产工艺、管理制度、工作环境，为企业的人才储备和选拔提供了不可或缺的资源，真正实现了学校与企业的“无缝对接”。

(3) 技能培训功能。

根据国家劳动部门的规定，各种工种职业岗位实行持证上岗的制度，因此，职业学生拥有职业资格证书已经成为其就业的一项必备条件。校企合作方式下的校外生产性实训基地，在学生进入基地前和实训过程中，学校和企业就对学生开展了有关职业培训，使其掌握更多的技能，完成企业生产的需要。目前，部分劳动企业与职业资格鉴定部门已建立了合作关系，对企业内部的特殊技能人才进行职业资格的培训和考核。在这种情况下，中职教育的校外实训基地具备了职业资格技能培训的能力，也充分发挥了职业技能的鉴定功能，为学生毕业走向社会提供了资格保证。

(4) 教学补充功能。

在企业实训基地工作的学生，不但要完成定岗实习的实训教学任务，同时，企业也会提供更为丰富的培训课程。针对职业学生的不同工作岗位，企业会定期组织符合生产需求的培训课程，这些课程更贴近生产实际，学生可以在学校教学的理论基础上，结合实践补充更为有实效性的相关理论知识。

为更好地适应人才市场、职业岗位的需求，必须积极推行与生产过程相结合的教学模式，实施教学过程的实践性、开放性和职业性，将教学课堂搬到生产基地，聘请企业有能力的生产人员担任教学实践课教师，建立校企共同参与的社会综合考核评价系统和管理体系。同时，由于新能源汽车技术专业面向生产、检测等岗位专业技术性强，由企业兼职教师讲授可大大提高教学质量，因此，改革人才培养模式，坚持以校企合作为主体，创建并实施以学生职业素质与职业能力养成为主线，以培养高素质技能型新能源汽车技术专业和岗位人才为目标，校企共管的“2+0.5+0.5”人才培养模式。

第1阶段（第一、二学期）：专业基础能力培养阶段。以课堂教学为主，校内实验实训室、企业见习、社会实践、讲座等多种教学形式为辅助。完成基础课程和部分专业基础课程的学习，进行基本技能训练，并通过组织学生参与社会实践，使学生形成职业发展所需的基本技能和职业认知。

第2阶段（第三、四学期）：专业核心能力培养阶段。以课堂教学、校内实训基地技能训练为主，通过对专业核心课程的学习，使学生掌握扎实的理论知识和过硬的专业核心技能。

第3阶段（第五学期）：岗位职业能力培养阶段。按照顶岗实训计划，在企业兼职教师的指导下，学生在各电池、电机、电控、装调等岗位上，完成相应工作任务。轮岗实训结束后，以企业兼职教师为主、校内双师素质教师为辅助，共同完成对学生的生产实训考核。通过真实工作环境中基本技能和专业技能的系统化训练，培养学生的岗位职业能力，使学生的专业素质得到全面提高。

第4阶段（第六学期）：综合职业能力培养阶段，同时也是社会及用人单位对人才培养质量的评价阶段。学生进入校外实训基地或预就业单位进行为期一学期的顶岗实习，以员工身份独立完成企业工作任务，由企业指导教师与校内双师素质教师按照校企共同制定的顶岗实习指导、考核与管理办法进行实习指导与考核，并完成论文撰写和顶岗实训总结，最终完成由学生到职业岗位人的角色转换。

从本校新能源汽车技术专业在校外实训基地建设的实践经验来看，在校企共建校外生产性实训基地的过程中，必须建立健全一些关键的运行机制。

（1）建立校企双方互利互惠、合作双赢的驱动机制。

高职院校的校外实训基地大多为校企共建模式，校企共建校外生产性实训基地在建成后发挥着很重要的作用，校企合作的基础是共赢，但企业生产则以实现经济效益最大化为目标，而学校和企业是两个性质不同的实体，基地平台主要由企业承载，由此可以看出两者之间的利益目标并不一致。高校以实现培养高技能人才的社会效益为最高目标，设立校外实践活动的最根本目的仍然是学习，这种利益目标的不一致性决定了追求目标的不同。但企业在合作中的目的是为了实现利润最大化，实训基地大多数是一个生产单位，这就产生了基地生产性与高校教育性之间的矛盾，高职院校的是学校和学生必须完成的作业，因此要建立校外实训基地运行机制，最大限度地发挥双方共建的积极性，实现合作共赢。首先基地依托单位利用自身各类资源协助学校开展实践教学活动，以此作为校外实训基地有效运行的前提，且在此过程中要有健全的动力机制，高校教师利用自己的专业知识、科研成果，寻求学校与基地单位的有效契合点和兴趣点，以达到教学目的；另一方面，帮助企业开发新产品并提供技术服务，发挥院校科技研发等方面的优势，在完成人才培养目标的基础上，为企业创造新的利润增长点。

（2）建立有效的基地运行管理机制。

校企共建新能源汽车技术专业生产性校外实训基地需要进行有效管控，如成立委员会进行管理，管理委员会由领导机构和办事机构组成，在此过程中要确定实训组织方式，成员主要有院系领导、企业主要负责人，落实基地实训条件。管理委员会成员需要分工明确，如领导机构成员主要负责宏观调控，专业教师和企业管理人员则需要保障学生在实训基地有适宜的学习和生活环境，而合作负责人则需要协调校企双方利益等，明确双方的责、权、利，使各项事务规范化。

（3）建立完善的实践教学保障机制。

建立适合“工学结合”的教学质量监控与评价体系，制定能够量化和可操作的评价考核办法，同时融入激励机制，这样既能提高校外生产性实训基地的管理水平，又能保障生产性实训的教学质量。一方面，坚持以企业为主、学校为辅的原则，对学生的职业素养、技能操作水平、创新能力等方面进行综合考核，最终形成生产性实训成绩；另一方面，通过学生评教、企业评教、企业评学等方式评价考核实践指导教师。

6.3　实训基地可持续发展机制

高职校内外实训基地可持续发展运行机制的总体设计：一是建立实训基地教学与管理人才培养机制，通过提高实训教师的专业实践能力来促进实训项目的可持续发展；通过对实训管理人员进行分类培养、分工协作，来打造高素质的实训管理团队，从而促进实训基地管理水平的提高。二是创新可持续发展的实训基地管理机制，通过改进和健全管理制度、管理模式以及绩效评估机制等措施，来促进实训基地的管理走向科学化和规范化。三是创新可持续发展的运营机制，通过深化校企合作，改革运营方式，来增强实训基地的“造血功能”，为实训基地的可持续发展提供资金保障（见图 6-2）。

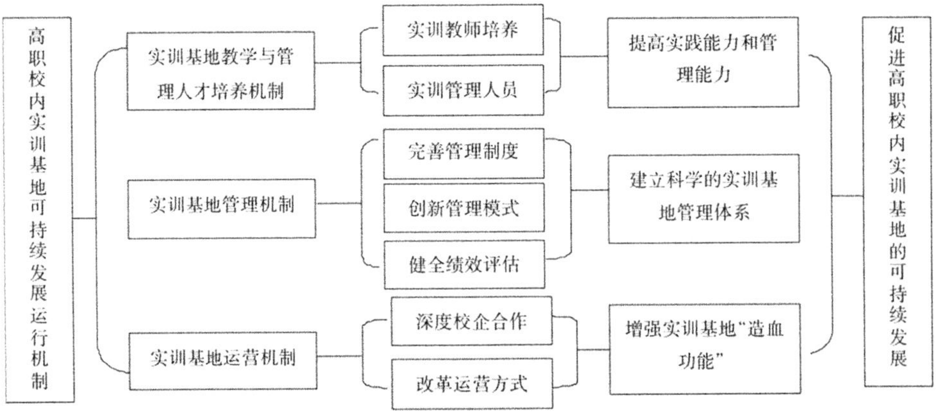

图 6-2　高职校内实训基地可持续发展运行机制设计

职业院校校内外实训基地，通过提持续构建教育课程体系，升师资队伍水平，创新管理机制等措施。能够促进高职校内实训基地走向可持续发展之路。

6.3.1　以岗位任务为导向，构建新能源汽车专业课程体系

以企业为主体、学校为主导的原则，对照企业职业岗位，按照工作领域、工作任务和职业能力三个层级进行细化划分，明确新能源汽车技术专业的核心课

程，以企业的生产实际引领人才培养与教学，形成科学合理的新能源汽车专业的高职教育课程体系。

（1）紧跟产业，实现专业与产业、职业岗位对接。

培养新能源汽车技术技能人才，主要面向浙江省及长三角的新能源汽车产业链，通过校企合作模式，与新能源汽车公司成立协同创新中心，我校为企业提供专门场地建设，企业提供设备和相关专业人才进行指导，双方共同筹建新能源汽车协同创新中心委员会，为保证专业与产业、职业岗位紧密对接在一起，每年固定对课程体系进行研讨，实现专业与产业、职业岗位无缝对接。

（2）深耕技术，实现专业课程内容与职业标准对接。

课程体系以新能源汽车产业链为主线，紧扣新能源汽车的制造和技术服务两个方向开设课程，制定职业岗位标准，整合汽车、电子、电控、电机四大教学内容，以核心课程建设为主要任务。完善课程标准，推行任务驱动、项目导向，改革教学方法手段，使专业核心课程标准化，职业岗位课程动态化，构建科学合理、工学同步、能力递进的课程体系。

（3）联通岗位，实现教学过程与生产过程对接。

将生产实践过程与教学过程相连接，通过学校内的学习，将课程从普通的专业课，逐步推向岗位课程，以企业生产需要为核心，结合学生成长的需要，采取一对一的导师带徒模式，开设工艺质量、试装测试、技术支持的 3 条学习路线，根据学生兴趣爱好、职业规划确定前往集团所属子公司进行一线实践学习，将生产现场作为教学实践场地，在实践过程学以致用，确保毕业生的专业技能娴熟，能较快地融入企业生产作业管理的过程中。

6.3.2 以现代信息技术为支撑，建设共享优质教学资源

以现代信息技术为支撑，以企业岗位及专业技能为标准，以微课、慕课等形式为载体，按校企联合、共建共享、边建边用的原则，引领新能源汽车技术专业教学资源库平台建设。深入开展课堂教学创新改革，落实“小班化”和“分层培养”教学。

（1）建设专业云教学平台。

结合现代教育理念，充分运用云计算和大数据的汇集与整合的信息化技术，

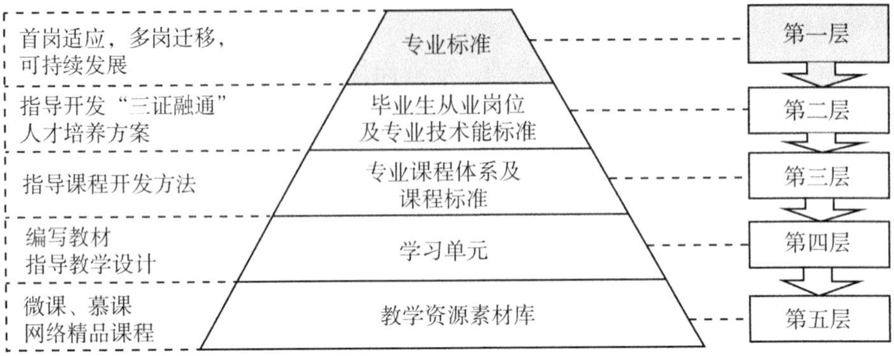

图 6-3　共享型专业教学资源库

推动教学资源与教育大数据的汇聚和整合；在资源建设上，由重视教师教学的资源建设转向重视支持学生个性化学习的资源；在教学模式上，推动学校教学由封闭走向开放，由单一的课堂教学向多元化开放式教学模式发展，适应于以学生为主体的翻转式课堂教育、混合式课程教育和开放式教育等教学模式和方法。

（2）校企共建优质课程。

通过校企共同开发企业员工培训课程，开发现代学徒制人才培养的岗位课程，并引入国内外优质课程，如国家级共享型课程、慕课课程、国外公开的优秀资源共享等，拓展课程资源，丰富专业教学。

6.3.3　加强师资建设，培养“双师型”教师队伍

技术型人才和科研型处在两条平行线上，优秀教师团队，既包含理论知识也包含实践能力，必须采取请进来走出去措施。

要建立一批优秀人才队伍，要采取多途径方法引进人才，鼓励在职教师提高学历，通过上岗培训、导师带徒制、下厂实习等方式，提高一线青年教师的职业素养；并且加大高学历、高素质的技能型教师引进力度；大量引进具有一线工作经验具有丰富实践经验和理论知识的高级技术人员加入学校师资队伍。聘请有企业经验的“双师型”专业教师，同时，高职院校也可以引进企业优秀的工程师，他们大多是理论知识和实践知识丰富的专业性人才，学院可以聘请他们作为学科带头人，还可以聘请外校新能源汽车技术专业兼职教师承担对学生实践操作指导

任务，扩充师资实力，为高职院校汽车类专业教学实训基地注入新鲜血液，弥补高职院校“双师型”教师比例偏低的不足，以此培养出来的学生会适用于社会需求。

全面提升青年教师的实践动手能力，学院对自己现有的教师进行积极培训，尽可能最大化塑造他们成为“双师型”人才。实践教学改革的物质基础是教学实训基地条件建设，核心是教师实践能力的提升，新能源汽车技术专业教学实训基地教师队伍是实践教学改革的关键，高职院校可以根据自身情况，定期不定期举行各种有针对性专业培训班活动，培训班采用集中讲授实地观摩考察等形式，全面提升青年教师的综合能力，促进他们的理论知识素养与实践操作能力有机结合。

6.3.4 加强设备管理，完善相关政策规划制度

实训设备管理主要是设备的购买、使用、检查、保养、维修之类的问题，应成立新能源汽车技术专业管理部门，尽快完善管理制度。为了职业教育能适应社会的发展，教育部对教育的改革，需要充分发挥汽车类专业教学实训基地教学实践中作用。根据教育部管理条规，新能源汽车技术专业教学实训基地管理部门制定符合学院教学计划的教学实训基地管理条例。随着职业教育发展和学校的扩招，汽车类专业学生数量急剧上升，汽车类专业教学实训基地投资少则几百万，多则几千万，这样一笔庞大金额要合理使用，否则将造成很大程度的资金浪费。从整体上说，教学实训基地的建设和设备采购，是否考虑到了场地和设备的前瞻性，是否有根据学院每年招生数量决定投入资金比例，有没有管理部门的科学规划；从局部上说，教学设备的使用维护和保养水平决定了设备的使用寿命。

教学实训基地设备得不到正常合理的保养，这对设备也是一种浪费，新能源汽车技术专业教学实训基地设备在学校处于核心状态，设备管理好，有助于激发学生学习兴趣，我们可以借鉴美国以“专业委员会”方式，制定出符合我国高职院校的管理体制，通过汽车类专业教学实训基地管理部门不断完善教学实训基地相关政策规章制度，协调统筹规划新能源汽车技术专业教学实训基地的布局，逐步解决汽车类专业教学实训基地在运作中遇到的所有问题，确保新能源汽车技术专业教学实训基地正常运作，以培养高素质，实践技术水平超前的优秀人才，

引导学院综合发展。

6.3.5　明确政府职责，加大政策扶持力度

高职教育和企业的发展密不可分，相互依赖、相互促进。因此，政府应该牵头引导相关企业和高职院校共同建设好的教学实训基地。

上级教育管理部门应出台如何建设高职院校新能源汽车技术专业制度，保证教学新能源汽车技术专业的学生在教学实训基地实践设备达到最低要求，同时加强监管，国家出台相关税收或其他形式的优惠政策，吸引企业的关注，鼓励企业或者其他社会机构来参与对高职院校教学实训基地的投资，或者宣传企业的社会责任感，引导企业投资，从国家发展趋势上对企业在高职院校上制定相关强制性投资条例，鼓励企业对高职院校建立教学实训基地进行多样化投资，鼓励地方政府参与，鼓励相关企业投资，从目前长远发展局势上看，更应该宣传新能源汽车技术专业的重要性，从未来政府工作规划上，鼓励地方政府重视汽车行业的发展，同时这也可以当作是中央政府对地方政府的考核指标。

各级地方政府应根据自身的条件，积极响应中央政府的号召，把高职院校的教学实训基地的建设看成重中之重，制定合理有序符合地方发展特色的政策条例来帮助高职院校建设教学实训基地。并且对高校教学实训基地建设、对教学资源和基地资源信息，合理进行项目评估关系，强化基地服务功能。对汽车类专业相关的企业进行走访，帮助企业和学校进行沟通，更应该在校企合作中担任关键的中间人，虽然地方政府资金有限，每次只能投入小部分，地方政府应响应国家要求，制定法规条例，要求省级财政厅，办学单位以及学院分别拿出投入资金，达到“众人拾柴火焰高”的效果，齐心建立起点高，定位新的新能源汽车技术专业教学实训基地，同时，地方政府应该担任起催化剂的作用，保证教学新能源汽车技术专业教学实训基地的建设达到更高的水平。

第7章　探索人才终身教育机制

近十年来，我国汽车工业迅猛发展，产量提升迅速，出口量不断增加。传统汽车领域的整车开发能力显著提高，变速器等零部件有了很大进步，在新能源汽车的研发技术上也有了重要进展。但是，比起世界汽车行业发展的整体速度与需求，我国的汽车技术存在明显的不足。究其根本原因是新能源汽车高素质技术技能型人才的不足，因此高职院校新能源汽车高技能人才培养质量急需加强。

高职院校作为我国技能型人才培养的重要阵地，对于新能源汽车人才的培养要落实到位。在发展目标上，一是要储备新能源汽车的制造工艺，了解新能源汽车的销售、维修、质检、项目管理、汽车保险和新能源车辆质量评估等相关技术的高质量人才；二是要储备熟悉职业院校教学、科研规律，掌握新能源汽车领域专业技术的复合型管理人才；三是要深化教学改革，以市场为导向，加强校企合作，合理设置人才培养方案，健全课程体系，优化教学环节，充实实践与实训课程内容，面向新能源汽车维修和服务行业，培养具有优秀职业素质，具备新能源汽车相关专业知识，可在生产、服务和管理领域工作的应用型技能人才。杭职院新能源汽车技术专业群在人才培养方面形成了基于“现代学徒制”的人才培养模式、基于“产学研”深度融合的人才培养模式和基于“课证融通”的人才培养模式，全面综合培养学生的职业技能和职业素养。

然而，新能源汽车技术的不断发展升级，对行业相关技术人才也提出了更高的从业要求，从业者面临更大的挑战，需要不断学习和创新，才能够更好地服务和振兴我国的汽车工业。因此，仅仅依靠学校对人才的培养远远不够，需要整合学校、社会及政府各界的力量构建终身教育机制，将新能源汽车高技能人才的培养贯穿人的一生，形成标准规范的终身教育体系，实现人才的高质量培养和全面可持续性发展。

“终身教育”这一术语自1965年在联合国教科文组织主持召开的成人教育促进国际会议期间，由联合国教科文组织成人教育局局长法国的保罗·朗格朗（Paul Lengrand）正式提出[45]，短短数年已经在世界各国广泛传播，尤其在韩国、日本等国发展的较为成熟。终身教育（lifelong education）是指人们在一生各阶段当中所受各种教育的总和，是人所受不同类型教育的统一综合。包括教育体系的各个阶段和各种方式，既有学校教育，又有社会教育；既有正规教育，也有非正规教育。它具有两个本质特征：一是贯穿人生始终的一种教育形态，具有时间的延展性；二是包括了所有现存的教育形态在内的教育过程，它并非单一或纯粹的教育形态，更多的是一种教育理论和教育观念。

终身教育主张在每一个人需要的时刻以最好的方式提供必要的知识和技能，不仅要给学生传授走向社会所需的知识和技能，而且要培养他们继续学习的自学本领，以便能够走出校门获得新的知识和技能，适应不同的工作要求。终身教育包括所有的教育类型和教育内容，终身教育意在沟通现有的各种教育资源构建终身教育体系，使教育贯穿人的一生成为可能。笔者通过研究国外终身教育较为发达的国家，总结其成功的经验，综合分析国内终身教育的不足，从而探索新形势下新能源汽车高技能人才终身教育机制，实现人才全民培养。

7.1　国内外终身教育发展现状分析

现代终身教育理念的起源始于时任联合国教科文组织成人教育计划处处长的保罗·郎格朗，他于1965年12月在联合国教科文组织第三届成人教育促进国际会议上首次提出了终身教育的构想。从郎格朗在会议期间提交的提案中可以看出，他所倡导的现代终身教育理念蕴含着一种社会对个人提供终身教育或学习机会的责任与使命。诚如郎格朗所指出的，教育已不仅仅是一部分人的权利，也不仅仅是某个特定阶段的活动，而是应当指向社会的每一阶层、每一群体，并贯穿人从出生到死亡的所有人生阶段[46]。一般认为，终身学习的概念是伴随终身教育的普及与深化而出现的，其中学习社会理论的兴起则是终身教育向终身学习转化的重要契机。1968年，罗伯特·哈钦斯（Robert Hutchins）出版了《学习社会》一书。在书中，哈钦斯曾对学习社会做了如下的描述：未来的学习社会应当向所有年龄段的个人提供教育与学习的机会，并以个人人格的形成和发展为教育目的，同时以此制定相应的教育制度来促成这一目的的实现（Hutchins，1968）。在哈钦斯所倡导的学习社会中，学习的主体应该囊括社会的全体成员，并致力于在每一个个体的不同人生阶段为其提供所需的学习机会。1972 年，在联合国教科文组织国际教育委员会提交的名为《学会生存》的报告中，再次提及学习社会的理念，并以韩国、日本为例提出了如何建设学习社会的推进计划及制度保障。

7.1.1 韩国终身教育现状

深受儒家文化思想影响的韩国早在 1986 年就依据本国的《社会教育法》第 24 条，在梨花女子大学成立了韩国第一个高校附属终身教育院。从 20 世纪 90 年代中期开始，在 5 年的时间内，各国（公）立大学附属终身教育院基本建立起来。自 2008 年以来，韩国教育部一直在推进以大学为中心的终身教育振兴项目，建立成人友好型大学终身教育体系[47]。

为了促进各高校终身教育的发展，从 2008 年起，韩国教育部提出了“构建终身学习型大学项目”和“振兴大学附属终身教育院项目”，并且以《宪法》《教育基本法》《高等教育法》《平生教育法》等与终身教育相关的法规为依据，在高校内实行以下制度。

一是时间制登录制度。该制度面向非高校的成人学习者，根据时间制，为其提供攻读大学教育课程的机会。

二是企业委托教育制度。高校根据委托企业的人才需求，开设相关人力资源培训课程，企业员工的教育培训费用由其所属企业承担。

三是合约学科制度。依据韩国产业教育和产学联合促进的相关法规，企业为了不断提高精英员工的业务能力，委托高校开设相关课程，在夜间或周末为员工提供教育。

四是专科大学课程深化制度。专科大学的学生通过学习特别学分课程，可获得教育部承认的四年制大学学位。专科大学对其毕业生进行选拔，选拔人数控制在入学人数的 20%以内。

五是学分银行制度。学生在大学附属终身教育院学习与高等教育水平相当的多样化课程，课程修满后获得学分认证。

六是在职者特别录取制度。在特色化高中（特色化高中通过开设专业课程培训各个领域的专业人才。特色领域有农业、制造业以及设计、计算机和信息处理、烹饪、糖果、旅游、漫画、视频、动画、服装、美容和传统工艺等方面）毕业，并且拥有 3 年以上工作经历的在职者，可通过免试进入大学，学习大学在晚间或周末开设的相关课程。

七是社内大学制度。社内大学是根据《平生教育法》第 32 条设置的教育机构，相关企业经教育部长批准后，组织内部职员工接受再教育。员工取得与专科学生或普通高校毕业生相同的基本学分后，可获得相应的学历和学位认证。

八是网络大学制度。网络大学是韩国的远程大学。网络大学制度适用于高中毕业或拥有相当于高中学历水平且未接受大学教育的成年人，其通过远程学习取得与专科或普通高校毕业生相同的基本学分，最终获得相应的学历和学位认证。

7.1.2　日本终身教育现状

日本政府和国民高度重视教育事业，全国文盲率不足 1%，是为数不多的世界上文盲数量极少的几个国家之一。除了建构和完善正规的国民教育教学体系以外，日本政府大力发展和完善包括社会教育在内且不限于社会教育的终身教育、终身学习体系，使得二者互相配合、共同融合，从而推动日本教育事业的整体发展，促进国民教育水平和国民素质的全面提升。放眼亚洲，从历史角度考察，日本也是最先提出和积极倡导、践行“构建学习化社会”，以实现“无论何时、无论何地、无论何人都可以自由进行学习”的教育愿景的国家，是值得参考、借鉴的良好样本。日本的终身教育开始较早，理论积淀和文化氛围浓厚，发展梯次性、渐进性明显，经历了一个较长的发展阶段和逐渐更新终身教育理念、向国际社会教育发达国家学习、终身教育法制体系与时俱进的历史进程。在这一历史进程中，日本非常重视从终身教育理念更新、终身教育制度建设，在终身教育法制领域取得了一系列的较为成熟并具有自主特色的做法与经验，非常值得我国加以关注和学习借鉴。日本在走向近代化的历史进程中经历了痛苦的被迫开放国门、向西方学习的时期。特别是明治维新以来日本全国上下非常重视教育、科技和人才，教育对于国家发展、民族复兴的长远积极作用受到了日本政府和国民前所未有的关注、重视和强调，这直接促成了日本政府对于教育领域实行大刀阔斧改革的前奏和社会基调。围绕着教育领域改革与创新发展，自明治维新始，日本政府先后开展和推进了大量的教育改革路线、方针、政策和贯彻落实行动计划。

日本终身教育发展历程伴随三个阶段的教育领域改革重心不同而不断推进和加强，大致经历了从围绕学校教育为核心、构建和完善西方国家盛行的国民正规教育体系，转变为改变唯学历至上、唯正规国民教育为重、以社会教育辅之的教育体系，再到重视包括学校教育、社会教育与家庭教育在内的终身教育之扩大、融合、统一，最终向终身学习体系过渡的不同历史阶段。前两个阶段的教育领域改革更加重视和强调学校教育领域改革，重在被动接受向国外学习和引进、模仿，第三个阶段则真正意义上开启了日本终身教育与终身学习领域的深刻变革，并实现了跨越、突破、创新、主动创造和向国外输出、传递的质的转变。总体而言，日本终身教育、终身学习改革经历了从受到外力“逼迫”被动开展到积极主动自觉开展，从依附学校教育和正规国民教育体系、服务殖民扩张之功利目的设定到主动提升提高国民素质继而提高人力资源、智力资源高质量供给以提升内在实力和综合竞争力、实现服务于人的、贯穿于人的一生的、统摄学校教育、家庭教育和社会教育于一体的终身教育、终身学习体系转变。从终身教育萌芽、启蒙到政府由上而下全力、社会各界全面参与推进，再到科学化、规范化、法制化、成熟完善的终身学习体系、终身学习社会建设之阶段性、渐进式、层次化、连续性推进延伸过程中，日本终身教育从法制化走向更高层次、更高水平的法治化，实现了日本迈入教育强国的目标并持续引领国际社会教育领域前沿。

7.1.3 我国终身教育发展现状

我国引入终身教育的理念始自改革开放后，为了振兴教育、推进社会政治经济的进一步发展，20 世纪 80 年代初我国开始引入终身教育思潮。经过近 40 年的持续推进与发展，如今终身教育思想已经深入人心，各种教育资源得到有机整合与利用，人人有学、时时可学、处处皆学的学习型社会也正在逐渐形成。然而，在政策推进与实践展开的同时，理论层面的正本清源、概念梳理与问题聚焦却仍然处在滞后与表层的阶段。如我国在引入终身教育、终身学习等国际理念以来，这些理念在我国本土环境的发展、演变与深化的过程还需深入研究与梳理，由此才谈得上总结中国经验、形成中国特色。尤其是传统国民教育体系、终身教育体系、服务全民终身学习的教育体系等一系列概念之间的关系、历史递进的演变过程以及基本内涵的准确界定等，迄今仍然处在初步认识的阶段[48]。对此进行仔细研究与甄别并进一步形成理论共识，将会对服务全民终身学习教育体系的科学构建起到理论奠基的重要作用。

就中国来看，自改革开放引入终身教育理念以来，在约 40 年的推进过程中大致经历了四个发展阶段：第一个发展阶段是 20 世纪 70 年代末期至 80 年代中期，这是终身教育的萌芽期，当时终身教育的概念还没有出现，但作为终身教育重要组成部分的成人教育的理论研究与实践活动却日益增多；第二个发展阶段 20 世纪 80 年代中期至 90 年代初期，这是我国引入现代终身教育理念的初始阶段，终身教育思想开始受到学界的广泛关注；第三个发展阶段是 20 世纪 90 年代初期到 90 年代末期，这是终身教育逐渐从理念的引进开始转向实践的推进，进而走向政策化的重要转型阶段；第四个发展阶段是 21 世纪初至今，具体反映在终身教育的实践进一步深入，并开始迈向制度化、法制化建设的深化。

虽然我国在终身教育的发展过程中已经取得了一定的成绩，但是目前，我国终身教育的发展尚处于理论阶段和宏观认识水平，全社会还未形成学习型社会，尤其是针对新能源汽车技术相关领域的高技能人才的终身培养教育极为欠缺，这大大地制约了我国新能源产业的发展，具体表现在：

（1）制度环境与运行机制不健全。

任何事物如果要想长久发展，都需要有一定的法律来约束，有一定的制度来保障，科学致力于明确目标，使方法现代化，政府应为人民制定合理的有组织的教育体系来保障科学的发展方向符合国家和人民的要求。目前，我国对于各种培训机构尚没有完善的法律制度来进行约束，虽然各级各类教育机构、培训机构众多，但教学质量、办学环境、师资力量参差不齐，甚至有些机构运行混乱，营利性过强，无法满足个人或社会的需要，违背了终身教育的思想理念。

（2）各级各类教育相互分割。

目前，我国将教育体系分为四大教育板块：职业教育、基础教育、高等教育和成人教育[49]。每类教育有其各自不同的作用，但这四大板块相互封闭，独立发展，教育体制仍存在很大的弊端。人才培养如果只注重成绩而忽略能力，或者只重视能力而忽略成绩，都无法满足社会对人才的需要，不利于终身教育的发展及实践性创新型人才的培养。职业院校根据我国新能源汽车产业发展目标，结合产教融合，对新能源汽车专业的人才培养有明确的方案和定位，但是高校的培养仅仅达到企业的准入门槛，要想在新能源汽车领域长远发展离不开社会各界各级教育的通力配合。所以，如何根据我国经济发展对人才培养的需求及终身教育发展现状，制定科学有效的法律法规，来构建其发展体系，明确发展方向，使其健康有效持续的发展，培养适合社会发展和需要的人才是教育部门需要思考的问题。

（3）教育资源跟不上终身教育的步伐。

终身教育是一项长期的、自主的学习行为，它需要有不断更新的教育内容、丰富的教学资源，尽管我国目前的经济正飞速发展，但仍处于社会主义初级阶段，对于终身教育的投入远远不能满足它的需求，新能源汽车发展由于时间较短，因此相关专业的师资力量极度匮乏，已有的专任教师也是由传统汽车专任教师转型而来，再者由于学校办学实力有限，无法实时更新最新技术的新能源汽车实训设备，导致教学质量一般，办学环境落后，教学质量中也存在一定的问题，这些在一定程度上都阻碍了其发展的脚步。

（4）终身教育的功利性过强。

由于我国终身教育正处于发展初期，所以我国国民对其概念、含义还很模糊，没有一个清醒的认识，加之我国现行应试教育的教育体制，使得一些教学内容带有一定的功利性、倾向性，有些毕业生为了能适应工作岗位或为了得到更好的薪资，会进行一些短期的培训学习，而不是长期、系统的培训，因此，在本质上，目前的终身教育的目的性过强，还没有摆脱功利的束缚。而终身教育宗旨在于要促进人的发展，培养个性完善发展的人，其最终目标是实现学习社会。由此，可以看出目前的终身教育发展完全违背了其实现学习型社会的最终目的。

7.2　完善终身教育体制机制

终身教育的阶段性目标主要可以概括为“健全终身教育体系”和“建设学习型社会”。从根本上说，第一个目标是阶段性目标，是为了第二个目标的实现，学习型社会必然是建立在终身教育体系建立、健全的基础之上。两个目标最终是为了实现终身教育的终极目标，即促进“人”的全面发展和可持续发展。

7.2.1　健全终身教育体系

终身教育的目标之一是构建起一个更具包容性和生命力的终身教育体系，这个体系要将教育拓展为一个终身的过程。对于新能源汽车技术专业群的人才终身教育来说，构建终身教育体系，是实现终身教育、建成学习型社会的重要手段和实践途径。需要从以下几个方面着手。

（1）纵向维度：实现教育的终身制。

终身教育体系是以婴幼儿教育、学前教育为发端，以青少年教育为主体的学校教育为主干，以在职从业人员的职业教育、岗位培训、继续教育以及老年教育等为组成部分，贯穿于人的一生的终身化的教育体系。

对照来看，目前在我国婴幼儿教育与学前教育发展很不平衡，在教育体系中属于薄弱环节。以终身教育的理念为指导，科学研究婴幼儿教育，积极发展学前教育是立法重点。对于在职从业人员的岗位培训、继续教育应当引起重视。认识到人力资源的使用周期，立法中建立相应制度使职前培训与职后继续教育逐步规范化。我国进入老年社会，终身教育体系中老年教育环节的重要性愈发凸显，老年教育的立法规划必不可少。

（2）横向维度：连接家庭教育、学校教育和社会教育。

家庭教育是人生教育的第一步，会对个体产生潜移默化的影响，对今后的人格发展和人生走向意义重大。我国的家庭教育处在一个相对封闭的环境之中，外界力量很难有效介入或进行干预，这对于未成年人的保护和健康成长来说，很容易形成盲区。我国近些年来未成年人受到虐待或不合理对待的情况经常出现，这说明了家庭教育需要被干预的迫切性。

社会是每个人生活的外在环境，即使家庭教育和学校教育做得再好，如果社会环境不尽如人意，同样可能使先前的教育前功尽弃。目前，我们的教育出现了一种尴尬局面：学校教育内容不能很好地适应社会。主要原因是社会环境中一些不良风气蔓延，导致部分人群缺乏正确的价值观和对真、善、美的追求。因此，我们要努力将家庭、学校、社会这三种教育渠道连接起来，使教育走出学校，渗透到家庭、社会的方方面面，构建起包括学校教育、家庭教育、社会教育在内的横向教育体系。这对于教育成果的巩固意义重大，而这也正是发展终身教育的意义所在。

（3）教育内容：涉及教育的一切方面。

终身教育打破了教育就是灌输书本知识的错误看法，凡是有利于人的全面发展与身心健康的，都可以成为教育的内容。为了和其他教育形式顺利对接，学校教育也要进行相应转变，破除功利主义的观念，将原来的应试教育变为素质教育，重在提高人的学习能力和道德水平。

在教育内容的提供上，可以根据社会成员物质和精神生活的需求、个性发展、兴趣爱好等，开展包括科学知识、民主法制、伦理道德、社会文化、艺术人文、生活技能等方面在内的广泛教育。从具体的组织和实施来看，学校教育作为一支重要力量应纳入其中并发挥积极作用。但不局限于此，学校以外的其他教育组织形式都是开展教育的重要力量。因此，校外教育、继续教育、社区教育、老年教育等应充分发展，提供尽可能多样的学习机会和学习内容，发挥各种教育形式的育人功能。

（4）教育制度：建立各种教育形式间的沟通与衔接。

从终身教育的立场出发，学校教育只是终身教育体系的一个重要组成部分，并且是人们接受教育的一个阶段，而不是终结。终身教育体系是包括学校教育在内的各种教育形态的协调和有机结合，不论是否接受了正规或正式教育，仍有机会获得不断提高和充实自己的学习机会。因而，统筹开发教育资源，有效推动包括学校在内的教育机构向全社会开放，通过同类教育融通的方法，促进教育资源的共享与共建就显得非常重要。终身教育体系旨在打破原有正规教育与非正规教育、学历教育与非学历教育、学校教育与非学校教育互相封闭、自成体系的格局，建立起相互结合、相互沟通和衔接的教育制度。

因此，在立法中需要确立各种教育形式之间相互衔接、相互沟通的途径，构建终身教育的“立交桥”。这是个大工程，技术问题多而繁杂，但这也是终身教育体系得以建立的重要环节。

7.2.2 推进社会力量参与教育活动

纵观目前社会力量参与终身教育的困惑与问题，笔者认为进一步吸引多元社会力量协同参与终身教育最根本的是要突出政策引导和制度保障。

（1）在政府主导的前提下强调社会力量的主体地位。

构建政府和社会力量之间的新型关系是激发社会活力、调动社会积极性的重要利器。进一步加强政府职能转变，在政策思路上将政府从“管理者”角色调整为“服务者”“设计者”和“监管者”角色[50]，进一步强调社会力量在参与终身教育服务过程中的主体地位，放宽社会力量的准入范围，只要是不属于法律法规禁止进入以及不损害第三方利益、社会公共利益、国家安全领域，政府不得限制。在社会组织的注册和准入方面进一步降低门槛，简化登记程序，鼓励和支持社会力量采取公办民营、PPP（政府和社会资本合作）等模式参与终身教育。

政府职责主要定位为做好顶层设计，标准制定，过程与质量监管工作。对于不同类型、不同发展阶段的社会力量进行分类设计，凡发展较好、自治能力较强、运行良好的社会组织，政府充分放权，对于发展基础相对薄弱的加以大力培育和孵化。分类建立系统、规范的具有参与意愿与能力的社会力量的信息数据库，编制民非、社团等具备承担终身教育公共服务资质的清单，使企业、社会组织明确自己应承担的社会责任，让政府和社会力量真正做到合理分工、相互支撑、互为补充，与社会力量建立平等合作的伙伴关系，从而进一步提高社会力量参与终身教育积极性。

例如由新能源汽车行业协会和汽车流通协会等社会力量共同发力，进行相关师资及技术技能的培训，同时结合中车行“1+X”证书制度，建立学分银行，充分发挥政府的主导地位和重要社会力量的主体地位。

（2）明确社会力量参与终身教育的法定职责和权益保障。

公共事务的共同治理需要各利益相关者之间的互助合作，但是由于个体成本和个体收益存在不对称性，在这种不对称的情况下，利益相关者的博弈结果必然是不会采取合作，也就无法解决公共问题。要改变这一局面最根本的是要找准不同社会力量主体的“利益平衡点”，保障不同社会力量在参与过程中的合法权益，这也是保证私人组织和企业参与供给的重要前提。而要做到这一点关键是要进一步强化政策引导，创新体制机制。

建议出台“促进社会力量参与终身教育的指导意见”等专门的政策文件，明确各方力量的主体地位和法定职责，明确社会力量参与终身教育的内涵、范围、路径、方式、程序、奖惩等内容。在此基础上，对不同类型的社会力量主体，不同的参与方式给予具体的配套扶持政策，明晰界定政府与社会培训机构等私人组织以及企业在参与终身教育公共服务提供过程中发生的产权关系；明确规定对普通学校、高等学校参与终身教育公共服务供给发生的物资及设施损耗等费用视情况给予适当补贴，对社会组织参与提供的终身教育服务项目给予一定的资金补助，对群众性的学习团队给予场地扶持、活动支持、资金支持，通过明确的制度规定，使程序和扶持类别上均有据可考。

（3）明确社会力量参与的绩效评估和监管办法。

政府购买服务是社会力量参与终身教育事业的主要形式。目前政府购买终身教育服务机制还不完善，急需从市级层面出台《关于做好政府向社会力量购买终身教育公共服务工作的意见》。把政府购买终身教育公共服务的内容、项目、方式、范围、标准、途径用政策法规形式固定下来，必须以发布“指导目录”和“具体购买目录”、告知参与路径和享有权益等方式诚意引导社会力量顺畅进入。需要强调的是，不是所有的社会力量可以不加选择地进入，必须明确社会组织应具备的资质条件。

对社会组织的资质要求，不仅包括诸如具有独立的法人单位，独立承担民事责任能力，具备提供服务所必需的设施、人员和商业声誉，具有依法缴纳税收和社会保险的良好记录，并符合登记管理部门依法认定的其他条件。同时还要根据所提供的公共服务类型的特殊性设定合理的准入条件。除此之外，还要加强资质审查、跟踪指导、服务协调和绩效评估，发现该社会组织不再具备承接条件时，设立相应的退出机制。对于不能按质按量完成任务的，可以随时撤销参与资格。对购买服务的数量、质量和资金使用绩效等进行考核评价，其中特别需要强化以需求为导向的群众评价和反馈机制，以及以效益为导向的绩效评价机制。着力培育诚意参与、积极配合、精心服务、效能突出的参与主体，逐步形成政府以市场机制履行好公共文化服务职能信得过、靠得住、用得上、离不开的“伙伴群”。

社会力量参与过程中的合法权益需要政策及制度来保障，同时也需要利用政策手段来规范和约束社会力量的行为，防止在公共服务供给过程中出现降低服务质量，弄虚作假、冒领财政资金以及其他违法违规行为，积极防范市场和社会失灵的风险。建议将承接主体承接政府购买服务行为的信用记录纳入年检（报）、评估、执法等监管体系，对一些违法违规行为的承接主体，依法给予行政处罚，并列入政府购买服务黑名单。推动建立由购买主体、服务对象及专业机构组成的综合性评价机制，推进第三方评价，对购买服务项目数量、质量和资金使用绩效等进行考核评价。评价结果作为选择承接主体的重要参考依据。

（4）明确社会力量多种参与途径和范围。

加快构建终身教育服务体系，需要探索社会力量参与终身教育的多种方式。根据国外发达国家的推动社会力量参与终身教育的政策保障研究49经验以及国内其他社会公共事业领域社会力量参与的发展经验来看，鼓励社会力量兴办终身教育公共服务设施，鼓励和撬动社会资本参与投资、建设、管理与运营，鼓励企业赞助、慈善捐赠、社会资助等多元投入方式，鼓励和支持青年学生、专业技术人才、退休人员和社会各界人士参与志愿服务，不失为丰富公共服务供给、提高终身教育发展活力的重要途径。从上海目前社会力量参与终身教育公共服务的实践看，社会力量参与终身教育公共服务的途径还比较单一，主要通过资源开放共享，政府购买服务来实现，因此需要进一步拓宽社会力量参与途径，并将这些途径以专项文件予以明确。

（5）给予相应的激励和扶持政策。

根据不同的参与途径制定相应的激励和扶持政策，激发社会力量的参与热情和活力，比如与税务部门、财政部门形成政策合力联合制定完善的可操作性的税收优惠和费用减免政策，引导金融机构对积极参与终身教育服务、符合信贷条件的各类企业和社会公益类民办非企业单位给予信贷支持，优惠利率的支持，对于积极参与终身教育事业中贡献突出的企业、社会组织和各界人士，在尊重其意愿前提下可给予项目冠名等激励措施。

出台建立社会组织扶持专项基金政策，对服务项目绩效评价结果较好，成效明显、群众满意的社会组织或机构，采取“政府补贴”“以奖代补”方式给予资金扶持。各级政府应把设立社会组织扶持专项资金作为必须承担的责任，并将社会力量参与纳入各级政府的考核体系。各级政府或相关机构可按照一定标准无偿或低偿提供社会力量参与终身教育的活动场所，重点支持社会力量承接终身教育服务项目，充分盘活社会闲置资源，支持社会力量在产权清晰的基础上投资改造可利用的社会资源。

7.2.3 创建学习型社会

构建终身教育体系可谓我国目前终身教育的阶段性目标，而学习型社会则是发展终身教育的目标所在，也是我国终身教育所期望达到的终极目标。

（1）明确学习型社会的核心。

学习型社会的理念主张教育的根本目的是使个体得到最大限度的发展。学习型社会的建立以终身教育体系的建立和完善为基础，在此基础上实现以学习者为中心、人人都能够终身学习的目标。在这样一个社会，学习是个体享受到的一种权利，也就是学习权的充分实现。

学习型社会的目标是期望通过学习谋求社会发展，不仅在全社会形成学习氛围使其成为社会发展过程中的重要事项和形态特征。更为重要的是，它期待社会成员能够通过不断学习达到积极引领社会变迁的目的。通过教育和学习，公民能够充分、有效地参与到现代社会中来，创新能力得到提升，可以为社会生产力的提高和生产方式的转变发挥积极作用。通过学习，国民的精神境界和道德素养得到改善，从而在文明社会的进程中，为根除各种社会顽疾提供了一种源自内在的从根本上发挥作用的重要力量。

在学习型社会里，不是说必须通过学校教育的途径来学习，而是在一个开放的教育系统中，教育资源能为整个社会的人所共享。一个人只要产生了学习的愿望，就能在日常生活中获得学习的机会。在这个社会里，个人的终身学习、自我导向学习是其主要发展趋势和培养目标。因此，学习型社会的建立并不是对现行教育制度简单的修修补补或者各种教育形式的叠加，而是要高屋建瓴，把握未来教育的发展趋势，对传统教育制度和发展模式进行变革。

（2）创建学习型社会的路径。

学习型社会是终身教育发展的最终目标，终身教育体系的构建是实现学习型社会的基础。但是，终身教育体系的建立只是学习型社会实现的必要条件，而非充分条件。在体系完备、资源共享的基础上，公民的学习权可以得到充分的实现，两条都具备了，学习型社会才有可能实现。

“学习型社会”的建立并非是将迄今已经存在的各种教育形式，如社区教育、老年教育、职业教育等都发展起来，并且形成一定的规模，“学习型社会”

就自然形成了。“学习型社会”不是简单建立在各种“学习型组织”基础之上的叠加，而是教育资源的贯通。此处的“学习”不仅仅理解为组织内或课堂上的活动，凡是对人具有促进作用的教育积累，凡是对人的精神、教养或能力的提高起到帮助作用的活动，都可以归结为学习。这里的学习就与人的社会文化生活、精神娱乐生活紧密联系在一起。当教育资源能够被社会成员所共享，从作为社会基本单元的家庭、社区等入手，逐渐建立起学习型家庭、学习型社区、学习型城市，学习型社会的建立才可以成为可能。因此，在终身教育体系构建的基础上，学习型社会的建立重在充分实现公民的“学习权”。学习作为一项公民的基本权利，不但能够得到充分的行使，而且社会要为之提供完备的制度保障。

7.2.4　出台终身教育保障机制

终身教育保障机制的建立和完善是推进终身教育全面发展的必要前提条件。完善终身教育保障机制，能够激发学习者主动学习的动机，让学习者完成从“要我学”到“我要学”的转变，这时给予“让你学”的教育环境和条件，就能达到“学得好”的终极目标。终身教育因其延绵一生的特殊性，所以对每一个社会成员来说都是循环往复、伴随一生的。因此，完善终身教育保障机制具有十分重要的理论价值和实践意义。

（1）经费保障机制。

经费投入保障是构建终身教育体系的物质基础，目前经费投入不足是制约我国终身教育发展的一个重要“瓶颈”。为保障终身教育切实有效地实施，可以从以下三个方面着手：

首先，建立多元投入机制。①各地人民政府应当加强对终身教育工作的领导，将终身教育工作纳入国民经济和社会发展规划，将终身教育经费列入本级政府教育经费预算，并逐步增长。这明确了政府在经费投入中的主导地位和努力的方向，将经费的逐年增加提上日程。②国家机关、社会团体、企事业单位和其他组织应当按照有关规定为本部门、本单位人员教育培训提供一定的经费保障。这明确了政府的职责，有利于发挥政府的指导作用。③各地政府应有一定的引导作用，鼓励社会力量为终身教育事业做出自己的贡献，如“举办终身教育培训机构”等。捐赠人会“依法享受税收优惠”，体现了“谁受益，谁投资”的市场原则，有利于形成政府主导，终身教育机构、企业事业单位和社会组织积极参与的多元投入的机制[51]。

其次，保障教育资金的安全、合理使用。终身教育培训机构收取培训费用应当严格执行国家和本省的规定。终身教育经费的使用应本着“专款专用”的原则，全部用于终身教育公共服务，任何单位和个人都不得随意“侵占、截留或者挪用”。

最后，加大对弱势群体的扶持。政府应当出台对外出务工人员、失业人员、农民、老年人和残疾人等弱势群体的扶持政策，他们在参加教育培训时，享有减免培训费、补贴等优惠政策，可以有效地保障了他们的受教育权利。国家和政府需要加大对弱势群体终身教育的基础性投入，即增加国家和政府的直接拨款，如政府补贴，这有利于保障教育公平，也有利于学习型社会的全面建设。

（2）师资队伍保障机制。

诺尔斯认为，终身教育专业人员应具有一定的角色功能及能力，包括有能力诊断成人学习需求，把这些教育需求转换成教育目标，形成教学课程，传授给学习者。党的十七大和十八大报告都提出要“加强教师队伍建设”。学校一切教学活动的成功关键在于教师，一支业务精湛、高素质的终身教育师资队伍是在全社会范围内推行终身教育的重要保障条件。

一方面，加强专职教师队伍建设。从事终身教育工作的专职教师应取得相应的教师资格，并且在职务评聘、业务进修、专业考核等方面与相应的专业技术人员享有同等权利。这有利于为教师的聘任、使用、考核、培训、晋升和激励提供专业依据；也有利于专职教师的专业化发展，形成自律、自治能力强的专业共同体；更有利于提高专职教师的专业技能，提供高质量的教育服务。因此对从事终身教育的教师应加强其业务能力培训，提高综合素养，切实保障终身教育的教育质量。另外，政府也必须出台相关考核政策，来推进专职教师队伍高水平的建设。

另一方面，重视兼职教师队伍建设。终身教育师资队伍既包括从事终身教育的专职教师，也包括在企事业单位、公共组织、社会教育培调机构从事员工培训、干部教育、社会培训和农民教育等的兼职教师。因此，应当鼓励专家、学者及其他具有相应职业资格的人员来兼职终身教育的工作，这样才能使得终身教育更加全面和丰富。另外，应当逐步建立终身教育兼职教师信息资料库，为终身教育培训机构开展终身教育提供师资信息服务。建立终身教育兼职教师信息资料库，这有利于扩充终身教育师资队伍，提高兼职教师队伍的数量和质量；也有利于保障兼职教师的任用资格，规范其任用渠道，最终形成以专职教师为主体，以兼职教师为两翼的均衡发展局面。

（3）学习载体保障机制。

学习载体建设在终身教育开展中极为重要，已有的社会学习资源还远不能满足学员多样化、个性化的需求。本文从场地资源建设和网络资源建设这两个方面对学习载体建设提出要求。

一方面，建立系列化的社会学习平台，加强场地资源建设。各级政府应当加强老年教育工作，并鼓励社会举办各类老年学校，来丰富老年人的知识视野和晚年生活。与此同时，政府应加大对青少年校外教育活动和社区教育的统筹规划作用，开放社会公共资源，协调社会各界全方位、全员育人。因此，各地政府对于已经兴建的公共资源，如文化馆、图书馆、科技馆、体育馆、博物馆、美术馆、纪念馆、青少年宫以及青少年活动中心等公共文化设施，应当按照规定适时向公众免费开放，从而开展有益于提高公民素质的公益活动。此外，社区学院（校）是终身教育推进的坚实可用的有效载体，可以为社区居民提供科技、文化、卫生、法制、养老等方面的培训服务，因此应当充分发扬社区教育服务的力量。普通高校也是重要的载体，具有现成的教学场地、教学设备、师资队伍等资源，高效地利用这些资源，能够更好地推进终身教育的发展。因此普通高校可以开设适应当地教育需求的老年大学，充分发挥师资、设施、场所等方面的优势，在不影响正常教育教学的情况下，为开展终身教育提供服务。

另一方面，加强网络资源建设。在当今互联网飞速发展的当下，开放大学应当利用现代信息技术，建设终身教育公共服务平台和终身教育数字化学习资源库，从而实现资源共享，为终身教育服务。各级各类学校和终身教育培训机构可以充分利用互联网、移动通信等资源向社会开放教育课程，从而促进全民终身教育发展[8]。由此可见，网络技术在终身教育中的应用，有利于全面运用各种网络资源和网络平台，促进终身教育向更全面、更高层次发展，最终建立覆盖全省的终身教育网络，完善终身教育发展体系。

（4）教育督导评估保障机制。

终身教育督导评估机制是指促使终身教育有效运行而进行督促、指导和评估的系统。在推进终身教育发展的过程中，教育监督与教育决策、教育执行应该互相协调，共同促进终身教育的发展。教育督导评估保障机制是促进终身教育发展不可或缺的保障条件。

首先，形成以政府为主体的监督体系。终身教育关系整个社会的整体发展，因此政府监督职能尤为关键。因此，政府应当建立健全监督评估机制，组织有关部门以及专家、专业机构进行监督检查，并将评估结果向全社会公布。监督的主体应当为县级以上人民政府教育、人力资源社会保障、公安等有关部门，监督的内容是终身教育培训机构办学条件、教学活动、广告发布和校园安全等办学事项。通过以政府为主体的市场监督，有利于充分发挥政府的主导作用，运用相关管理部门的监督手段，多措并举、多管齐下，保障督导评估作用的最大化，不断完善教育保障体系。

其次，明确执法行为，使督导具备刚性和可操作性。各地政府应当出台相关法律条文，明确督导执法行为，使得有关部门对终身教育培训机构执行监督检查的执法行为时，有权要求有关单位和人员提供有关的文件和资料，并进行复制，以此来实现督导的刚性和可操作性。此外，被监督的有关单位和人员应当就检查事项所涉及的问题作出解释，如有需要，也可以到现场进行进一步的监督检查。同时有关部门有权责令有关单位和人员停止违反有关规定的行为。在监督主体工作人员在履行监督检查的职责时，要出示行政执法的有关证件。以上措施以法规的形式确定了督导行为中不同主体的权利和义务，赋予督导行为法律意义，使其具有法律效力。这有利于执法人员有法可依、依法行政，从而规范相关终身教育培训机构运营的合法性。

最后，建立有效的诉求渠道。当进行终身教育培训的学员在终身教育过程中的合法权益 受到侵害时，必须要有相关的诉求渠道。例如，可以向终身教育培训机构或者其行政主管部门投诉，而有关部门应当在接到投诉的三十日内应当作出恰当处理，并将处理情况反馈给投诉人。建立高效的诉求渠道是保障学习者合法权益不被侵犯的必要途径，也是监督过程的最后一道重要关口，这有利于保障终身教育的高效推进。

7.2.5　完善终身教育立法

终身教育思想于 20 世纪 80 年代传入我国之后，得到快速传播并逐渐影响到我国的教育实践。教育实践的繁荣也越发需要精细化、权威性的国家专项立法为其明确思路、搭建框架、指明方向。我国自 1998 年和终身教育相关的立法议案首次产生之后，此类议案几乎每年都被提出。2001 年 7 月，教育部为“健全、完善教育法律体系”提出“调研、起草‘终身教育法’”的任务。

然而，国家层面的立法至今没有出台，凸显立法研究的薄弱与不足。国际上最新的一部终身教育专项立法是韩国的《终身教育法》（1999 年制订，2007 年修订），这是目前立法条文最为完备的一部法律。但该法律文本将“终身教育”界定为“除学校教育以外，有组织的教育活动”。由于这个致命伤，该部法律虽然借用了“终身教育”的外壳但难以脱离其最早雏形《社会教育促进法》的窠臼。

我国地方立法陷入了同样的窘境，其主要是因为三个原因：第一，目前我国的教育领域中有《教育法》，该法作为教育领域的基本法已经将调整范围界定为各级各类教育，一些立法研究者不能处理这个局面，也理不清两者之间的关系，以为坚持了终身教育的理念和本源就成了两部“基本法”。第二，国际社会最新的一部终身教育立法韩国《终身教育法》（1999）恰恰采用的是排除式的规定。立法者在借鉴国外经验上又采用了简单的“法律移植”，不辨精华与糟粕，照搬照抄。第三，国内首部地方终身教育立法《福建省终身教育促进条例》（2005）采取排除式的规定之后，后续的几部地方立法在体例、模式上直接模仿该条例。虽在内容上有小的变化，但在几项重要的立法要素等原则性的规定上基本是全盘复制。这就使得我国现有的这五部地方终身教育立法更像是一部社会教育法或校外教育法，意义大大降低[52]。

国家层面的终身教育立法对于终身教育的规范化与深入、可持续发展以及我国教育法律体系的完善意义重大。法律调整特定的社会关系。我国终身教育立法的构建首先要明确其立法意图，找准自己意在调整的领域，并在总则部分通过纲领性条款予以明示，法律文本围绕此中心设计和展开。如此，整部立法才能做到目标明确、思路清晰、逻辑严谨、内容科学。

针对“终身教育”的专项立法，其所诠释和体现的立法原则将贯穿于整部法律的始终，集中体现以终身教育为主要内容的法律制度及其内涵与要求，指导“终身教育法”具体内容的确立，最终促进立法目标的实现。终身教育立法的目标是要促进终身教育的发展，构建终身教育体系，最终建成学习型社会[53]。因此，我国“终身教育法”的立法原则就是意在建立一种全面、持久、科学地促进终身教育发展的准则，体现构建终身教育体系和学习型社会的特质，这也是“终身教育法”作为教育法领域一部重要专门法律的意义所在。

因此，我国在完善终身教育立法时应当坚持公平性原则、公益性原则和开放性原则，确保新能源汽车技能人才可持续性发展。

（1）公平性原则。

教育公平是社会公平的基础，如果一个人平等的教育权利得不到保证，则他的一生都有可能受到影响。教育公平一般包含两层含义：一是面向所有学生，二是提供优质均衡的教育。优质公平作为 21 世纪的重要理念已经成为各国制定教育质量标准的基本原则。如今各国在研制教育质量标准时，无不将“教育公平”作为其考虑的基本出发点，事实上，教育质量标准本身即是确保教育公平的重要手段。

此外，从发达国家来看，教育公平是其努力追求的价值目标。如《美国国家科学教育标准》明确将“公平”作为国家教育发展的基本原则，指出教育应当做到面向所有学生，不论其年龄、性别、家庭、民族、种族、文化背景等，也不论其健康或残疾，都应该具有公平接受教育的权利和机会。我国目前仍然存在着较大的贫富差距、地区差异和城乡差别，其中一个不可回避的重要原因就是由于不同人群获得的教育机会和享有的教育资源不均等，从而造成了个体知识的差距，由此影响到部分社会阶层的流动。

终身教育的实施及其体系的构建，意在形成惠及全民的公平教育，无疑将有利于满足广大社会成员多样化的学习需求，由此对提升劳动者的文化和知识技能，进而有效改善个人的社会生活质量，缓解不同群体之间的差距过大问题，在更大程度上推动社会公平、公正等具有重要的作用。因此，在终身教育活动的开展过程中，坚持公平性原则，尤其注重对“弱势群体”的保护，其意义非同一般，价值导向不可小觑。

（2）公益性原则。

实施终身教育的目的就是为了实现教育的公平化与平民化，充分保障每位社会成员的学习权。因此，公益性原则作为终身教育立法的基本原则体现了“终身教育法”作为保障国民学习权立法的重要特质。

终身教育的公益性原则，具体就是指在终身教育的发展过程中要以社会公共利益以及不特定多数人的非经济利益为着眼点，其意在保障公民个人学习权的实现，因此经济利益或指标并非其考量的标准。公益性作为终身教育立法的核心原则，将使我们走出教育产业化带来的困惑。今后无论国家以何种形式举办终身教育，公益性都是其必须遵守的一项基本原则，因为它可以保证终身教育的纯粹性，保证终身教育是人人都可以享有的教育。

（3）开放性原则。

就终身教育来看，其理想是要让学习成为每个人的不同人生阶段都可以享受的活动，那么，唯有坚持终身教育开放性的原则才可达成以上理念。为了体现终身教育的开放性，一是要做到学习主体与教育内容的开放，二是要实现资金来源的开放。上述这两项内容在新修订的《教育法》中都有所呈现，它体现出国家期望通过立法来规范并指引未来教育走向的决心。

因此，“终身教育法”亦应当在此基础上进一步强化开放性原则，使其符合国家《教育法》的基本精神，并进一步彰显其自身的特质。

国家努力发展各种形式的职业教育、继续教育等，同时尽可能为广大民众提供多样的、可供选择的教育机会，以满足公民多方面的学习需求；同时促进学习成果之间的互认和衔接，提高公民学习的积极性，最终推动“全民”终身学习；此外，提供的学习内容囊括“政治、经济、文化、科学、技术、业务”等多方面的内容。由此可以看出，终身教育的发展秉承的原则是：学习主体上，意在为“全民”提供学习机会；教育内容上，囊括学习的各个层面。由此可以看出，终身教育在学习主体和教育内容上都奉行了“开放性原则”[54]。

我们未来的教育机构应当是开放的，即既有政府投资也有民间资本参与，既包括正规教育也包括非正规乃至非正式教育，既有图书馆、美术馆等教育文化公共设施，也应该有各类学习型组织。而上述教育形式如能真正发挥作用，其所创造出的学习机会也一定是具有生命力的、符合民众实际需要且多样化的。社会力量和民间力量的参与是分解政府教育经费压力、增加教育机会的重要举措。因此，终身教育立法的“开放性原则”若能落实在教育资金的来源上，对于缓解政府压力、增加教育机会和调动民间积极性必定具有积极的意义。

我国终身教育实践的开展为终身教育的立法化提出了迫切要求。每部立法都有意在调整的特定社会关系，发挥特定的立法职能。国家终身教育立法对于终身教育的规范化与深入、可持续发展发挥重要作用。终身教育立法的调整对象在地方立法中一再陷入混乱，凸显立法研究的不足。应通过国家层面的专项立法明晰思路，以终身教育的学科理念科学设定立法的调整对象与立法目标，再辅以立法原则完成法律文本的设计与构建。“终身教育法”调整对象、立法目标与立法原则的明晰，对立法的科学性以及终身教育法律体系的走向起着决定性作用。

综上所述，要提高新能源汽车人才培养质量就必须建立全面的新能源汽车人才终身教育体系，健全终身教育立法，切实发挥政府主导地位，加强社会力量参与，共同培养具有可持续性发展的新能源汽车高技能人才。

参考文献

［1］国务院发展研究中心. 中国汽车工程学会. 大众汽车集团（中国）. 中国汽车产业发展报告［M］. 北京：社会科学文献出版社，2019.

［2］中国汽车工业协会. 2018 年汽车工业经济运行情况［R］. 北京：2018.

［3］中国汽车工业协会. 2019 年汽车工业经济运行情况［R］. 北京：2019.

［4］世界贸易组织. 全球贸易数据与展望［R］. 日内瓦：2019—2020.

［5］中国汽车技术研究中心. 日产（中国）投资有限公司. 东风汽车有限公司. 中国新能源汽车产业发展报告［M］. 北京：社会科学文献出版社，2019.

［6］中良. 新时代、新人才、新生态——2018 年理事会年会暨中国汽车人才高峰论坛在杭州举办［J］. 汽车工艺师，2018（9）：16-18.

［7］本刊编辑部. 2018 年汽车行业人才发展专项报告［J］. 中国汽车工业年鉴，2019：382-384.

［8］马树超，郭文富 . 高职教育深化产教融合的经验、问题与对策［J］. 中国高教研究，2018（4）：58-61.

［9］国务院关于印发国家职业教育改革实施方案的通知［Z］. 国发〔2019〕4 号.

［10］刘慧敏 . 产教融合动力机制现状及策略研究——以浙江省中职学校为例［D］. 金华：浙江师范大学，2019.

［11］关于深化产教融合的若干意见［Z］. 国办发〔2017〕95 号.

［12］南海 . 新中国 70 年职业教育产教融合的发展历程——基于新时代马克思主义哲学发展观的审视［J］. 职业技术教育，2019（33）：7-11.

［13］教育部高等教育司 . 全国高职高专教育产学研结合经验交流会论文集［M］. 北京：高等教育出版社，2003：4-5.

[14] 周晶. 中国职业教育发展的根本方向——40年来职业教育产教融合发展的历程、规律与创新 [J]. 职业技术教育，2018 (18)：6-16.

[15] 刘鹓根，陈侃贞. 高职院校“订单+联合”人才培养模式的探索 [J]. 职业技术教育，2011 (14)：51-54.

[16] 丁金昌. 实施“校企合作、工学结合”学校层面的思考及示范院校建设的实践 [J]. 温州职业技术学院学报，2008 (3)：16-20.

[17] 刘晶晶. 基于协同理论的高职教育产教融合机制及优化策略研究 [D]. 武汉：华中师范大学，2019.

[18] 吕路平，童国通. “双高计划”背景下高职院校产教融合质量评价体系研究 [J]. 职业技术教育，2020 (30)：31-36.

[19] 杨小燕. 现代学徒制的生长点、切入点与落脚点 [J]. 四川师范大学学报（社会科学版），2017 (5)：5.

[20] 周慧敏. 现代学徒制在我校汽车检测与维修技术专业中的研究 [J]. 智库时代，2019：279，287.

[21] 陈劲，阳银娟. 协同创新的理论基础与内涵 [J]. 科学学研究，2012，30 (2)：161-164.

[22] Perkmann M, Neely A, Walsh K. How Should Firms Evaluate Success in University-Industry Alliances A Performance Measurement System [J]. R&D Management, 2011, 41 (2).

[23] 吴卫红，陈高翔，张爱美“政产学研用资”多元主体协同创新三三螺旋模式及机理 [J]. 中国科技论坛，2018 (5)：1-10.

[24] 邓怀勇，马琴. 高职院校校企产学研深度融合的路径探索 [J]. 教育与职业，2020 (3)：104-107.

[25] 顾馨梅. 职业教育与产业深度融合的实现路径研究 [J]. 武汉职业技术学院学报，2016 (4)：14-18.

[26] 王剑，宋建军. 校企合作产教融合与高职院校人才培养模式改革的路径探索 [J]. 常州信息职业技术学院学报，2016 (3)：37-39.

[27] 王爱红. 高职院校“政校企行合作，产学研创结合”人才培养模式研究 [J]. 濮阳职业技术学院学报，2016 (3)：139-141.

[28] 王燕萍．高职院校校企合作进一步深入融合的困境与对策——以江西外语外贸来鑫产学研基地为例［J］．吉林省教育学院学报旬刊，2016（11）：124-126.

[29] 焦勇，刘忠诚．数字经济赋能智能制造新模式［J］．贵州社会科学，2020（11）.

[30] 鲍薇薇．“中国制造 2025”战略背景下汽车技术人才培养模式研究［J］．现代职业教育，2018（9）.

[31] 张红党，杨红图，岳兴莲．“一带一路”背景下高职创新人才培养模式研究——以新能源汽车专业为例［J］．现代商贸工业，2019，4（29）.

[32] 袁军成，范佳甲．中国新能源汽车“十四五”政策法规展望［J］．质量与认证，2020（12）.

[33] 邱丽娟．基于校企合作高校产学研结合人才培养机制分析［J］．智库时代，2020（6）：186-187.

[34] 马国超，云兵兵，王景波．校企合作办学模式下产学研协同创新人才培养模式研究［J］．开封教育学院学报，2019，39（10）：114-115.

[35] 陈丽．教师产学研践习促进应用型高校校企合作育人的效果研究［J］．科教文汇（上旬刊），2018（4）：32-33.

[36] 程国华，仝好林，巩杰．河南省高校产学研合作教育人才培养模式探索——基于上海工程技术大学产学研合作教育研究［J］．教育现代化，2017，4（14）：10-11.

[37] 姚敏，雷大军，金桂，等．转型发展背景下地方高校产学研一体化实践教学基地建设初探——以湘南学院高斯贝尔微波通信联合实验室为例［J］．湘南学院学报，2017，38（1）：112-115+121.

[38] 侯昭升，尹胜男，王蔚平．基于校企合作的高校产学研结合人才培养机制创新研究［J］．中国校外教育，2016（27）：67-68.

[39] 中国汽车工程学会，等．中国汽车产业中长期人才发展研究［M］．北京：北京理工大学出版社，2018.

[40] 国务院关于印发国家职业教育改革实施方案 2019（Z1）：9-16.

[41] 彭浩玮．高校师资队伍建设理论与案例研究［D］．合肥：合肥工业大

学，2004.
［42］顾甲．校企合作背景下高职院校“双师四能”型教师队伍的建设策略［J］．常州信息职业技术学院学报，2020，19（6）：75-79.
［43］张慧波．中国特色高水平高职院校教师队伍建设的现实要求与实践探索简述［J］．中国职业技术教育，2019（5）：15-19.
［44］时会省，朱文军．产教深度融合的高职院校“双师型”教师队伍建设探究［J］．教育教学论坛，2020（50）：354-356.
［45］杨浪萍．终身教育视角下可持续性课程体系的构建——以会计专业为例［J］．继续教育，2017（3）：56-58.
［46］吴遵民．服务全民终身学习教育体系构建的若干思考——基于服务与融合的视角［J］．中国远程教育，2020（7）：16-22.
［47］王津．以高校为中心开展终身教育实践研究——韩国高校终身教育制度分析［J］．吉林工程技术师范学院学报，2020（7）：73-75.
［48］吴遵民，黄欣．中国终身教育法为何难以制定——论国家终身教育法的立法思想与框架［J］．开放教育研究，2014（6）：36-41.
［49］赵艳，胡乡峰．我国终身教育的现状分析［J］．通化师范学院学报，2012（4）：94-96.
［50］李珺．推动社会力量参与终身教育的政策保障研究［J］．当代继续教育，2018（6）：45-50.
［51］刘沂青．健全保障机制促进终身教育发展［J］．河北大学成人教育学院学报，2014（4）：14-16.
［52］孙文杰．多措并举促进终身教育发展［J］．河北大学成人教育学院学报，2014（4）：8-11.
［53］兰岚．论我国终身教育立法的调整对象、立法目标与立法原则［J］．首都师范大学学报（社会科学版），2020（2）：179-188.
［54］韩民．教育现代化与终身学习体系建设［J］．教育与教学研究，2020（8）：102-106.
［55］付佳佳．终身教育理念下职业教育 1+X 证书制度实施路径研究［J］．当代教育实践与教学研究，2020（7）：144-145.

附录　2018年1月至2019年5月国家发布的新能源汽车相关重要政策

分类	编号	政策名称	文号	发布部门	成文时间
宏观综合（环保）	1	关于印发打赢蓝天保卫战三年行动计划的通知	国发〔2018〕22号	国务院	2018年6月27日
	2	关于印发《京津冀及周边地区2018—2019年秋冬季大气污染综合治理攻坚行动方案》的通知	环大气〔2018〕100号	生态环境部、国家发改委、工信部、公安部、财政部、自然资源部、住建部、交通部、商务部、应急部、市监总局、能源局、北京市、天津市、河北省、山西省、山东省、河南省	2018年9月18日
宏观综合（环保）	3	关于印发《长三角地区2018—2019年秋冬季大气污染综合治理攻坚行动方案》的通知	环大气〔2018〕140号	生态环境部、国家发改委、工信部、公安部、财政部、自然资源部、住建部、交通部、商务部、市监总局、能源局、上海市、江苏省、浙江省、安徽省	2018年11月2日

续表

分类	编号	政策名称	文号	发布部门	成文时间
宏观综合（促消费）	4	关于完善促进消费体制机制进一步激发居民消费潜力的若干意见		中共中央、国务院	2018年9月20日
	5	关于印发完善促进消费体制机制实施方案（2018—2020年）的通知	国办发〔2018〕93号	国务院办公厅	2018年9月24日
	6	关于印发《进一步优化供给推动消费平稳增长促进形成强大国内市场的实施方案（2019年）》的通知	发改综合〔2019〕181号	国家发改委、工信部、民政部、财政部、住建部、交通部、农业部、商务部、卫计委、市监总局	2019年1月28日
	7	关于印发《推动重点消费品更新升级畅通资源循环利用实施方案（2019—2020年）》的通知	发改产业〔2019〕967号	国家发改委、生态环境部、商务部	2019年6月3日
投资管理	8	汽车产业投资管理规定★	国家发改委令第22号	国家发改委	2018年12月10日
生产准入	9	道路机动车辆生产企业及产品准入管理办法★	工信部令第50号	工信部	2018年11月27日
	10	《道路机动车辆生产企业准入审查要求》和《道路机动车辆产品准入审查要求》	工信部令第50号	工信部	2019年1月3日
市场监管	11	关于进一步加强新能源汽车产品召回管理的通知	市监质函〔2019〕531号	市监总局	2019年3月15日

续表

分类	编号	政策名称	文号	发布部门	成文时间
财政补贴	12	关于调整完善新能源汽车推广应用财政补贴政策的通知★	财建〔2018〕18 号	财政部、工信部、科技部、国家发改委	2018 年 2 月 12 日
	13	关于进一步完善新能源汽车推广应用财政补贴政策的通知★	财建〔2019〕138 号	财政部、工信部、科技部、国家发改委	2019 年 3 月 26 日
	14	关于支持新能源公交车推广应用的通知	财建〔2019〕213 号	财政部、工信部、交通部、国家发改委	2019 年 5 月 8 日
税收优惠	15	《免征车辆购置税的新能源汽车车型目录》管理公告	工信部财政部税务总局公告 2018 年第 17 号	工信部、财政部、税务总局	2018 年 3 月 30 日
	16	关于降低汽车整车及零部件进口关税的公告★	税委会公告〔2018〕3 号	国务院税委会	2018 年 5 月 22 日
	17	关于节能新能源车船享受车船税优惠政策的通知★	财税〔2018〕74 号	财政部、税务总局、工信部、交通部	2018 年 7 月 10 日
	18	2019 年 1 月 1 日起我国调整部分进出口关税		国务院税委会	2018 年 12 月 24 日
	19	中华人民共和国车辆购置税法★		全国人大	2018 年 12 月 29 日

续表

分类	编号	政策名称	文号	发布部门	成文时间
动力电池	20	关于印发《新能源汽车动力蓄电池回收利用管理暂行规定》的通知★	工信部联节〔2018〕43号	工信部、科技部、环保部、交通部、商务部、质检总局、能源局	2018年1月26日
	21	关于组织开展新能源汽车动力蓄电池回收利用试点工作的通知	工信部联节函〔2018〕68号	工信部、科技部、环保部、交通部、商务部、质检总局、能源局	2018年2月22日
	22	新能源汽车动力蓄电池回收利用溯源管理暂行规定★	工信部公告2018年第35号	工信部	2018年7月2日
	23	关于做好新能源汽车动力蓄电池回收利用试点工作的通知	工信部联节〔2018〕134号	工信部、科技部、生态环境部、交通部、商务部、市监总局、能源局	2018年7月23日
基础设施	24	关于创新和完善促进绿色发展价格机制的意见	发改价格规〔2018〕943号	国家发改委	2018年6月21日
	25	关于印发《提升新能源汽车充电保障能力行动计划》的通知★	发改能源〔2018〕1698号	国家发改委、能源局、工信部、财政部	2018年11月9日
交通运输	26	关于印发推进运输结构调整三年行动计划（2018—2020年）的通知	国办发〔2018〕91号	国务院办公厅	2018年9月17日
	27	关于加强城市绿色货运配送示范工程动态管理工作的通知	交办运函〔2019〕59号	交通部、公安部、商务部	2019年1月4日
	28	关于修改部分行政法规的决定（修改《中华人民共和国道路运输条例》部分条款）	国务院令709号	国务院	2019年3月2日

续表

分类	编号	政策名称	文号	发布部门	成文时间
金融支持	29	关于推进金融支持县域工业绿色发展工作的通知	工信部联节〔2018〕247 号	工信部、农行	2018 年 11 月 20 日
智能化发展	30	关于印发《智能网联汽车道路测试管理规范（试行）》的通知	工信部联装〔2018〕66 号	工信部、公安部、交通部	2018 年 4 月 3 日
	31	关于印发《车联网（智能网联汽车）产业发展行动计划》的通知★	工信部科〔2018〕283 号	工信部	2018 年 12 月 25 日

注：标注“★”为新能源汽车产业重要政策。

资料来源：根据《新能源汽车产业与汽车税收政策白皮书》整理。